# 宁夏记忆

NINGXIA JIYI

网易新闻宁夏频道·编

黄河出版传媒集团
宁夏人民出版社

**图书在版编目（CIP）数据**

宁夏记忆 / 网易新闻宁夏频道编． -- 银川：宁夏人民出版社，2018.9（2020.2 重印）
ISBN 978-7-227-06957-7

Ⅰ．①宁… Ⅱ．①网… Ⅲ．①社会主义建设成就－宁夏 Ⅳ．①D619.43

中国版本图书馆 CIP 数据核字（2018）第 216119 号

**宁夏记忆** **网易新闻宁夏频道 编**

责任编辑 闫金萍 赵学佳
责任校对 杨敏媛
封面设计 魏 佳
责任印制 肖 艳

黄河出版传媒集团
宁夏人民出版社 出版发行

出 版 人 薛文斌
地 址 宁夏银川市北京东路 139 号出版大厦（750001）
网 址 http://www.yrpubm.com
网上书店 http://www.hh-book.com
电子信箱 nxrmcbs@126.com
邮购电话 0951-5052104 5052106
经 销 全国新华书店
印刷装订 宁夏银报智能印刷科技有限公司
印刷委托书号（宁）0016354

开本 787 mm × 1092 mm 1/16
印张 21.5
字数 280 千字
版次 2018 年 9 月第 1 版
印次 2020 年 2 月第 2 次印刷
书号 ISBN 978-7-227-06957-7
定价 58.00 元

# 记忆的力量
## （代序）

塞上江南一甲子，砥砺奋进六十年。

沐浴着新时代的曙光，宁夏迎来了六十华诞。六十载春华秋实，塞上儿女谱新篇。各族群众以守望相助、同心同德的精神，在这片热土上谱写出了一幅幅波澜壮阔、气象万千的感人篇章。

六十年芳华光阴，宁夏的发展和变迁都镌刻在这块神奇而多彩的土地上，铭记在所有瞩目着这片热土的目光之中，成为宁夏历久弥新的盛世华章。

适逢宁夏回族自治区成立六十周年，网易新闻宁夏频道以新媒体的姿态主动宣介宁夏：由网易宁夏专业创作团队倾力打造的原创栏目《宁夏记忆》于 2017 年 2 月正式上线。一年半的时间内，专业创作团队走访了一百多名普通百姓，通过他们的讲述，整理刊发稿件 154 篇。因采访的随机性及被采访人大多不愿表明身份，在刊发稿件时，并没有注明讲述人。今天，从中节选出 57 篇作品结集出版，试图通过这样一种朴实的呈现方式，对宁夏经济社会六十年来普通老百姓和“小人物”的生活感悟点滴捡拾，还原出一个立体饱满的宁夏印象。

碎片化阅读时代，人们的阅读方式多元化。网易新闻宁夏频道始终秉承“讲好宁夏故事，传播宁夏正能量”的互联网门户内容服务宗旨，在内容创作、栏目包装等方面不断创新，以满足不同层次用户的多元化内容服务需求。《宁夏记忆》就是试图通过文字记载，追忆那些逝去的岁月，让互联网用户聆听到历史的呼唤。个人认为，《宁夏记忆》的正式出版，既是对宁夏六十年辉煌成就的热切祝福，也是网易作为国内四大门户之一的互联网媒体的时代担当。



阳光洒在脸上，记忆留在心中。网易新闻宁夏频道以微观视角传播宏观社会，综观《宁夏记忆》，以生动的故事性、鲜活的代入感、温暖的正能量，围绕宁夏经济社会六十年的发展轨迹展开记忆。既展现历史变迁，又塑造宁夏情怀；既还原图治场景，也定格时代体温。透过这本散发着时代脉搏的书籍，我们能够深切地感受到，经历了一个甲子的宁夏，“城市变迁，仍有岁月可回首；山乡巨变，良田绿树忆旧颜；匠心独运，一器一物皆是情；岁月留声，道不尽青春与流年”。书中五十多篇故事讲述，饱含着记忆的力量，足以让我们从中找到展望未来的勇气和信心，而那些曾经的困惑和努力，也将随着时光穿越，印刻在纸上，铭记在心中。

回首过往，沧桑巨变展新颜；眺望前路，翘首明天更辉煌。我们感念党中央对宁夏700万回汉群众亲切关怀的同时，永远铭记习近平总书记对宁夏的殷殷嘱托，网易作为国内“有态度”的互联网门户，也将继续不忘初心，逐梦前行。

杜寿鹏

于2018年9月2日

# 目　录

## 城市变迁，仍有岁月可回首

## 山乡巨变，良田绿树忆旧颜

## 匠心独运，一器一物皆是情



## 岁月留声，道不尽青春流年

# 城市变迁

## 仍有岁月可回首

## 在繁华城区蜿蜒静默
## 山河湾人再难讲述悠长的山河故事

1

我出生的那一年，山河湾还叫山汉湾，紧挨着老银川的民生街米粮集市，车马大店、饭馆、手工作坊星罗棋布，几乎是老银川最繁华热闹的地段了。

父亲种着几亩薄田，秋收时节，常和乡邻们一起赶着驴车，满载着粮食到米粮市上贩卖。

深秋时节，早上天还未亮，父亲便赶着车出门了。车上除了几袋子刚打下的粮食，还有母亲亲手做的油饼子、馓子等各种小吃，以及自家果树上结的杏子、李子，用这些额外赚些小钱给我们买零食。

父亲说，在米粮市卖粮也有讲究，得请集市上的斗行经纪人过来评价，谈好了价格，粮食还要经斗行过了斗。斗口大底小，盛满了米，牙行或是用一把木尺，或是用手将斗口抹平，定好了量，这才算是完成了一笔交易。这样麻烦的流程，父亲等一整天也卖不完粮食，晚上便住在“山汉湾”的旅店里。

据父亲讲，新中国成立之前的“山汉湾”，居住的都是社会最底层的人，这里号称老银川典型的贫民窟，鞋匠、皮匠、裁缝等各行业的穷苦人挤在这狭窄拥挤的区域内艰辛地讨生活。

20世纪50年代末，“山汉湾”正式改名为“山河湾”，这三个字充满了诗意，可与这里的繁杂吵闹实在是不相配。那一年冬天，父亲带着我们一家从乡下搬到银川城做起了小买卖，在山河湾找了一间土房住下。那时候，我才第一次亲眼见到了父亲时常说起的山河湾。

山河湾与乡下老家的宽敞空旷截然不同，这里土房星罗密布，前巷和后巷中间又夹着中巷，里边拐着七道弯、分着五道叉，布局就像迷宫一样，刚到这儿时，我总是迷路。

搬到这里第二个月的一天傍晚，父亲出门干活还没回来，母亲要照顾弟妹，便叫我去集市打酱油。粮店在从前的米粮市上。出门前，母亲千叮咛万嘱咐：“路上别贪玩，记着点路，回来要是找不着，就找个街坊问问路……”

“我知道啦我知道啦！”没等母亲把话说完，我便欢欣雀跃地出了屋子。

可我还是太高估自己了，虽然搬来已经一个多月了，可复杂繁多的巷子还是让我彻底慌了神，我站在岔路口，深冬凛冽的寒风吹在脸上生疼，我望着四周长的一模一样的土房，不禁号啕大哭。

“哎哟这谁家娃，哭啥呢么？”一位慈眉善目的老太太走过来，将我脸上的眼泪抹干净。

我抽抽噎噎地回答了老太太的话，老太太牵起我的手，带着我七拐八拐，不一会儿就到了家。

“我一寻思就是你家的娃，刚搬过来还不适应吧？我就住在前面不远，门口有个石磨子，有啥事就说一声，我家孙子也这么大，看着这娃心疼着嘞……”老太太攥着母亲的手滔滔不绝，从此之后，两家人成了亲如一家的好街坊。

第二年秋天，我插班进了山河湾后巷的小学，我们几家的孩子天天一起上学下学，大家一路上嘻嘻哈哈，还没进学校大门便闹在一起。午休时，谁家做了好吃的就跑到谁家去蹭饭；放了学，就混在巷子里捉迷藏，直到日头落了才回家。

2

1973 年，父亲将家里西面用作厨房的那间小屋子简单修补了一番，当作我结婚用的新房。那间屋子实在小的可怜，只有一扇小小的窗，父亲找人重新修整了下房顶，大致粉刷了下墙壁。

婚礼那天正是立冬，鞭炮在巷子口震天响，妻子穿着暗红的夹袄，头上别着一朵红纸扎的花，低着头，坐着驴车进了山河湾弯弯绕绕的巷子，驴车吱呀吱呀，巷子里扬起阵阵黄土。

新房并未怎么布置，只有一张双人床，一个木桌子，两把椅子，一对木箱子，还有一个前两天刚支起来的炉子。东西虽然不多，却把屋子占得满满的，几乎连下脚的地方都没有了。

新婚之夜刮了一夜西北风，寒风从窗子缝钻进来，冻得我们直打哆嗦，妻子缩在墙根抽噎着说：“这地方还不如我们乡下呢……”我拍拍她的肩，安慰道：“过两年我攒下钱，就盖间宽敞的大房子给你。”

在山河湾，早起上厕所是件十分麻烦的事，为了能抢到厕所，妻子早上四点就起床去排队，可仍半个钟头才能回来。晚上去打水，水房门口排着长长的队，人人肩上担着桶、手里端着盆，七嘴八舌聊着张家长李家短，无论是小媳妇还是老阿姨，纷纷拉着妻子这位新媳妇的手嘘寒问暖。

银川的雨并不算多，可是一旦下起来，山河湾便像泡在了泥潭里，巷子里的稀泥几乎能没了脚面，不穿雨鞋根本就出不去。家里只有一双雨鞋，是父亲的，每逢下雨要出门时，我便在门口把鞋脱了拎在手里，光着脚踩着泥出去。一次雨天，我在巷子里遇到一个邻居，他把巨大的二八自行车扛在肩上，一步一步小心翼翼地往前走。

“不下雨你骑自行车，下雨自行车骑你啊！”我笑着打趣道。

“你不下雨鞋穿脚上，下雨鞋穿手上啊！”邻居反过来笑我。

这样虽然艰苦却充满温馨的日子在三个孩子接连出生后发生了翻天覆地的变化。我们的小屋太小，装不下渐渐长大的孩子，只能将两个孩子分别送到了奶奶和外婆家里，妻子每天唉声叹气："外边盖起了好些居民楼，听说不用出屋在家就能上厕所。我们什么时候才能住上那样的房子啊！"

山河湾里的七道弯五道叉破旧了太久太久，住在这里的人一边笑着抱怨破败的房屋泥泞的巷子，一边拼尽全力努力生活着，期盼着住进新房的那一天。

## 3

20 世纪 90 年代初，期望了十几年的新房终于有了眉目，银川市开始大规模的危房改造工程，山河湾的居民顿时沉浸在喜悦与兴奋之中，破旧的山河湾一下子有了生机。没过多久，拆迁队浩浩荡荡开进了山河湾，打桩机哐哐的响声和搅拌机的轰鸣声响彻云霄，那原本被当作噪音的响声，听起来却那般悦耳。

我和妻子带着父母在外面临时租了间房，孩子被送到外婆家小住。困扰了妻子好些年的头痛毛病竟然一下子好了，每天从工厂下班回家前，她都要转个弯到山河湾工地去看一看，虽然未必能看出什么，但回家后都会同我们讲一遍自己的所见所感，神采飞扬。

似乎就是一瞬间的事，山河湾里一座座五颜六色的居民楼拔地而起。我们的新家在三楼，阳台很大，有自己的卫生间，水管子通到屋里面,再也不用每天早起晚睡地排队上厕所、打水了。

改造过的山河湾竟成了银川市一处较为高档的居民区, 新修的巷道宽阔、平坦,成丁字型前后贯通。山河湾前巷南通解放西街,北与后巷相连;山河湾后巷东接鼓楼北街,西通民生街。

2003 年,大儿子结婚,我们在金凤区给他买了套新房子,而我与妻子依然住在老地方。之后的十多年,银川飞速发展,山河湾附近的政府单位接连搬走,就连几十年的老厂子也衰败了,四周高楼大厦拔地而起,山河湾突然间又恢复了往日的宁静,时常感觉像是被遗忘了。

儿子总是劝我们搬到他那里住,小孙子嫌我们的老房子破旧,周围又没游乐场、大超市,待不了半天就吵着回家。可即便如此,妻子却十分坚定地要留下来。

“从嫁到这里那天开始,我就天天盼着能搬出去,能住上大房子,可是现在却总想起几十年前住的小土房。那时候多年轻啊!街坊四邻好得跟一家人似的……”妻子的话让我感动不已,也彻底打消了儿子让我们搬家的念头。

前年,妻子得了脑血栓后行动不便,可她却偏偏不喜欢在屋里待着,于是天气晴好的时候,我便搀着她到楼下坐在老巷子的树阴下乘凉,妻子坐在躺椅上,阳光透过枝叶撒在她的身上,一阵微风吹过,带来淡淡的花香,山河湾成了闹市之中的世外桃源,我们一起在这个老地方回忆从前那些贫苦又安逸的日子。

山河湾依旧曲曲折折,就像银川这座城市生出的一条皱纹,巷子里残旧的老建筑一天天消失在人们的视线中, 可那些过往的山河故事会永远印在我们的脑海里。

关瑞瑞|整理

# 贯穿银川南北的正源街：在似水流年里映照着城市繁华

沿着正源街自北向南走上一遍，它所行经的区域，既有大规模的居民小区，又有现代化的大型商业街区、楼宇，这些建筑汇集于一条街道之上，串连起的便是繁华。正源街的发展，显现出的不仅是它本身的变迁历程，更映照出了银川这座城市的蓬勃生长。

1

父亲年轻时住在唐徕渠西岸的朱家庄村，村子南边是农田，西边一条窄窄的乡村土路，绕过大片的农田、湖泊和水沼地，向南边蜿蜒延伸。那条小路，就是正源街最初的模样。

朱家庄村南头有个湖，老人们都把它叫作碱湖，碱湖虽只有宝湖的一半大小，可湖边长着高高的芦苇，湖水很深，湖边的地面更是泥泞不堪，时常听说有人在湖里淹死，因此老人们总是不断告诫家里的孩子：不许到碱湖里耍水。

可村里的孩子们向来是摔锅打碗、上房揭瓦惯了的，才不会把老人的叮嘱放在心上。

冬日里，碱湖里的水位急剧下降，寒风一过，湖水冻结成冰，父亲和村里其他孩子们只穿着夹袄，欢天喜地地奔到湖中心去，来来回回地滑冰玩。一个人在后边蹲着，另一个人背着身站在前边拉着后边人的手快步往前走，再突然撒开手，两个人便摔作了一团，耳朵、脸蛋冻得通红，可却一点也不觉得冷。枯黄的芦苇在寒风中荡啊荡，惊得一群麻雀乱飞，西边那条土路上一个人影都没有，只有几只牛羊站在一旁孤独地啃着干草。天那样高、那样蓝，四周一片寂静，只有孩子们的欢笑响彻云霄。

到了夏天，就是另一番模样了。村里的小伙伴们光着上身，成群结队涌向碱湖，到了岸边，裤子一脱鞋一扔，一个接一个跳进湖里去，泼水、抓鱼、逮蜻蜓，嘻嘻哈哈闹一下午，太阳西沉了也不知道回家。

从永宁赶着牛车过来串门的姨奶奶路过，跳下车站在路边大喊："娃娃可不敢耍野水啊！赶紧回家！回家！"

父亲头都没抬一下，耍得更欢。没过多久，爷爷就提着笤帚气势汹汹地赶了过来，父亲乖乖上岸，鞋还没穿上，就被爷爷揪着耳朵拽回了家，湿淋淋的脚丫沾了厚厚一层土。父亲回家挨了一顿打，第二天照旧跑出去耍。

直到初中毕业，父亲辍学回家，才慢慢收敛了性子，开始跟着爷爷一起干活，农忙时跟着下地种田，农闲时赶着牛车到银川城里摆摆小摊。那条蜿蜒的乡村土路成了父亲每天的必经之路，牛车吱呀吱呀地一路北上，后边扬起一阵阵黄色灰尘。转个弯过了西门桥，就到了解放街上，父亲把车停在一旁，将车上的果子、小吃整齐地摆放,双手插在袖子里,有一声没一声地叫卖着。

1968 年,解放街修成了柏油马路,那年父亲 16 岁。跟着爷爷进城买东西,走在全新的解放街上,父亲兴奋万分:“爸,还是城里好啊,看这路,千军万马过去都不带扬灰的!”

爷爷冷哼一声:“太硬!硌脚!”

父亲不敢再作声, 可心里却更加向往村里也能铺上这样一条柏油路。

2

20 世纪 70 年代,沿着银川老城墙的四围有四条道路,分别叫作东、南、西、北环城路,与今日街道做一对应,即清和街、南薰街、凤凰街、北京路。老银川城一年比一年大一圈,可是西门之外的朱家庄村还是空旷的乡野之地,那条乡间土路因日积月累的碾压,却变得越来越平整,也渐渐开阔起来。

1985 年,我三岁,父亲终于等到了对那条乡间路的大规模扩建,市政府围绕原先四条环城路,将城市道路再度向外拓展,形成了东、南、西、北二环路,我家附近的那条无名土路终于拥有了属于自己的第一个名字——西二环路。西二环路的建设工程持续了两年,工程将保伏桥至银新南路(今黄河东路)段的断面改造为 14 米,道路全长增至 2570 米,同时在第二年,全部铺上了沥青路面,修建了保伏桥。

父亲终于实现了一直以来的心愿, 可是还没来得及在新铺的路上走上几回,我们家就因为父亲工作需要,搬到了银川老城。

父亲在西门附近买下了一处门面,专门做面点小吃生意,一家人住在附近的平房区。不同于朱家庄村的安静空旷,这里的日子过得嘈杂热闹。

2000 年,我正紧张地准备高考,母亲突然一病不起,必须要靠一周三次的血液透析才能维持生命。面对巨大的经济压力，父亲无奈之下卖掉了经营十年的小店，到环卫局找了份环卫工的工作。

父亲说，他怎么也没想到自己是以这样的方式回到新西环路的。每天早上四点，天还未亮，父亲就要出门到西二环路去清扫街面。十多年过去了，这条路已经向北延长到了上海路，路面更加宽广平整，当年的乡野村落已经不再，取而代之的，是新建的小区商铺和车流如织的大小街道。

第二年，西二环路正式更名为“正源街”，崭新的路牌安装在街边，父亲对我说：“这‘正源’两个字起的真好，正本清源啊！”

我遍查资料，才得知正源街的得名源于银川的古老城门——镇远门。正源街的方位与从前的镇远门相对，所以参与街道命名的著名文史学家吴忠礼先生便提出以城门名字来命名街道，后因“镇远”二字有歧义，便使用谐音“正源”，所表达的含义，正是父亲所说的“正本清源”。

银川城的发展日新月异，正源街向南北两个方向迅速延伸，到2005年，已经向南延伸到了六盘山路毗邻永宁，向北延伸至贺兰山路毗邻贺兰，在长城路到上海路路段，更是拓宽到了双向八车道。与此同时，正源街两侧的高楼一座接一座拔地而起，用“繁华”二字来形容，一点也不为过。

3

2008年，我研究生毕业，还没等看见我参加工作，母亲便离开了我们，父亲辞了环卫工的工作，整日守着破旧的老房子，看着母亲的照片发呆。我在工人疗养院附近租了套房子，把父亲接到了身边照顾，父亲站在楼下对我说：“这里就是原来的朱家庄村，现在真是大不一样了，只可惜碱湖不在了……”

我工作的单位在正源北街，每天坐公交车上下班，公交车沿着正源街一直向北走，带着我一遍遍观赏两侧的繁华盛景，不知怎的，我竟无论如何也回忆不起20年前这里的模样了。

2011年，正源街上建起了银川市首个大型城市综合商场——万达广场，万达广场不仅满足了市民一站式消费和多元化服务的需求，而且大幅度地促进了金凤区商圈的升级换代，填补了金凤区无大型商业中心的空白。

万达广场为正源街带来了前所未有的繁华，也是在那一年，全长21公里的银川至永宁快速通道建成运行，北端起点即为正源南街。在城市的不断拓展中，正源街的交通地位与繁华程度日益凸显，成为了贯穿银川中心区域的“城市动脉”。

两年后，我在正源南街宝湖天下小区按揭贷款买了一套房子，虽然正源街车流量巨大，上班不方便，堵车是家常便饭，可这里是父亲从小长到大的地方，我想尽最大的努力，留住他那些美好的回忆。

上个月，我开着车带父亲去宁夏人民医院做检查，正赶上早高峰，正源街南北双向都堵得水泄不通，停滞不前的车辆发出一阵阵烦躁的“嘀嘀”声。父亲坐在副驾驶座，打开车窗，感叹道：“谁能想到呀，30多年前这地方荒得兔子都不屙(e)屎……”我回道：“现在堵车都堵成停车场了。”说完，我和父亲不由得一起笑了起来。

如今的正源街，北至银川北绕城高速，南接亲水大街最南端，全长约15.3公里，南北纵贯银川金凤区，是银川城市主干道之一，也是一条新兴的繁华长街。

时光总是向前，记忆从不曾代表未来。在城市发展的浪潮中，正源街两侧一座座高楼拔地而起，华灯如天上的星辰，点亮了父亲曾经向往的繁华。





关瑞瑞 | 整理

## 在大武口这座塞北小城里，只有温婉的星海湖才能为城市代言

那么多年,看过了许多风景,走过了许多地方,可再美丽的地方也抵不过我心中那如江南般柔和温婉,却在粗犷的塞北小城,享受着水漾清润,拥有着塞北风情的星海湖。

1

20多年前，爷爷带着全家举家从固原市的隆德县搬迁到了石嘴山市的大武口区,爷爷一生以种地为生,在固原那靠天吃饭的地方,根本养不活一家老小。一听政府说要搬迁到煤矿丰富的大武口区,还给分土地,爷爷乐坏了,毫不犹豫地来到了大武口。爷爷有四个儿子,父亲是老大,搬迁当年,我刚出生。

听别人说,来了就能过上好日子,可是来到大武口,全家人的激情褪去了一半。那时候,听从安排,我们全家被分到了大武口的城市边缘,除了路不好走,周围全是戈壁滩外,更恼人的是,附近是散发着恶臭、污水横流、垃圾成堆、沼泽遍布的星海湖。

听人说,20世纪70年代后期,随着城市建设和工业发展,外地人陆陆续续进城当煤矿工人,工业发展迅速的同时,污染也越来越严重,根本无法治理,再加上城市绿色植被缺乏,星海湖滞洪区逐渐被城市垃圾、工业废渣和污水充塞,失去了滞洪、防洪的功能。久而久之,星海湖这片沼泽逐渐变成了人人唾弃的垃圾场。

每到夏天,也是全家人最难熬的时候,因为离星海湖较近,那里酸腐的味道也招来了我们最不愿意见到的"常客"。白天,一群群苍蝇闻味而动,寻找"美味"的同时,也不忘辐射到我家周围;晚上,尽管空中有最亮的星星,也提不起我任何观赏的兴趣,因为蚊子们早已把周围"包裹"得严严实实。

每天看着这样的情形,母亲也想着各种方法改变。

母亲是非常温顺贤惠的人,更不会无故找人吵架,可是她眼看着自己家被恶臭湮没,看到有人往星海湖倒垃圾总是忍不住说上几句。

"天天闻着臭味也不好受啊,能别倒垃圾就尽量别倒了。"

"那能咋办?大家都在倒啊,又不是我们一家。"

毕竟,一个人的力量与意识是薄弱的,街坊邻里的一句话堵得母亲说不出话,回到家,母亲翻箱倒柜找来半截粉笔,又把家里放衣服的箱子拆掉一面木板,在上面写了几个大字"爱护星海湖,禁止倒垃圾", 看着眼前的几个大字,已经上小学的我,竟恍了神。

以前听爷爷说,星海湖是历史上古沙湖遗址,原为自然形成的山洪滞洪区,又是银川平原"七十二连湖"重要的水系组成部分。可是,看着眼前这片如同垃圾场的沼泽地,我竟觉得它配不上"星海湖"这么诗情画意的名字。

2

尽管是在星海湖周围长大的,可我却很少踏足那里,即便是有大片大片的芦苇荡,夕阳西下时,映衬着晚霞,也算是较唯美的风景,可我也不愿接近。如果要出去耍,我宁愿去离我家较远的青山公园。

有一天,我刚放学走进家门,就听见父亲激动地说着。

"你听说了吗?星海湖要重新治理了,这可是大好事啊!"

"真的假的?都那么多年了,也没见整治。"

"都动工了,你还不知道呢?"

这边街坊邻居也跟着父亲一样在热闹地讨论着,那边星海湖已经开始动工了。由于这里多年淤积和占用,区域内沙丘林立,沼泽遍布,自然环境的恶劣程度可想而知。

看着这么大的工程在我家周围开工,我的好奇心都被激发出来了,每天放学后,我都和小伙伴们一起去看工程的进展。

听人说,此次建设既要保持星海湖拦洪滞洪的功能,考虑蓄水能力,还要根据不同特色的功能分区规划设计,以满足人们不同审美情趣的景观要求。我不知道以后的星海湖会变成什么样,只是听到这些,就觉得这对于参加工程的兰州军区部队官兵、施工单位和驻地各单位的干部职工都是一个挑战。

"我已经三天没有合眼了,前面的垃圾需要整治,后面还要挖沟引渠,等工程完了之后,我要连续睡个三天三夜。"一名身穿工作服的官兵,身上早已被污泥覆盖,一边和旁边的战友说着,一边直起腰活动了几下,脸上的污泥让人看不清他本来的模样。

一向贪玩的我们,以往如果看到他那狼狈的模样,肯定会笑破肚皮,可面对眼前的他们,我们却异常沉默。

3

终于,经过三年的施工建设,星海湖以迷人的姿态展现在人们的视野当中。那时候,我已经是一名初中生了。竣工那天,我们街坊邻居都跑过去观看,现场人山人海,噼里啪啦的鞭炮声,响彻整个大地,我生平第一次觉得鞭炮声也如音乐般悦耳无比。

新建成的星海湖总面积达到了 43 平方公里,湖水面积 20 多平方公里。在湖中也设计了百鸟鸣、金西域、南沙海、鹤翔谷、新月海、白鹭洲等各具特色的景点。

看着眼前的湖景,我设想着无数个玩耍的场景。对母亲来说,再也不会为了难闻的气味而发愁,她亲手树立的保护星海湖的牌子虽早已腐烂,但在她的心中,眼前的星海湖才是她梦里的模样。那时候我不懂为什么在竣工那天,母亲会泪流满面,长大了之后才明白,原来有一种表情叫喜极而泣。

改建后的星海湖,不仅形成了山水相映、城中有水、水中有岛、岛上树木成林的独特景致,还成为了集拦洪蓄水、调节气候、生态园林景观、水产种养殖为一体的城市标志性工程。经过长时间的保护,星海湖没有了垃圾的堆砌,俨然成了城里人休闲娱乐的好去处。

盛夏时节,我和小伙伴们常在此游泳嬉戏,钻进茂密的芦苇丛中去摸野鸭蛋和一种叫“张哥乐”的水鸟蛋。这种水鸟蛋并不多见,如果谁能摸到,能嘚瑟好几天。每年的端午节,星海湖中宽大的芦苇叶,成为街坊邻居过端午节包粽子的材料,人们可以随便采摘,每次母亲都能采摘两大包回家,用不完母亲便把它们晒干,来年再用。冬日里,星海湖结冰后又成为了免费的天然滑冰场。

时光荏苒,这样逍遥快活的日子,随着年龄的增长也渐渐远去。高中时,由于课业紧张,我也只是在回家的途中远远地看一眼星海湖。大学毕业后,我选择在银川工作,忙碌的工作让我无暇顾及眼前的风景,甚至忘记了在我家门口这个硕大的星海湖。

有一年端午节,我开车回家途中经过星海湖。从山水大道穿湖而过,看着星海湖发展成如今的旅游景区,忍不住停了下来。母亲当年那喜极而泣的模样、工人们建设时的场景犹如电影般在脑海中回放,不知为何,那个瞬间,我恨不得以最快的速度飞奔回家。

“你不是说明天回来吗?”母亲看着我风尘仆仆的模样有些疑惑。

“妈,听说星海湖有游艇,走,我带您和爸去坐游艇,让你们也感受一下星海湖的最新模样……”

李　悦|整理

# 有着半百历史的大武口火车站：迎来送往间见证了城市的发展

常年在外打工的我，去过很多地方，也见过许多火车站。20多年来，大武口火车站是我见过的最为独特，也是最弥足珍贵的火车站，它承载的不仅有我的童年还有我的青春。

1

小时候，飞机和高速公路都非常罕见，汽车也少，长途旅行的交通方式基本就是火车。大武口火车站是我们小镇人接触外面世界的主要窗口，也是小镇人生活的焦点，有不少新鲜事都是从那儿传出的。哪家若能坐火车出去一趟，或哪家从火车站来了远方的亲戚，必成为让人羡慕不已、津津乐道的事。那时候，小伙伴们喜欢手拉手排成一排，嘴上学着火车"呜呜"的鸣笛声玩开火车的游戏。

听父亲说，大武口火车站是1959年修建的，具体位置是在大武口区石（嘴山）汝（箕沟）支线铁路10公里左右的地方，当时是兰州铁路局银川车务段管辖的最大货运营业站之一。这样一个小小的二等车站在普通人眼中是再普通不过的，但它在全国煤炭行业里却声名远扬。

火车站刚刚建成时，面积不大，却是石嘴山市内煤炭、煤炭制品、矿山机械及农产品中转的必要场所。火车站的周围很干净，四周没有高大的树木，给人一种空旷的感觉，就连火车到来时的鸣笛声都显得格外刺耳。

那时候的我是小伙伴们中出了名的“十万个为什么”。“爸爸，铁轨下为什么要铺石子？”“如果不铺石子，铁轨就不够稳固，火车经过时会剧烈震动，火车很重，会使铁轨下陷，火车自然就无法开动了；还有下雨的时候，石子还能过滤雨水，不会使下面的土壤松散，同时又不生杂草。”爸爸刚向我解释完，妈妈又补充说：“撒碎石子既方便又省钱，而且还有消音作用呢。”在爸妈的一同解释下，我发现我对这条铁路的兴趣更浓了。

2

上初中时，有一次地理老师带大家去野外探索，当我们逐渐靠近火车站的方位时，远远地就听到了鸣笛声。这时，我们看到车站调度员拿着小红旗走了出来，我们知道，这是火车要来了。果然几分钟后，一列长长的货车鸣着长笛从远方飞驰而来，接近站台时又渐渐慢了下来，像虫子一样蠕动着，还发出震耳的撞击声。

这时，老师说：“火车到站或离站时鸣笛一长声；遇到危险时鸣笛一长三短声；后退时鸣笛两长声；它要是发出急促的连续短鸣声，是告诉另一列火车，邻线前方有危险，快停车。”当时我才知道，原来火车与火车间也有一种类似于语言的沟通方式，这种方式还很生动。

那时，还有一件让我困惑的事情，那就是关于这个地方叫作大武口的来历。原来贺兰山的诸多山口中有一个打硙口，打硙口很可能是当地采石打磨的地方，它的位置就在今天的石炭井沟口。用山口的名称，称附近地方为打硙口，那山口的名称也就成了地名。时间一长，打硙口出现转音，就成了大武口，这个称呼就一直沿用至今。

渐渐地，随着勘测人员的发现，不毛之地大武口原来是个广储煤炭的宝地。随后在石炭井、汝箕沟和呼噜斯太矿区进行了煤矿开发。大武口火车站的最初设计是作为石汝支线和汝箕沟站的联轨站，定为编组站。但后来，它成为兰州铁路局较大的装卸站之一，拥有货物线4条、段管线1条、专用线13条，被兰州铁路局确定为战略装车点，担负着石嘴山市境内的煤炭、煤炭制品、矿山机械及农产品运输的任务，当时占到宁夏地区铁路总运量的较大份额，为石嘴山的经济发展作出了巨大贡献。

3

随着父亲身体状况的日益不佳，高中毕业后，我就开始了打工生活。后来在妻子的鼓励下，和同乡人一起踏上了异乡打工的路途。当踏上火车的那一刻，我回头看了一眼这个不算太大也引不起人们太多关注的车站。

在火车站的检票口，妻子递给了我一个厚厚的信封："上车再看。"还说，"如果你在那边不快乐，你就回来吧……"

等我怀揣着妻子的信坐在火车上时，那一刻我开始犹豫了，有对未来的迷茫和恐惧，也有我的不舍。

火车站站台上每天都发生着迎来送往的事，在当时那个年纪，我心里认为，车站迎来的都是优秀的人，可以为家乡发展带来贡献,而送走的却是像我一样心中有家乡,而无法为家乡做任何事情的人。

大武口火车站卷入了新工业城市发展的大潮，越来越多的外来人涌入了这里,使这里的经济得到了发展,各项设施也在不断完善,而我们熟知的这条铁路也迎来了它的崭新时代,得到了更好的保养与维修。

在外打工 20 多年,每一次回去,我都有不一样的感触,而感触最深的是:这个火车站在渐渐地离我远去。在外打工时,每当到达一个火车站中转时，我背上沉甸甸的蛇皮袋子都好像在向我诉说着:脚下的路太沉,是时候回去了。

“父亲状况很不好,你快回来吧！”妻子的一通电话,让我原本动摇的心更加坚定地想要回去了。把自己一生都奉献在铁路事业上的父母,是我所钦佩的;为家乡作出巨大贡献的火车站,是我所留恋的。

记忆中的绿火车还在,这是我得知父亲病重后,再一次回去时最大的感触。

在飞机、高铁早已把我们的时间和空间缩短到毫无想象力的今天,绿皮火车和那些无人问津的站台已经作为一种诗意的想象,留存在了我们的记忆当中；不断向前奔跑的脚步早已打乱了我们的阵脚,我们早已无暇顾及沿途的美丽风景,也没有空间可以让自己的心沉淀。那些新移民也不会知道在城区的边缘还有一座半百老火车站的存在,而了解这座火车站历史的人们又在逐渐老去。

一个火车站的开通,不仅能让老百姓的出行更加方便,也能带动当地经济的发展。在大武口的历史舞台上,大武口火车站就是这么一个老火车站,曾经是繁华的,满载着记忆与荣光……

曾几何时,有一个不追求快的年代,我们坐在绿皮火车上,享受旅途中被架空的时间,那时间既不属于始发之地,也不属于终点站。曾几何时，一辆钢铁巨龙穿梭在这片土地上，它的速度带动着这座城市的发展速度，它的律动是这座城市的脉搏。

如今，火车依然呼啸而过，大武口火车站仍旧办理着客运和货运的业务，而那辆绿皮车也还在。每天8点51分和16点12分，大武口火车站仅剩的7524/5、7526/3这一对列车，依然在迎来送往着许多乘客。大武口—大磴沟、呼鲁斯太：2.00元；大武口—白芨沟、汝箕沟：4.00元；大武口—平罗：1.00元；大武口—暖泉：3.00元；大武口—银川：4.00元……这些熟悉的区间，熟悉的站点，熟悉的价格……当时不经意的那些日子，就这样从我们指间悄悄地流逝了，蓦然回首，发现最怀念的竟是过去被遗忘的那些瞬间，只有这些才是最美。

王　芳|整理

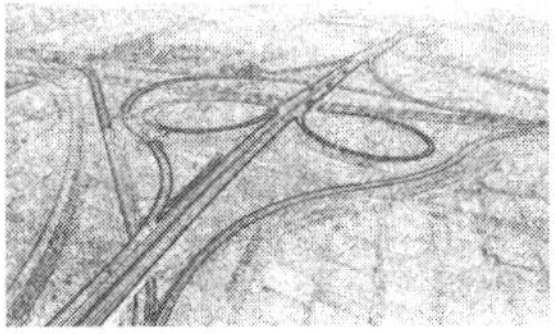

# 曾经轰动全城的立交桥，成了老银川人的骄傲和独特地标

“立交桥站到了，下车的乘客请从后门下车……”

每天，天刚泛起鱼肚白，我从小区走到立交桥站，再乘坐公交车从西夏区到兴庆区上班，这样的日子过了半辈子，这种声音也听了几十年，立交桥站变成了我一天忙碌的起点，也是我结束繁忙的最后一站。每次，当火车从立交桥呼啸而过，那些年在立交桥的场景如同电影般在脑海中放映。

1

我是老陈家沙窝人，陈家沙窝在北京西路公铁立交桥周边，在立交桥没有建成之前，这里几乎都是平房，周边还有公社和煤场。当时没有现在的高楼大厦，如果想看银川最高的建筑，除非再往市区的方向走，但无非也是三层的小楼，这已算是当时最气派的了。

那时候，纬六路(现北京西路)是银川城区通往市内外的要道，还是通往西花园飞机场和阿拉善左旗的唯一要道。家门口的这条叫作纬六路的石子路以及飞驰的火车，让我度过了无忧的童年岁月。

“胖子，去不去铁轨那里玩？”猴子每次找不到人玩，就要找我去“秘密基地”。当时我比他胖，个头小，他老是叫我胖子，对这个称呼我极其讨厌，就给他起了个猴子的外号。

当时家里穷，我长到七八岁的时候连一件像样的玩具都没有，也因此，铁轨和周围那些起起落落的栏杆成了我和猴子的“秘密基地”。

不知道为什么，我们总会在纬六路的石子路上压马路，从头走到尾也不会觉得腻。当时我特别喜欢站在远处，看着火车朝自己奔驰过来，再加上周围广阔的视野，那种慢慢靠近的感觉总会让人产生别样的兴奋感。在猴子看来，火车就像长龙一般呼啸而过，给人的视觉冲击相当震撼。可是，在震撼的同时，纬六路上拥堵的汽车也是相当壮观。

听父亲说，当时纬六路与包兰铁路线平面交叉，形成一段共用道路，而这段路正巧也是银川火车站南调车作业区。即使没有火车通行的时候，机车头和车厢也会在这里来回调转，禁行落杆每天升降几十次，有时几十辆汽车在公路上宛如一条长龙堵塞长达数小时。

那时，我还是每天照旧上学、回家、吃饭、压马路、看火车，日子仿佛都在日复一日地进行着，直到那天鞭炮声噼里啪啦地响起……

“胖子，胖子，快出来！”猴子的叫声很急促，拍我家大门的声音与周围的鞭炮声形成强烈的呼应。

我刚打开大门，猴子一把拉着我就跑，我被他拖着，一路上都在想着猴子肯定有啥好玩的要急着跟我“分享”了。

使我没想到的是，猴子竟然把我拉到了他家门口，更让人惊讶的是，他家门口早已被街坊邻居围得水泄不通。

凑热闹是我的强项，肯定不能错过。我变被动为主动，拉着猴子挤进熙熙攘攘的人群中。当一辆大型机器映入眼帘时，我和猴子有些蒙，可更多的是激动和兴奋，因为长那么大从来没有见到过大型机器，这是第一次。

"听人说是要建立交桥，还是请专业的设计师设计的！"

"是啊，看来这里以后都不用那么堵啦。"

"你们说，等立交桥建成以后，是不是跟北京、上海那些大城市的一样啊……"

街坊邻居们你一句我一句地说着，也是在这一天，我第一次从他们口中知道，有一种桥叫立交桥。

2

自从知道要建立交桥，我和猴子压马路的时间就转换为看立交桥的建设情况。白天的时候，大型机器、水泥、钢筋等堆积在工地上，运输车辆进进出出，工人们忙忙碌碌，此时的立交桥对我们来说是个危险之地，是个禁区。

可再理智的想法都抵不过我们强烈的好奇心。等到了晚上，工人休息的时候，我和猴子还会偷偷摸摸地进去。天黑了，所有的一切都安静下来，偶尔我们也会碰到一些"凶神恶煞"的工人，恨不得把我们扔到十几米之外。

不过，我们也碰到了一个比较和善的工人，他休息的时候，会跟我们讲些立交桥建设的事情。虽然不记得他的名字，但是他讲话的神情，却刻在了我的脑子里。

他说，银川的立交桥采用的是"下穿式"的构造，也就是桥体从铁轨下穿过，第一步是先在一块工作底板上预制一个箱形桥，而在这之后的工程才是最关键的。首先加固铁轨，再一边挖坑一边将箱形桥体从底板上顶进，而顶进工程又为重中之重、难中之难。

他知道我们不懂,只是简单地讲了几句便不再说下去。当时我有些恍惚,不知道他是在向我们诉说,还是为了完成心中的愿望在自言自语。

“为了保证工程的进度和质量,我每天只能睡四五个小时,神经都绷得紧紧的,就怕出差错。等工程完工后我的心踏实了,就可以美美地睡上一觉了。”他言辞之中,虽然透露着疲惫,但又能看出他对立交桥建成之后的向往。

从那之后,我再也没见到过他。也是那时,我对建筑产生了浓厚的兴趣。一年过后,经过工人的不懈努力,立交桥终于建成了。竣工的时候,天气已经转冷,当时的银川,三层楼都不多,这座大桥算是最气派的建筑。那时候,银川人都沉浸在喜悦之中,热闹的气氛让整个冬天都温暖了起来,银川人无论家住的多远,都跑过来看立交桥的竣工庆典。

当时整个大桥两边万人空巷,无论是大人、小孩还是老人,都挤破了头往人群中钻。竣工庆典上响起和开工时一样的鞭炮声,听鞭炮声的人却不仅仅是我们周围的街坊邻居,而是整个银川城的居民。

3

那时候,银川的车并不多,大桥的作用不像如今这么显而易见,很多人只是觉得修这么一座大桥是件稀罕事。可不得不说的是,这确实是一项具有前瞻性的工程。

随着立交桥逐渐投入使用,不知什么时候起,纬六路也逐渐更名为北京西路,以前的纬六路公铁立交桥变成了北京西路立交桥,而大桥在给城市交通带来方便的同时,它的作用还辐射到其他方面,如其周边的小区一个又一个相继建成。

时光荏苒,我慢慢长大,我们家也由平房换成了楼房,日子逐渐好了起来。自从立交桥建成以后,我和猴子也不再去“秘密基地”

了，每逢周末，我便约着猴子一起到立交桥上面看火车。

“今天又不是周末，你咋又想去立交桥了？”猴子一脸疑问。

“就想看了，看不腻还不行啊？”我没有过多的解释，放学后，我拉着猴子就往立交桥上走。

站在立交桥上看火车和小时候看火车，感觉完全不同。如果说小时候站在远处看火车，寻求的是一种刺激感，那么站在立交桥上看火车，却是一种距离感和思念。

那时候，父亲的生意逐渐好了起来，不再局限于银川市，而是拓展到了外地，有时几个月才能回一次家。我从来没有告诉过猴子，那天拉着他看火车，其实是计算着父亲回家的日子，期盼着父亲的归来。可是我站在立交桥上，看着呼啸而来的火车，我哭了。都说男儿有泪不轻弹，我却在这座伴着我长大的立交桥上，泪水涟涟。

由于学习越来越紧张，我褪去稚嫩的外衣，把精力投入到学习中。高考后，我考上了不错的大学，依照本心和兴趣，我选择了建筑方面的专业。

如今 40 多年过去了，立交桥虽然失去了当年的风华，略显破旧，但是却仍然横跨在银川市的主要交通干道上，见证了 40 多年来银川市的经济建设和历史沧桑。或许，它在别人眼中只是一座普通的桥，可是在我们老银川人的生活里，它早已演化成一个特有的老地名。无论是公交站点，还是当人们提起附近区域，它都成为一种名称标识和地理坐标。

40 多年转眼即逝，现在站在桥上看风景的人不再是当年那个毛头小子，而是变成了一名建筑工程师，变成了一个站在桥上守望孩子归来的父亲。虽然生活条件越来越好，我还是习惯坐着公交车出门，听着那句“立交桥站到了，下车的乘客请从后门下车……”

李　悦 | 整理

## 在市井烟火里，
## 走过岁月沧桑的北塔，见证了我的青春与悲欢

有人说，古塔是天上宫阙脱落的一枚钉子。进入现代社会以后，散落于我们身边的古塔，早已超越了佛塔的单纯功用而被赋予更多内容。一处古迹、一种景观，一份记忆的载体、一座城市的标志，一种物质上的存在、一份精神意义上的象征……

北塔（海宝塔），即是如此。

1

有人说，海宝公园有树有水，空气清新，环境优美，更重要的是那座屹立千年不倒的北塔，在海宝公园遗世而立，见证了很多人懵懂的童年和激情的青春。

我是老金三角人，一辈子的生活都围绕着北塔。小时候，银川没有高耸林立的大厦，没有车水马龙的街道，唯有位于城郊的北塔鹤立鸡群。那时候，我了解的关于北塔的故事不多，只听说北塔有很多名字，赫勃塔、赫宝塔、黑宝塔、海宝塔，因为与承天寺塔(西塔)遥遥相望，大部分人就把这座古塔称作北塔。

以前，北塔周围没有围墙，也很简陋，从北京路到北塔一大片全部是湖面。

每年的正月十五和七月十五是北塔庙会的日子。那时候城里人都是坐船从银川四面八方到北塔赶庙会。可以凑热闹的地方，怎么能少得了调皮捣蛋的我。那时我家在北塔的东面，我最喜欢沿着北塔东面一条渠的渠岸跑到北塔看热闹。

“哥哥，你跑慢点，等等我。”我手里攥着两毛钱在前面跑着，妹妹在我身后屁颠屁颠地跟着。妹妹比我小三岁，个头小，我去哪里她就跟到哪里。当时，在我看来妹妹就是个累赘，要不是母亲让我带着她，我会把她甩得远远的。

来到北塔，那真是人山人海，卖小吃的、演杂技的、唱戏的等等会聚在塔的四周，这热闹的场面不亚于繁华的集市。

北塔寺坐西向东，正门是三间歇山殿堂式山门，门楣匾额上“海宝塔寺”四个苍劲有力的大字非常显眼。大人们来北塔首先在庙堂上香拜佛，祈求菩萨保佑。而我喜欢爬过北塔的高台，再由塔座之后，跨上天桥，因为塔身四面转角处均悬有风铃，风吹铃响，丁零零……与桥下热闹的场面对比，更宁静悠扬，当时觉得再美妙的声音都比不过这北塔风铃的清脆。

等我从天桥上下来，妹妹还没有爬上去，我就拉着妹妹去看杂技、听戏曲。

当时的杂技虽然只是做了几个普通人做不到的动作，但还是看得周围人情绪高涨，纷纷叫好。

“好！”妹妹看着我拍手叫好，也跟着随声附和。

“小小表演，感谢大家赏脸。”

杂技表演完毕，表演者的助手把铜锣反过来端着，走向我们，铜锣端在面前，大家一分两分钱地给，等助手一圈走完，铜锣上的钱已堆成小山。

还没走到我面前，我就已拉着妹妹逃之夭夭，边跑边笑。其实当时并不是不想给钱，而是纯粹因逃跑的感觉比逃票还要令人激动和兴奋。

2

转眼间，调皮捣蛋的日子已经离我远去，十几年在北塔的童年记忆足以令人难忘，更何况，北塔已经一千多岁了，一千多年的时间里，足够发生太多的故事。

等到我上初中的时候，课业加重，去北塔游玩的时间越来越少。随着自己慢慢长大，我对北塔的了解不仅停留在玩乐方面，听的更多的是关于它的历史故事。

听老一辈人说，最早与这座古塔发生关联的人物是赫连勃勃。赫连勃勃是十六国时夏国君主，十六国时期(304—439年)，各国混战，民不聊生，佛教受到社会推崇。384年，羌族首领姚苌建立后秦，当时宁夏地区大部分属其管辖。姚苌之子姚兴在位20余年，大兴佛教，宁夏各地纷纷建佛寺、造佛塔，佛教的传播在这一时期达到了高峰。赫连勃勃年轻时在姚苌驻宁夏的军队里任职，受其影响，赫连勃勃在位时重修了海宝塔。此外，他修建的饮汗城，被认为是银川城的前身。

历史故事是给感兴趣的人听的，可我上高中后，再也没听过别人讲北塔的故事。那些年，父亲在生意场上摸爬滚打，也算小有积蓄，可是让人没想到是，父亲一次投资失败让自己多年的积蓄血本无归，我们家的日子也越来越不好过。

虽然父亲生意失败了，但他并没有因此丧失信心，还是拼命奔波。这对我的触动很大，为了节省家里开支，我没有选择上大学，而是选择像父亲一样做生意。

“你真要做生意？如果你想上学，我就是砸锅卖铁也会供你上大学。”父亲无奈地说。

“我都想好了，从小生意开始做起，等我有了经验，我就跟着你东山再起！”虽然小小的年龄，但那种不服输的性格跟父亲有的一拼。

刚好过一段时间，就是北塔庙会的日子，我就在百货市场淘了一些日常用品，学着父亲做生意的样子卖起了百货。

虽然对北塔再熟悉不过，但是做生意对我来说确实是一个挑战。起初可能是年龄的原因，卖东西的时候，不是算错账就是找错钱，慢慢地熟悉了之后，也能赚一些小钱。

随着北塔庙会来往的人越来越多，这里逐渐聚集了人气，过了一段时间，北塔附近变成了海宝早市，这就成了我的另外一个战场。

早市的东西既便宜又实惠，附近的居民都愿意在早市上买东西。因此，这个因海宝塔而得名的早市，每天清早人声鼎沸、人头攒动，与北面古塔的寂静形成鲜明对比，而这也成了母亲经常光顾的地方。

“妹子，我看你儿子经常在附近卖东西，这小子有冲劲儿，以后肯定有出息，我一定要给他说个好媳妇。”邻居张阿姨每天跟母亲一起相约去早市，每次回家母亲都学着张阿姨的腔调跟我说话。

让人没想到的是，张阿姨说话算话，还真的给我介绍了对象。过去的感情真的很简单，只要彼此看对眼，简单地操办下婚礼，这事就这么成了。

自从妻子进家门后，我的生意不再停留在小本小利上，看准的是更广阔的市场前景。父亲在生意上人脉广，待生意稍微好转后，我就跟着父亲一起打拼事业。

3

时代不断变换，银川也不断发展，北塔四周也发生了翻天覆地的变化，昔日的城郊也逐渐变成了城市的中心。转眼间，儿子也已经到了上小学的年纪，我的生意也一天比一天好。

虽然生意很忙，但是每到周末，我都带着儿子到公园散步，看看给我留下美好回忆的北塔。那时候，有一部非常流行的电视剧叫《新白娘子传奇》，不管我怎么解释，儿子始终认为自己看到的北塔就是压着白娘子的雷峰塔。因为，雷峰塔前有个西湖，北塔也正好面向着北塔湖；雷峰塔下有个金山寺，北塔下也有海宝塔寺。年幼的他，怎么都不愿把这些相似之处分开。

“爸爸，我们去塔底下把白娘子救出来吧。”儿子经常拉着我去北塔“救”白娘子。

“白娘子已经让许仙救出来了……”尽管我说了很多遍，他还是不愿意相信，为了打消他的念头，我只能随便找个理由搪塞他。

随着年龄的增长，儿子慢慢明白了北塔下面真的没有白娘子。因为他从小在银川长大，在北塔下生活，对北塔仍然有一种独特的感情，闲暇的时候，也会自己过去看看。

由于政府对北塔越来越重视，不断对北塔及其寺院进行修缮、维护，北塔被列入城市生态建设工程，海宝公园也开始建设，几年下来，海宝公园山清水秀，成为人们休闲娱乐的场所，北塔周围的小区也越建越多。

我在北塔生活了一辈子，它就像我的老朋友一样，虽然年过半百，但是每天一大早，我还是和老伙计们去海宝公园遛遛弯、散散步、锻炼锻炼身体。有的老伙计喜欢唱歌，有的喜欢跳舞，而我最喜欢的是打太极拳，从天空泛起鱼肚白起床，打到太阳升起才算锻炼结束，即使当天早晨有事，我还是会象征性地去公园转转，再去办事。

“小时候觉得北塔并没有什么特别，只知道它有很多名字，我听别人都叫北塔，我也就跟着叫了一辈子。”老李退休后也喜欢跟着我一起来海宝公园打打太极。

“是啊，现在还真的离不开了……”我看着眼前绿树、清水、古塔，儿时在北塔赶庙会的一幕幕在脑中回放。

陪伴我一辈子的北塔，走过岁月沧桑的北塔，见证过太多的风光和落寞。庆幸的是，无论时间如何蹉跎，它仍高高矗立在市井烟火里，见证我们的青春与悲欢。

李　悦|整理

# 一则西塔故事，<br>一家三代人，一份难解的情缘

奶奶说，银川城是从西塔脚下一点一滴长出来的，以前银川大部分土地还是戈壁滩的时候，西塔便犹如一座参天大物般高高耸立在云端，与北塔遥遥相望，是宁夏现存的一百多座古塔中最高的一座砖塔。不知不觉间，奶奶已经远去，而我早已过而立之年，但是对于西塔的记忆却历久弥新。

1

小时候，我家住在利民街。那时候，家里住的还是土坯房，土黄的外墙跟西塔塔身的颜色遥相辉映，可我家房子却还没有西塔前的那棵古树高，我每天站在小院子里，一抬头便能望见西塔高耸壮阔的模样。

奶奶说，几十年前，爷爷带着她和只有十几岁的父亲从江西逃荒到银川。那时候家里穷得叮当响,从南到北,几千公里的路程,翻山越岭走走停停,到银川时,奶奶不想再继续漂泊,便在这里安家落户。那时候,解放街是银川最繁华的地方,而奶奶信佛,那充满神秘色彩的西塔对奶奶有着别样的诱惑,于是便把家安在了离西塔最近的地方。

没想到,这一落户,便是一辈子。

那时候,西塔的院内除了现存的五佛殿、佛塔、韦驮殿、卧佛殿外,在西塔前的那棵"大头"古树,是整个四合院当中最为茂盛的绿色。它长势旺盛, 分枝又粗又长, 树叶大多展开, 远远望去,与64.5米高的西塔遥相呼应。奶奶说,那树叫银白杨,已经有一百多年的历史了。

我的小学时期是在十一小学(现兴庆区十六小学南校区)度过的。当时,路上的车辆很少,每天上学,我只需要穿过利民街便可到学校。而西塔处在我家和学校中间的位置,我对它再熟悉不过。

十来岁正是贪玩的年纪, 西塔便成了我们放学后尽情撒欢的地方。

"知道西塔以前叫什么吗?"小胖指着面前高耸的西塔一脸得意地问道。

"我当然知道了,我奶奶说,西塔就是承天寺塔,它有九百多年的历史呢。"为了嘲笑小胖的无知,我故意提高嗓门,变换语调,引得一帮小伙伴哈哈大笑。

小胖是我们几个当中最胖、最胆小的一个了,每次我们到这里玩耍,他从来都不敢登塔,只能站在树下,仰望着我们一个个登到西塔的最顶端。

推开门,塔室呈现的是方形空间,室内各层为木板楼层结构,有木梯盘旋而上。每次踏在这一层层木梯上,发出"咯吱咯吱"的响声,仿佛一用力,就会断裂一般,我每次爬木梯都会被吓得倒吸几口冷气，然后继续前行。

顺着木梯往前走，到塔身一至二层，便可发现，每一面设有券门式壁龛，看上去十分古朴。我不知道别的塔是什么样子，只知道我们每走一层，便会有不同方向的明窗，我每次都会在窗边向下显摆，惹得不敢登塔的小伙伴们一阵唏嘘。

“有什么了不起，下次，我们一定要爬上去。”

西塔各层的檐角都有石榴状的铁柄，铁柄上面挂有铁铃，微风吹过，叮当作响，这声音与塔下小伙伴们的喊叫声相互融合，一瞬间竟觉得比在录音机上听到的音乐还悦耳。

那时候塔顶还没有设防护栏，站在塔顶俯瞰整个银川城，虽然当时的银川没有那么多鳞次栉比的高楼，也没有郁郁葱葱的树木，但眼前的景色，还是令人迷醉，我深深地体会到“一览众山小”的感觉。

## 2

小学时候，我们喜欢去西塔登高望远，喜欢在“大头”古树下到处撒欢，等到了初中，我们便热衷于去西塔外的古玩店转悠。

在西塔的四合院外，道路早已从之前的土路变成了柏油路，周围的门面房也逐渐热闹开来。唯一和西塔的色调相呼应的，便是周围这些古玩店了，一排排土坯房哨兵般围绕在西塔的东、西、北三侧，房顶是用芦苇草搭起来的。走进店里，笔墨纸砚、古玩字画、奇珍异石等琳琅满目，形色各异。每到星期天，我们都会攥着攒下的几毛钱过来“淘宝贝”。当年，我最喜欢的便是正对西塔西门的那家奇石店了，五毛钱能买到一块成色不错的石头。当我正沉浸在奇石的世界中时，父亲又给我一个大惊喜。

“你也要开古玩店？生意不是做得好好的吗？”母亲有些吃惊，没想到父亲竟然有这样的想法。

“我在这里那么多年，总不能一直摆摊啊，我已经考查了很久了，店面和联系人我都已经找好了，咱们就卖笔墨纸砚。”父亲胸有成竹的模样颇有架势，深深折服了我。

一听说要开店，我简直乐坏了，从小“泡”在西塔周边，对于这些古玩字画有着浓厚的兴趣，每天放学后，我便跑到自家的店面帮着母亲整理货物，对货物的分类和摆设，我门清。

从店面选址到装修，再到联系购货，母亲在店面里忙活，父亲天天往市场跑，每天天没亮出门，晚上十一二点才回家。

经过一段时间的忙活，我家的店终于开张了，形色各异的笔墨纸砚配上有些古朴的毛坯房，别有一番风味。开张不久，来往的人便络绎不绝，有的是游玩西塔后来观赏的，有的是书法爱好者，有的买来作为纪念。

“你们这里的笔还挺全的啊，下次我就不用跑那么远买笔了。”

“小生意，您随便看。”父亲除了在店里照看生意，还要到处跑市场，有时候连一顿饭都吃不上，父亲的努力我们都看在眼里。

于是，每天放学后我都会到店里帮着照看生意，在父亲的教导下，我逐渐掌握了每件物品的价格，成为了一名“小老板”。父亲虽然省了不少心，但是他还是担心店面的门锁不安全，总是半夜起床，在店面门口逗留很久，确定店面完好无损，才肯安心睡觉。

随着城市的发展，来西塔游玩的人逐渐增多，大部分人游完西塔后，逐渐把活动范围扩大到古玩市场，而父亲的店面收入也随之增加。

我上高一时，西塔周围的高楼拔地而起，而我们家也从土坯房变成了平房，由平房逐渐换成了楼房，日子越过越红火。奶奶说，我家是沾了西塔的光才有了今天的好日子。

3

人老了，喜欢念旧，对于以前的人、事、物，总有一种割舍不掉的感情。

奶奶没有念过书，她的名字是爷爷一笔一画手把手地教她写的，她知道的故事也是爷爷亲口对他讲的。高三那年，爷爷离开了我们，从那时起，奶奶便时常跟我讲起那些关于西塔的历史故事。

小时候，我每次放学后不回家，奶奶必去西塔找我，生怕我有个什么好歹。只要见我爬西塔，都会呵斥一番，等我逐渐长大，竟换成了我去西塔找她。

每当夕阳西下的时候，晚霞透过树阴撒下别样的光辉，整座西塔也在夕阳的映衬下更加辉煌壮丽。每天下午，奶奶最喜欢的便是在西塔的四合院中坐一会儿，和老头老太太们聊天。

到了吃晚饭的时间，母亲把饭盛好，端给在店里的父亲，而我便会被母亲派去找奶奶。那天，陪奶奶聊天的老人们也都相继回家了，唯有奶奶坐在树下遥望西塔。

“又想爷爷啦？”我打破了沉静。

“哎，有啥想的，你看这西塔啊，几百年了还立在这，你说这人，怎么说没就没了呢？”

奶奶脸上的皱纹像是一条条沟壑，我看着她，没有说话。

奶奶看了看西塔又继续道：“你爷爷经常跟我说，这西塔啊，是在西夏时期建的呢。当年，西夏建国皇帝李元昊死后，皇太后没藏氏　‘役兵数万’，历时五六年修建了承天寺和承天寺塔，还将西域僧人进献的佛骨，以金棺银椁贮埋于塔基下，更是将《大藏经》藏在寺内。塔寺建成后，请回鹘高僧登座讲经，皇太后与皇帝经常即席聆听。从此啊，寺内香火旺盛，僧人不绝……”

“我知道，它与当时的凉州护国寺、甘州卧佛寺齐名，是西夏著名的佛教圣地之一。”虽然这段历史已经听爷爷讲过很多遍了，但是此刻从奶奶的口中讲起又是另外一番味道。

大学毕业的那一年，奶奶照旧坐在西塔院落里，默默望着塔尖，然后缓缓闭上了眼睛，永远离开了我们。

也是在那一年，政府开始进行城市建设，西塔周围的毛坯房经过多年的风吹雨打，终于退出了历史舞台，变成了如今的红墙琉璃瓦的店面。承天寺塔也被很好地保护起来，并被定为自治区重点文物保护单位。如今，寺院内修建了博物馆，增建了古建筑展室，收藏了许多宁夏历史、军事等方面的珍贵文物，成为人们观赏和游乐的重要活动场所。

父亲的身体每况愈下，在建筑行业小有成就的我，还是抛下了一切接管了父亲的店面，成为了店面的新老板，又回到了我从小生活的西塔边。

奶奶曾说过，无论西塔怎么变，这里就是我们的根，唯有这里才是我们的归宿，以后还会有千千万万人为之停留。

转眼间，我也已为人父，父亲双鬓也逐渐变白。每当看到儿子在西塔外调皮，而父亲追上去呵斥的情景，都忍不住想起那些年我爬西塔时，奶奶把我从西塔揪出来时的景象。如今，角色变换，岁月轮回，也许，西塔留给我们的不只是眼前的一切，还有那些波动人心的牵绊。

李　悦 | 整理

# 红花渠：塞上田园盛景不在，银川人都希望能拂去你身上的尘埃

唐徕渠有八大支渠，其中红花渠最为著名，于678年开凿挖成。红花渠因早年间两岸农民大面积种植红花而得名，红花是有名的药材，又是朝廷的贡品。当时红花渠没有渠名，当地百姓就以渠两旁的红花取名，把这条渠叫成红花渠，流传至今。



1

若不是听父亲说，我真的很难相信破烂不堪的红花渠曾经那样风光无限。

我们家曾在民乐村住了几十年。刚搬到这里的时候，红花渠水碧波荡漾，滋润着两岸的农田，人们在红花渠两岸种了杨树、柳树、沙枣树等，别有一番景象，与两旁的农田遥相呼应，沟渠纵横、绿树摇曳、麦浪滔天，一派塞上江南好风光。

那个年代，住在红花渠畔的都算得上是富足人家。爷爷奶奶种着几亩地，南边是水稻，北边是蔬菜。5月槐花正香，父亲同几个兄弟一起跟着爷爷下地插秧，脚底下流淌的就是从红花渠里引出的水，伴着泥土的芳香，水面如同镜子，倒映出蓝天与绿树。黄昏时分，父亲拎着鞋赤脚沿着渠边往家走，看见邻居家几个孩子在渠里欢快地耍水，溅起一片片水花，父亲站在岸上朝他们喊："快回家快回家！太阳下山了，别着了凉，就知道疯耍！"

夜幕降临，家家户户炊烟袅袅，清澈的渠水映照出万家灯火，田里的小秧苗拼尽全力汲取红花渠水带来的养分，在微风中茁壮成长。

七八月是一年中最炎热的时候，吃过午饭，父亲便拿着几个大网兜出了门，到渠边脱了上衣跳下水，再把网兜撑开，岸上站了一排围观的孩子，叽叽喳喳地吵个不停。父亲抬起头冲他们一瞪眼，立即安静了起来。不知过了多久，水里突然一阵扑腾，父亲当机立断，迅速将网兜一拢，提出水面，一条足有五斤多重的大鲤鱼被捕了上来，张着大嘴，使劲扑腾着尾巴，岸上霎时爆发出一阵阵欢呼。父亲得意洋洋地把鱼往岸上一扔，又钻进水里游了两下子才上岸，在孩子们羡慕的目光中，提着鱼回了家。

当天的晚餐便是一锅鲜美的黄河鲤鱼汤，鱼汤上桌前，奶奶总会另外盛出几碗给邻居们送过去，回来时又拿着对方回赠的小菜或干果，日子过得和和气气。

20世纪80年代初，银川市的蔬菜种植面积少得可怜。为了解决银川人吃菜的问题，红花渠两岸的各个村、队，都按照指示由种水稻改为种蔬菜。银川市蔬菜公司根据银川城市人口的蔬菜需求，又向各个村、队下达了种植蔬菜的目标任务，要求每年为银川供应几十万公斤蔬菜，于是，红花渠两岸大面积的稻田、麦田改成了蔬菜地。

也是在那几年，附近突然多了许多陌生的面孔，从外乡来的移民在红花渠两岸扎下根来，房屋一间间拔地而起，蔬菜地也迅速扩大，一入秋，红花渠两岸瓜果飘香，成千上万斤蔬菜被善良勤劳的菜农们采摘下来，运到全银川的各个菜店。

1985 年，父亲结婚了，爷爷把老房子东头的一间屋子收拾出来给父亲当了新房，刚过门的母亲也跟着家里人一起种菜。

## 2

我出生的那年，父亲无比忙绿，他跟村里其他的菜农一起建起了蔬菜大棚，冬天种茄子、辣椒、西红柿、韭菜这些反季节的新鲜蔬菜，送到市内的菜店，十分受欢迎。

父亲用赚来的钱在附近又买了几间房，租给从外乡来银川讨生活的人。到了夏天，奶奶抱着我坐在渠边柳树下乘凉，父亲依旧像十几年前一样带着附近的孩子们到红花渠里耍水，可是不知为什么，再也没捞出鱼来。

没几年，银川城郊其他地方陆续建立起蔬菜种植地，红花渠因地处城市中心区边缘，开始涌进了越来越多的流动人口。菜地一点点被征用，盖起了一座又一座居民住房。地被征用后，家里又分得了几间房，父亲真正实现了从菜农到“包租公”的转变，收入成倍增长，父亲却开始无所适从，在渠边逛来逛去，看着日渐破败的红花渠唉声叹气。

红花渠两岸维持了几十年的田园美景，在银川的城市化进程中发生了惊人的变化，水域面积迅速萎缩，田园风光不再，取而代之的是污水四溢、恶臭扑鼻的脏乱差现象。

我长大后，每天上下学都要沿着红花渠走上好长一段路。每一年的 5 月和 10 月，是红花渠两次放大水的时间，渠底淤泥经过冲刷，臭味有所消减，可其他时间，那被严重污染的红花渠渠道总是散发着恶臭,两边随意丢弃的垃圾上爬满了苍蝇。

为了帮我抵御恶臭的侵袭，母亲特意为我预备了一个厚厚的口罩,每天出门前都叮嘱我赶紧戴上,可是我却觉得戴口罩上不来气,出了门就摘掉了,然后捂着鼻子一路小跑,迅速远离臭气熏天的红花渠。

初二时的一节语文课,老师讲到老舍,特别提到了《龙须沟》这本小说,小说里描绘的北京龙须沟不禁让我想起家门口的红花渠。放学后,我背着书包沿着渠道一直往北走,渠里散发出的恶臭让我头晕目眩,破碎的旧家具、白酒瓶、旧衣服四处散落在渠底,站在路旁洗完头发的女人随手将飘满泡沫的水泼向渠中，玩耍够了的孩子蹲在渠边“就地解决”,偶尔伸出的一两个水管排放着不知从哪里引出来的脏水废水,“滋润着”6 月的红花渠……

我无数次在脑海里勾勒着父亲所描绘的曾经的塞外田园景象,可面对这不堪入目的沟渠,却怎么也想象不出来。

回家时,天色已经变暗,昏黄的路灯懒洋洋地照着路面,一个穿着短裙的女人靠着路灯柱站着,化着不合时宜的妆,手里夹着一支烟吞云吐雾。

我站在原地看了她许久，旁边小商店的老板娘一把把我拉进屋,板着脸说:“你个怂娃娃,这么晚还不回家,瞎逛啥！站着,我给你爸打电话,让他来接你！”

后来我才知道那个女人为何站在渠边，原来那时的红花渠竟然如此不堪。

3

每天清早,都有十来位“全副武装”的清洁工到红花渠里清理垃圾粪便,常常一忙就是一整天,装满一辆又一辆垃圾车。父亲说,红花渠病了,病入膏肓。跟我住在同一栋楼的同学小涛说,我们住在银川城里的贫民窟,年复一年伴着恶臭生活。

小涛的父亲在兴庆区城管局工作，上班时每天都会接到上百个电话，几乎每一通都是在询问红花渠的治理情况。对于他们而言,每天最重要的工作就是清理红花渠、研究如何治理红花渠。

2007年,我们一家搬离了相伴几十年的红花渠。搬家那天,小涛特意过来送我。

“我爸说，可能要把红花渠里边的淤泥都清出来，然后都填平。”小涛说。

“哪有那么简单……”父亲一边收拾东西一边叹气。

搬家之后,我们一家的生活圈转到了金凤区,除了每半年回去收一次房租,似乎与红花渠再无交集。每一次父亲从民乐村回来,都只说三个字“老样子”。年复一年,让我原本对红花渠的牵挂之心都麻木了。

2012年春天,我偶然从上海路红花渠桥路过,看见几辆挖掘机停在路边,工人们站在沟渠里铺砖,桥栏杆明显被改造过。我又像从前那样,开始沿着沟渠一路往南走,过了北京路,赫然发现两旁的设施及建筑变成了中式仿古建筑风格,附近高楼林立,每条街每个渠段,都有施工人员为改造红花渠紧张地忙碌着。

小涛说，红花渠及周边环境的改造几年前就已经纳入城市规划,沿岸将建设成一条穿越兴庆区、可供市民休闲观赏的城市滨水绿地。改造后的红花渠,虽不及几十年前那般碧波荡漾,却也成了一条休闲景观水道。

如今谈起红花渠,父亲还是会露出惋惜的神色,连连叹气,可我却觉得,这条古老的红花渠,总有一天可以让人们悠然自得地欣赏它的容貌,聊聊它辉煌的历史,回忆起那些年关于塞上田园的故事……





关瑞瑞 | 整理

# 青春、叛逆、激情，
# 每个银川人的记忆中都有一条难忘的湖滨街

如果回忆有颜色，那一定是五彩斑斓的。在每一个银川人的记忆中，都有一条属于自己的湖滨街，或是儿时泳池里的嬉戏打闹，或是懵懂青春里的纯情爱恋，或是在酒吧里的低唱浅斟……

1

从我记事时就听奶奶说过，湖滨街以前不叫这个名字，早在1936年，湖滨街一带还未形成街道，北侧是旧军队的修械所和军事机构。直到1947年，这里才形成了一条几百米长的街道。由于有军事机构驻扎，这条街道便被命名为尚勇巷，意为崇尚勇武。湖滨街的北部，有一片很大的芦苇湖，十分引人注目，大概占到当时银川古城九分之一的面积。后来随着城市发展，那片湖被填掉做了建筑用地，所以尚勇巷更名为湖滨街。

1988年，我出生在湖滨新村，家中排行老二。银川的众多街道，唯有湖滨街有着太多我不能忘记的回忆。

那时的湖滨街，到处坑坑洼洼，就连白天走路都得小心崴脚。可就在这条坑坑洼洼的土路上，母亲拉着我和姐姐的手从永丰巷向西走，去电影院看电影。那时的电影最多的是纪录片，电影票五毛钱，但看起来也觉得特别有滋有味。除了电影院以外，更让我记挂在心的就是那一汪碧绿清澈的游泳池。这里清澈的池水深深吸引着我。

儿时的我喜欢玩水，经常在唐徕渠里游泳，水性自然不在话下。80年代初，在湖滨西街的北边建了两个露天游泳池，这是银川第一家游泳池。

“妈，你就给我们办一张游泳卡吧！”我央求着正在厨房择菜的母亲。

“不行，游一次过过瘾就行了，办什么游泳卡，有闲钱还不如给你买几本好书呢。”母亲头都没抬一下大声说道。

“妈，我保证期末考试考全班前五。”母亲没有吭声，“前三！”我使出了“大招”。

“好，如果没考到前三，以后周末不许出门玩。”终于，母亲在我的软磨硬泡下松了口。

游泳卡一个月是两块钱，母亲为了让我信守承诺，只是先给我交了一个月，按照母亲的说法，要是考试没有考到前三，游泳卡就停止续费。在如此“苛刻”的条件下，我和姐姐还是想出了对付的办法。

为了游泳卡不被停办，我们就省下钱来续办，我和姐姐每天上学都不坐公交车，硬是走上几公里。

夏日炎炎，烈日似火，大地像蒸笼一样，热得让人喘不过气来，走在湖滨街上,迎面的风似热浪一样扑面而来。这时节正是游泳的好时候,我和姐姐决定一块去湖滨街的露天游泳池游泳。椭圆形的游泳池,每天都有很多人在此逗留。

我换好游泳衣走近水池, 水清得连深水区的池底都能看得很清楚。游泳池的一侧有个小的半圆形浅水池,水很浅,刚好没过我的膝盖。试完两个游泳池的深浅后,我站在深水池的岸边,一个猛子扎进水里,欢快地在水里畅游。

那年夏天,我不仅没有耽误学习,反而更加用心,期末考试考了全班第二名,兑现了对母亲的承诺。母亲为了奖励我,把第二年的卡费也交上了。

2

时间像风,不经意间便从我的身边拂过,转眼间,我也从小屁孩长成了1.8米高的小伙子。尽管年龄在增长,但是去湖滨街的次数依然有增无减。

到了2004年,青青冰淇淋和丽丽麻辣烫开业。对于我这样一个吃货来说,这两家店绝对是标配,每一次先是吃完丽丽麻辣烫,辣的满头大汗时一定会跑到隔壁的青青冰淇淋店, 要上一大杯草莓冰淇淋,瞬间就凉快下来了,一个字:爽!

除了少不了的美食,当然,更带劲的还有酒吧。

两年后,在湖滨街上开起了20多家酒吧,在那个年代,酒吧是新鲜、狂热的代名词。

情缘、789、街角、恋爱吧·结婚吧……一家家店在湖滨街上如雨后春笋般破土而出,酷炫的门头闪烁着色彩缤纷的灯光,十分晃眼,而我最喜欢的是情缘酒吧。

还记得我第一次去情缘酒吧的景象。那天,放学铃声刚响起,我便扯起书包一溜烟跑到了车棚里, 一边开车锁一边从兜里掏出小灵通接电话,原来是银川二中的朋友们打来的,说带我去酒吧见见世面。

从学校到湖滨街的路上,我骑得飞快,一路上不停地哼唱着羽泉的《奔跑》:“速度七十迈,心情是自由自在,希望终点是爱琴海,全力奔跑梦在彼岸……”

平时枯燥乏味的路程, 似乎连叽叽喳喳的麻雀叫声也变得悦耳动听了。我看到路边两排很多新的酒吧,抬着头找了老半天,才看到“情缘”两个大字。我把自行车停在门口,本来想等他们,结果没忍住好奇心提前走了进去。

酒吧里灯光十分昏暗,墙上的涂鸦奇形怪状,在最中间是两排皮沙发,动感的音乐不停地在耳边回荡。我呆呆地站在情缘酒吧的门口,不敢向里迈步,紧张和害怕的情绪一股脑地涌上了心头,不知所措。

“您几位?”还没等我坐下来,一个像是老板娘的姐姐开了口。

“等我朋友来了以后再点单。”我怯生生地说道,眼睛无法直视服务员,生怕被她看出来我是第一次来酒吧。

“你先坐着,吃点瓜子、话梅。”女服务员很亲切地给我端了两盘零食。

我安静地坐在沙发上,环顾着四周,三五成群的人们围坐在一张张桌子旁,或窃窃私语,或朗声欢笑。伴随着不断的音乐,酒香弥漫在整个酒吧中。人们被美酒和音乐浸泡着,制造和感受着浪漫。

我紧绷的心情一下子轻松了许多,等了好一会儿,朋友们终于都到了。

“老板,三捆X3,要冰镇的,快点。”猴子刚一进门就嚷嚷起来。

老板娘很麻利地提出三捆X3放在我们旁边, 猴子是我们中间的“老油条”,喝酒、抽烟样样精通,学习样样稀松。他熟悉地解开X3上的绳子,用牙咬开了瓶盖,给我们每个人都倒了满满一杯。

我们四个人摇着骰子，一股脑地喝光了三捆X3。要不是第二天还要上课，我们一定不会散场。

夏夜，数量庞大的夜行人在银川市湖滨街的酒吧街游荡，夜晚在酒精与霓虹灯里无限延长。我们浸泡在酒吧里，沉醉在一种气氛中，它的精髓像温泉里的矿物质一样，慢慢渗透到人的身体里、血液中。

3

越来越繁重的学业压得我们喘不上气，每天有做不完的作业，根本没有空闲时间再去"潇洒"。

整整一年的艰苦奋斗，终于在6月结束了高考。考完的那一天，我们像是刚刚挣脱束缚的小鸟，再一次相聚在情缘酒吧。

这一次不仅仅是我们四个人，而是有50个同学相聚在一起。考完最后一门课程，我们像疯了一样冲到情缘酒吧，把整个二楼包了下来，开始高考后的狂欢。

大家勾肩搭背唱着周华健的《朋友》："朋友一生一起走，那些日子不再有，一句话，一辈子，一生情，一杯酒……"唱着唱着，眼角湿润了。那个时候我们还不知道，有些人真的是生命中的过客，一声再见就意味着一辈子再也见不着。

在人群中，我发现了躲在角落里独自喝闷酒的猴子，毕业就意味着分手，猴子是性情中人，就在高考前三个月，他结束了长达三年的初恋。

错的时间遇到对的人叫青春，年少的我们，不懂爱情的模样。那天，猴子喝了很多酒，哭得很惨，他说：他的爱情丢了，心很疼。

我不知道猴子那天是怎么回的家，我只知道，从那以后，猴子再也没有去过情缘酒吧，因为那是他心碎的地方。

高考成绩出来后，大家纷纷去往各个城市上学。猴子去了武汉,坐火车都要30个小时。而我被母亲“逼着”报了宁大,留在了银川。

他们不在银川的日子我也很少再去湖滨街，大多数时间我都在学校里窝着。

四年大学时光结束，他们都回到了家乡。情缘酒吧已不见踪迹,被其他新的酒吧替代。但是猴子说,每次他走过这个地方,心还是会触动。

打着在一起商讨创业大事的旗号，我们常常一起在湖滨街醉生梦死,虽然毕业上班后不能天天在一起厮混,但是每周周五是我们约定聚会的日子。

周五晚上的相聚总是像分娩待产的孕妇,漫长又煎熬,从写字楼里的格子间逃离到湖滨街,一路上用不了多长时间。这天和往常一样,我和猴子早早地就在独家记忆酒吧等三儿和胡子,结果人没等来,等来的是一个回家要陪父母、一个要作死的加班的消息,“四人帮”瞬间变成了“二人转”。

环顾四周,酒吧里早已坐满了人,于是我起身轻车熟路地提了两筐X5放在脚边。

独家记忆酒吧的装修风格是回忆风,全是小时候的模样,墙上挂着小时候玩的滚铁环、年代感极强的军用水壶和黄布包,台子上摆着游戏机、跳棋……各种各样的年代味十足的小玩意。我们把这里定成了根据地。

猴子是个能吃能喝的主,喝完酒必定要来一碗羊杂碎。直到现在,我依然接受不了羊杂碎的味儿。通常我都是看着他吃的那个人。

他说的羊油辣子如何香我不知道，光是看着肠肠肚肚我就饱了。猴子以前是一个看见羊肉就吐的人,如今一次能吃两大碗。

“猴子,你看你全身是肉,一走都抖着呢,说好的减肥呢？”

"减肥?吃饱才有力气减呢嘛!"猴子呼噜呼噜,低头扒拉着碗里的羊杂碎。

什么都会变,可是陪你喝酒吃肉的朋友不会变。

不知什么时候,偶然路过独家记忆时,橱窗上面已经贴上了"此店转让"的字样。从2006年到现在,白天的湖滨街一片沉寂,而在夜晚的霓虹和喧闹声中,沿街大大小小百家酒吧,让它变得躁动不安,异常活跃。

如今我们四个都已成家立业,因为工作原因,我把家安置在了西夏区。虽然西夏区也有不同风格的酒吧,但每逢周末我还是会约上他们四个去湖滨街的酒吧坐坐,不再是为了买醉,只是想聊聊过去的时光。

湖滨街演绎过许多难以忘怀的故事,闭目凝思那时的老店,任岁月变迁仍念念不忘,不管它的容颜如何变换,但是那些年,在湖滨街的懵懂青春、任性叛逆和充满激情的成长岁月都深深地烙印在了我的心里。

潘　宁|整理

# 我一直觉得，直到现在，我还在贪恋爷爷讲的北武当庙的故事

在宁夏的北部，有一座隐在山林中的古刹，它积聚着贺兰山的气脉，独立于世人之外，它就是西北著名的寺院——北武当庙。我常常以为，记忆是最虚幻的东西，随着时间流逝，它会慢慢模糊。但是记忆中，爷爷讲北武当庙故事的模样，母亲在北武当庙虔诚拜佛的模样，牢牢地刻画在我的脑海中。

1

小时候，我家住在石嘴山市大武口区的巢湖村，巢湖村除了村民和一望无际的田野外，一出门就能看到连绵不绝的贺兰山脉，沿着石子路往北走便是修建在贺兰山东麓洪积扇上的北武当庙。记得爷爷曾说过，北武当庙也叫寿佛寺，是一座儒、释、道三教合一，名扬宁蒙周边的古寺，始建于盛唐时期,距今有900多年的历史。

1965年,因为家里穷,爷爷便带着全家从河南老家搬迁到了大武口区,因为当时这里煤炭丰富,做个煤炭工人,能够解决家里的生计问题,于是爷爷便决定在这里定居。巢湖村的平房便是爷爷在石炭井矿工作后单位分的房子。

爷爷是个"文化人",只是初中毕业的他,对于那些历史文化虽说不上研究,但也能说得头头是道。我和哥哥从小跟着爷爷长大,每到星期天,除了让爷爷讲故事外,我便嚷嚷着出去玩。那时候,大武口娱乐设施很少,能玩的地方就更寥寥无几了。我们家离北武当庙比较近,爷爷每次都会骑着他宝贝的二八单车带着我和哥哥去北武当庙玩。

那时候,北武当庙只是寺庙,我也不懂寺庙意味着什么,只是知道那里的风景是整个大武口最美的。

整个庙宇坐落在贺兰山下,遗世而独立,庙宇格局与群山险峰相得益彰,彼此互为点缀、互为风景,让人心旷神怡。整座庙宇自北朝南,中轴建筑山门楼、配殿相互对称,和谐自然。每次到这里,爷爷总是喜欢把我驮到他的背上,站在庙宇门前,俯瞰周围的一切。虽然那时山里的树木没有郁郁葱葱之感,但是与市区里的绿化相比,也不知道强了多少倍。远远望去,巨大的"佛"字和群山仿佛遮在云雾之中,若隐若现。

爷爷每次来这里,都会去寺庙里虔诚地膜拜,而我和哥哥趁着爷爷拜菩萨的空当,跑到大佛字上,顺着佛字的笔画,从左到右走一遍。大佛字刻在比较平缓的山上,金黄的大字在阳光的照射下闪闪发光。哥哥个头高走得快,他总是嘲笑我"腿短",我说不过他,便等爷爷过来告他的状。爷爷每次都会数落哥哥一阵儿,而我便躲在爷爷身后做鬼脸。

"爷爷,北武当庙为什么叫寿佛寺啊?"被数落的哥哥,灵机一动赶紧转移话题，虽然爷爷已经给我们讲过很多遍，但是，哥哥却从来没有记住过。

“不是跟你讲过很多遍了吗？就是记不住，北武当庙在历史上就有‘西夏名兰、山林古刹’的美誉，自康熙四十年(1701年)正式在此建庙。光绪年间，北武当庙僧人广煜在北京潭柘寺修学，经潭柘寺方丈引见，敬请来潭柘寺进香的慈禧太后为北武当庙钦书‘护国寿佛禅寺’白绢条幅……”爷爷说着说着，便滔滔不绝起来。

2

每逢农历四月初八、七月十五、八月十五、九月九是北武当庙的庙会期，各地前来朝山拜佛者络绎不绝，而每到庙会期，母亲必来拜佛。

母亲年轻时，基本上没有去过寺庙拜过佛。虽然没有上过学，但是在她温柔的外表下，藏着一颗刚强的心，她经常说：“求神拜佛管啥用，倒不如靠自己好好努力。”但是，随着我和哥哥一天天长大，母亲这种思想也慢慢改变。

“您以前不是不喜欢去庙会吗？”哥哥问母亲。

“我去为你们祈福，也求个平安。”母亲一边说着，一边开始整理去庙会所需要的物品。

每到庙会前一天，母亲都会专门去买些金箔纸和香火，到了晚上，就开始组织我们用金箔纸折“金元宝”和“莲花盆”。

母亲有一双巧手，金箔纸在母亲的手中像是变戏法一样，我看着母亲折了一个又一个，而自己琢磨了半天都还未成型，有些泄气。

“这样折，这两头是斜对角。”母亲手把手地教我，并耐心地讲解着。一切准备就绪，等到第二天庙会的日子，我们全家出动。

一大早，伴着晨钟声，通往庙宇的路上挤得水泄不通，操着不同口音的人、拿着高香的人、嚷嚷着卖东西的人,不分男女老幼都来"凑热闹"。

我和哥哥跟在长辈们的后面,提着大包小包的用品到了寺庙。母亲把金箔放入前山门楼前的巨大的香炉里,把香点燃,留了三根在手里,其余的插入香炉中,走到离香炉一米的距离,双手持香,拜了三拜。

从南往北走,依次为前山门楼、灵官殿、观音楼、无量殿、多宝塔和大佛殿。大佛殿前的多宝塔有五层高,高达二十米,砖砌的楼阁式样,四壁门洞山轩,使塔身形成许多棱角,它的结构与银川市的海宝塔十分相似,但比海宝塔矮小,也不失古朴壮观。

长辈们在每个大殿内挨个跪拜,三跪九叩,虔诚而庄重,嘴里还不停地嘀咕着心愿。我和哥哥小时候经常跑到这里撒欢,对这里再熟悉不过,但是在庙里,我们却不敢放肆,每次都是心存敬畏地看着长辈们在这里叩拜,默默地不敢出声。

从庙宇出来, 母亲打开了话匣子:"你爷爷以前跟你们讲北武当庙的历史,可关于北武当庙的传说,你们还不知道吧?"

哥哥有些吃惊,一向不关心这些事情的母亲,竟然知道那么多。

"民间传说是这样的……"在回家的路上,母亲结合不同的版本,声情并茂地讲了一路。

3

关于这座寺庙的建立,民间还有这样一个传说:康熙年间,石嘴山的戍边士兵每夜都在山麓巡逻,常常听到"背上我"的呼叫声。一天夜里,士兵们听到呼叫后,随口答应。顿时,一个士兵的背上就出现了一个人,士兵只好把他背走。背出数里地,士兵走不动了,将背上的人放落在地。士兵点着火把一看, 原来是一尊无量寿佛石像,恰好此处山侧有一个岩洞,士兵就把佛像放置在岩洞中。

到了癸未年，平罗清军驻守官兵在贺兰山围猎，突然看见祥云瑞气笼罩群峰，在山洞中又发现这尊无量寿佛像就把它背回来，行至黑墩塔。当时，有位善行居士提议，可以在这里修建一座寺庙安置无量寿佛像，但由于没有水，无法施工。人们就求神佛显灵相助，地下果然涌出一股喷泉。于是人们就在此建造了寺庙，即北武当庙。从此周围几百里的善男信女都到北武当庙烧香拜佛，香火不断。

等到我上高中时，政府推行城市化建设，把巢湖村的平房修建成楼房，我们家便从此搬离了巢湖村。之后随着爷爷的离去，我再也没有听过有关北武当庙的任何历史和传说。

我的高中生活是在石嘴山市第三中学度过的。很巧的是，即便是坐在教室里都可以看到贺兰山上郁郁葱葱的模样，北武当庙也若隐若现。由于高中时期课业繁重，我很少去北武当庙。直到高考前夕，班主任为了缓解我们高考的压力，便跟我们开玩笑说："你们要是实在紧张担心，就去北武当庙里拜一拜吧，说不定好运气就会降临呢。你们都是文科生，记得拜一拜文殊菩萨啊！"惹得我们班同学哈哈大笑。虽然我知道班主任只是想缓解一下气氛，给同学们带一些笑料，但是我还是真的去了。

那天，是母亲陪我一起去的。哥哥高考的时候，母亲特意去北武当庙拜佛，祈求神灵的保佑。那时哥哥成绩好，不愿意去拜佛，是母亲硬拉着他去的；而我成绩不如哥哥，只能自求多福。

站在高处，远远望去，依旧是记忆中的"佛"字和群山。清风拂过，有种回归自然之感，母亲从前山门楼、灵官殿、观音楼、无量殿到大佛殿一一参拜。

最终，高考成绩出来后，比平时模拟成绩低一些，勉强能上大学。

"你肯定是那天忘了拜文殊菩萨了吧。"母亲笑着安慰我道。

"对，我肯定是忘记拜了。"我和母亲开着玩笑来掩饰我的尴尬和难过。我从小接受的教育就是只有努力才能得到自己想要的,我知道,母亲说这些话只是想让我放松一些。

母亲拍了拍我说:“能考上就行了,也不指望你能光耀门楣,尽力就好。”

大学毕业后,我选择回到家乡工作。不知什么时候起,我熟悉的北武当庙早已变了模样, 以前独立的北武当庙变成了北武当生态旅游区。听母亲说,2009 年时,北武当生态旅游区被评为国家3A 级旅游景区,景区由北武当寺庙区、森林公园、归德沟、韭菜沟、贺兰山生态博物馆五部分组成,总占地面积 68.8 平方公里,这也是石嘴山市开发较早、基础设施较完善的旅游景区,也是目前宁夏最大的生态旅游景区。

时光荏苒,如今,爷爷已离我们远去,母亲也双鬓渐白,唯有北武当庙仍然在山林之中屹立不倒。等我来到这个地方,身旁依偎着的是爱我的丈夫和可爱的孩子。

“妈妈,这里真的好美啊! ”女儿感叹道。

“是啊,这里还有个美丽的传说呢,在康熙己巳年……”我们站在了当年爷爷讲故事的地方, 延续着爷爷当年讲述过的关于北武当庙的历史和传说。

李　悦|整理

# 我的青春没有花裙子，只有母亲的吆喝和公交车外重复的风景

有人说，公交车是认识一座城市的窗口，无论是候车还是在车上，都可以让你窥探一座城市的面貌；有人说，公交车是深入一座城市的触角，无论是大马路还是小街巷，都可以带你了解一座城市的精髓。

银川公交的车轮已经转过了59年，在这近一个甲子的时间，车辙已经深深地烙在了这座城市的发展史上，也烙在了每个银川人的心上。

## 1

我常常听母亲讲起40年前的老故事。那一年，母亲25岁，是1路公交车上的售票员，在老式的交接式客车上穿行于南门与火车站之间。

母亲是从化肥厂调到公交公司的，开始是被安排到 4 路车上售票。4 路车从鼓楼开往化肥厂，是母亲之前在化肥厂上班时一直坐的车。早上第一班 4 路车发车了，母亲坐在售票员位置上，迎来了第一波乘客。

“哎哟，这不是小张嘛，卖票啦！”上车的是原来的同事，母亲不好意思地笑笑，关上车门，开始售票。

“咱们什么关系，还收我票钱呀！”对方嬉皮笑脸，一车乘客跟着哄笑。

一路上遇到的乘客大都如此，母亲第一天的工作心情大受影响，晚上下了班，便申请调换了线路，转到了 1 路车。

1 路车上和母亲搭伴的，是位已经开了十几年公交车的老司机，在车队上修过车，车辆的大小毛病在他手上都能迎刃而解。冬日里寒风刺骨，清晨检车，老师傅接了一壶热水准备热车，母亲拎着抹布到水池边接水，一双手冻得通红。两人半天不说话，最后还是老师傅开了口：“丫头，遭罪吧？”母亲搓着冻得红肿的双手，苦笑着点点头。

“这才哪跟哪啊，原来才叫真得苦哩！”老师傅打开了话匣子，开始讲起了关于银川公交车更老的故事。

故事要追溯到 1958 年自治区成立之初。银川市公共汽车办公室将三台老式解放牌卡车改装后，开通了第一条城市公交路线，线路从火车西站到新华街，全长 12 公里，半小时发一趟车。1959 年，老式卡车被松花江牌面包车取代，银川开始有了真正意义上的公交车。

20 世纪五六十年代的老公交车开起来稀里哗啦地响，走两步就坏，一路上颠簸，车辆往返少说也得几个小时。卡车改装的公交车没有顶棚，冬天北风呼号，司机常常提着小炉子上车，放在旁边取暖；夏日里，除了暴晒，更让人无法忍受的是漫卷的风沙，一趟车跑下来，头上、肩上的沙尘厚厚一层。

当银川市民渐渐感受到公交车带来的便利之后，拥挤便成了一个巨大的问题。上车时，售票员将梯子顺下来，乘客上车后再将梯子收上去，走过没两站，车上便挤得连站脚的地方都没有了，车发动起来都十分困难。

“现在好多啦，车比原来大多了。”老师傅笑呵呵地拍拍母亲的肩：“走着吧！”

1路车连接了银川老城与火车站，路线长达数十公里，乘车的人，有从老城赶往火车站赶火车的，有从外地返乡回家的，有住在满城郊区到市里采办、上学的，真是鱼龙混杂，拥挤不堪。往往刚过两三站，母亲就没有位置可坐了，再过几站，车厢里便挤得满满当当。在这样拥挤的车厢里售票，既考验体力，又考验眼力。

公交公司对售票员每日的售票情况都要进行查验，在开始的几天里，母亲总是漏票，可渐渐地，母亲练就了一身好本事，车票全程一毛五，三站之内五分钱，一手收零钱，一手撕车票，动作一气呵成。她能像鲶鱼一样自由穿梭在拥挤的车厢，能敏锐地分辨出谁买了票，谁出示了月票，谁预备逃票。

“这是真功夫！”母亲说到这儿，满脸的得意洋洋。

2

想成为像母亲一样的公交人，是我从12岁就开始拥有的梦想，那一年是1986年，母亲已经在1路车上卖了十年的车票。

母亲逢早班时，凌晨三四点就要出门。天还没大亮，我站在车站等车去上学，站牌旁已经站了许多等车的人。远远看到破旧的1路车晃晃悠悠驶过来，“吱”一声停在跟前，车厢里黑压压的乘客挤成一片，母亲从前车门钻下来，放大嗓音不停说着：“先下车后上车，同志们不要挤不要挤！脚底下小心，给老人孩子让个座啊！”

站台上的人一个个艰难地挤上车。母亲麻利地卸下我的书包，从已经没了玻璃的车窗递进去,然后带我一起挤进了前门,迅速关好车门。

"上车的同志请抓好扶手,注意安全,给老人孩子让个座,准备好零钱买票,有月票的同志请出示月票!"说罢,又像条鲶鱼一样钻到了车厢中间。她工作时的样子让我十分崇拜,一亮开嗓门,就像号令三军的女司令,无比威严;手上攥着码得整整齐齐的毛票,腰上系着棕色的小包,又好像是威风八面的女老板。

车上乘客大多与母亲十分熟悉,不是塞过来一个煮鸡蛋就是一棒煮玉米,虽然拥挤不堪却充满暖暖的人情味儿。要说让人无奈沮丧的事,应该就是公交车每天这样超负荷地运营,破损实在严重,缺玻璃、破地板、少座椅等现象司空见惯;因为拥挤,有时明明站台上还有乘客,司机都不能停车,时常发生甩客甩站的情况。

快到学校时,母亲对我说:"放学早点回家,我今天早晚班连上。"已是深秋,车厢连接处的篷布破了好几个洞,漏雨又漏风,母亲要在晚上下班时把那些破洞一针一线地缝补上。

年复一年,母亲像是上了发条一样,每天都充满活力,可这满满的活力背后,隐藏着因长年累月站立埋藏下的病根,每逢降温降雨,两个膝盖就疼得直不起来,吃药、打针都不管用,只能躺在床上默默忍受。

17岁时,我高中毕业离开了学校。我改变了想要做售票员的梦想,立志成为一名公交司机。母亲第一个站出来反对:"你一个姑娘家,开什么公交车?你知道公交司机要承担多大责任吗?一车人的安全你担得起吗?"

于是,母亲托人把我安排在了公交公司大修厂学习汽车维修,可每当看到司机师傅们开着公交车出入大修厂时,我想开公交车的梦想又重新被点燃了。为了实现愿望,我瞒着母亲偷偷地攒了一些钱,报名参加了公交驾驶学习,一年之后拿到了A1驾驶证,先被公司安排到1路线上跟车实习做售票员。我学起母亲的模样,手上利索,行动灵敏,嗓音洪亮,服务态度好,跟我搭伙的司机没有不夸我的。

在小小的公交车里,我的爱情也悄悄降临。我和他,一个售票员,一个司机,同舟共济,交流虽少,可情意满满。

3

跨入新世纪,银川的公交线路开始成倍地增加。2001年6月,20辆21路无人售票公交车闪亮登场;12月,1路公交车更换了30辆无人售票车。

我终于如愿以偿地成为一名为数不多的女公交司机。修车工变成驾驶员,最大的优势就是对车辆再熟悉不过,再加上女司机特有的谨慎与细心,我成了全公司优秀司机,奖状一个一个被我拿回家。母亲虽然成天念叨着"开车要稳,要小心,全车人的安全都在你身上",可对我的工作却越来越支持。

过了不久,公交1路线全面更新换代,"都市巡洋舰"大型客车闪亮登场。新车十分舒适,再也不用担心风吹日晒,车里夏日有冷气、冬天有暖风,启动快、运行稳,开着这样的车上路,让我感到无比幸福。

2011年,银川筹备建设城市快速公交BRT。BRT车长噪音小,走专用车道,又是自动挡,因此对驾驶员的要求十分严苛,要求驾驶公交车三年以上驾龄,三年没有投诉、没有违章、没有交通事故,全公司4000多名司机都报了名。我老公开车一向稳当,在我的鼓励下也提交了申请,顺利过了初审。经过一个月的封闭训练和技术考核,他终于开上了梦寐以求的快速公交BRT。

母亲的腿疾越来越严重,手术摘除了左膝上的软骨。我和老公难得一起休息,就带着母亲去医院复查。母亲一路上不停地嘱咐:

"你们都换了好车,条件好了,更要稳稳当当地开。"我笑着回应着,把母亲的话一点点刻在心里。

2017 年年底,1 路公交再一次变身为电动车。初春时分,我开着车途经鼓楼站,遇到了一个杭州来的背包客。她站在车厢前面不停地拍照,一直跟着我坐到了终点站。休息时,我把银川的各地标建筑和宁夏有名的风景名胜等仔细地介绍给了她。

小姑娘坐在车上乐呵呵地听着我介绍,说:"大姐,你都可以去做导游啦!"然后拿出相机,又给我拍了一张照片。照片里的我穿着蓝色制服,坐在驾驶座上,手扶着方向盘,笑容满面。

不知从什么时候开始,除去司机这一标签,我和我的同事们已渐渐成为了城市流动的宣传站、文化的活地图、文明的展示点、道德的传播者。

我把照片保存在手机里,与那个姑娘告了别,启动了车辆,又回到了路上……

关瑞瑞|整理

# 车轮转过的岁月，
# 我在出租车里见证城市的变迁

银川市的街道上，每天都奔跑着 5400 余辆出租车，那 5400 多名出租车司机，并不仅仅是普通人，他们是 5400 多个移动的远程喇叭和义务宣传员，见证着城市的变迁发展。而他们也仅仅是普通人，是奔走在车水马龙中的 5400 多个孤独身影，辛苦与落寞只有自己知晓，无数次的相遇与别离都只是萍水相逢。

1

贺兰县金贵镇是银川出了名的“出租车之乡”，而我家所在的金贵镇联星村，更是由出租车行业带动 GDP 的远近闻名的“出租车村”。

40 年前，当大多数农民还在辛苦劳作靠天吃饭的时候，村里就已经有人开始用四轮拖拉机跑运输了,我的舅舅就是其中一个。

在那个年代,拖拉机司机是一个让人十分羡慕的职业,地位自不必说,收入也是遥遥领先于他人。舅舅开着拖拉机,奔走在贺兰县,威风凛凛。开拖拉机攒了十来年的钱,又贷款买了一辆货车运输砂石,开始了在全区范围的奔波。从此跑车、买车、包车,舅舅开辟了一条运输的康庄大道,成了我们村的创业典范。舅舅的成功,让村民们突然发现,原来除了耕地种田,还有许多路可以走。

也许是受到了舅舅的影响,1988 年秋天, 大哥收拾行李,到银川打零工。南门汽车站是银川当时人流最密集的地段,来自各个地方的人到这儿进货采办, 人力三轮车成了往返于商场和汽车站之间最盛行的交通工具。于是大哥花了 300 多块钱买了两辆人力三轮车,一辆自己骑,另一辆租给了邻村的伙计,每天收几块钱租金。两人一大早在南门汽车站等着拉人,半头晌便赶到商场门口。等到采办的人从商城出来,和其他三轮车车主一起,一窝蜂拥上前去,谁喊得嗓门亮、谁眼睛尖,便能即刻拉上活。日复一日,这依靠人力的三轮车,让大哥有了积蓄,却伤了身体。

1991 年的冬天,大哥已经挣下三辆三轮车了,他和伙计像往常一样,在商场门口拉活,一男一女提着两个大包袱步履维艰地走出来,大哥直起身子用力蹬车。还没到两人跟前,一辆黄色面的横在了眼前,司机探出半个身子,对着那两个人大声问道:“去哪儿呢?”

这种叫作“天津大发”的黄色小面的,是当时银川街面上最活跃的出租车,银川人都管这种小面的叫“小黄虫”。“小黄虫”穿梭在银川每一条街面,渗透到各个街角小巷,行动敏捷、转弯灵活,虽然收费高,但在银川人眼里,面的的整体素质甩三轮车几条街都不止。

大哥停住脚,本想先打个价格战,可谁知那两人直接上了“小黄虫”,拉上车门绝尘而去。这已经不是第一次和“小黄虫”的交锋了，但最近却总是败下阵来。

春节回家待了三天，大哥做了一个重大决定，卖掉了手里四辆三轮车，又从亲戚朋友手里借了些钱，买了一辆“天津大发”黄色小面的，成为银川第一代出租车司机的一员。从那时起，越来越多的村民从联星村走出来，加入了出租车行业的大军。

2

在大哥的带领下，我的三个姐姐也相继到银川市开起了面的。借着联星村乃至银川市的好政策，十年间，贷款、买车、租车，村里人个个都成了车老板。

2000 年，银川市出租车行业开始大规模更新换代，夏利、富康、捷达、羚羊等各种车型如雨后春笋般出现，之前还活跃在银川街面上的“小黄虫”们慢慢少了起来。最流行的当属夏利，车身火红，奔驰在街面上，形成了全银川“一片红”之势。可惜外观上的红火却并不能掩饰内在的缺陷。夏利车没有空调，一到夏天，车内就成了天然的“烤炉”，司机坐在车里堪比汗蒸。

银川市出租车公司的成立，规范了整个出租车行业的管理。原本乘客上车需要与司机议价，南门到北门 10 块钱，到西夏区张口就是三四十块钱。而现在，全部规定为 3 公里内起步价 5 元，之后每公里 1 元。在出租车的硬件设施上，也进行了烧油到烧气的改造。打出租车这件事，对银川居民而言，变成了一件日常又实惠的事。

我生来内向，奔波忙碌的生活并非是我想要的，因此在 20 世纪 90 年代高考落榜后，我并没有跟哥哥姐姐一样跑出租车，反而进了贺兰县一家工厂，过起了朝九晚五的安稳生活。在工厂一待就是十几年，哥哥姐姐们都劝我出来开车，可我始终没能迈出那一步，直到 2008 年厂子效益持续下降时，我才终于下决心租了辆车。

还没等我把银川市的路认全,哥哥姐姐们就开始到大武口、定边、左旗、灵武等地买出租车了。

银川车贵,众所周知,见到本地的车被大量购买,那便是涨价的趋势。于是乎,一轮又一轮买车潮席卷了银川附近许多城市,从原本的 9 万元涨到了 30 余万,大武口的司机总抱怨车太贵,如今想来,是有我们贺兰人很大一份“功劳”的。

现如今,舅舅和姐姐家还有几辆外地牌照的车租给当地人跑。村子里常常可见一排排通身贴满白色瓷砖的房子,房子一旁都是安装着大铁门的车库,那是全村出租车致富的一大证明。

父辈种田,我辈跑车,新一辈自寻发展,无论何时,吃苦与拼搏,都必不可少。

3

一个城市繁荣发展的程度,大抵可以用出租车数量的多少来衡量,城市迅速发展,出租车的数量也与日俱增。从 2008 年入行到现在,我已经开了 9 年的出租车,从一辆破旧的红色夏利到现在的桑塔纳,起步价也从 5 元上调到了 7 元。哥哥姐姐们手上都有两三辆出租车,每天靠收租金就能过上不错的生活,可是我到现在却还是个租户。

并非是我不想买车,而是出租车的价格年复一年水涨船高,本想先开一年熟悉熟悉,再凑钱贷款买一辆车,可谁知 2008 年车价还是 29 万,2009 年就涨到了 48 万,到 2012 年的时候,最高已经到 80 万。这种情况下,就算政策再好,我也实在没有底气贷款买车,这种压力是我没办法承受的。

开白班车,每天早上五点多便要出门,到下午四点半交班,我一天有十多个小时都奔波在路上,梦里是滚滚的车流,睁眼脑子里便是这一天 200 元的租金。前几年的时候,奔波一个月下来,还能剩下 4000 多元,收入比较可观。

2014 年2月，网约车开始推广起来，市民用手机 APP 叫出租车,车费只需一元甚至免费,而出租车司机也能得到网约平台双倍的回报。我兴高采烈地下载了 APP,把手机固定在支架上,时不时传来某某乘客在某某地点要去何处的语音通知,一天下来多赚不少。这样的日子没过半年,网约私家车的风头就盖过了出租车,手机上的乘客乘车提示越来越少,路上招手打车的人也变得稀少起来。

五姐家里有两辆出租车,原本都外包出去了,自己在家打打牌种种菜,可是两个白班司机接连去开了网约私家车,五姐不得不重新握住方向盘开始跑车。

“娘的,他们这是黑车!”的哥的姐微信群里总是传来这样的叫骂声,抱怨这个行业的不规范,抱怨自己越来越难的生计。

银川有 5400 余辆出租车,可黑车竟有 26000 辆。在路上,我们这些十年前被看作“金领”的出租车司机,渐渐地成了讨生活的“骆驼祥子”。

4

在路上跑了 9 年,我对银川的每条路都再熟悉不过了。可是最近几年,却常常闹出笑话来,银川新建的小区一个接一个,名字花样百出,有些十分相似,让人犯晕。

前几天,一位到银川探亲的外地人上了我的车,说要去“唐槐小区”,我问是不是“唐槐园”,他想了想,回答说:“应该是吧。”可到了唐槐园才知道真正的目的地是唐槐新村,两个小区名字相似,可是距离却相距好几公里。

我把乘客带去唐槐新村,少收了他 5 元钱。可不曾想乘客却说我故意绕路,嘀嘀咕咕大半天后,摔门下车。

马师傅跟我是同一家公司的司机,30 多岁,是个热心肠,见谁都是笑呵呵的。一天夜里,他拉着一男一女到蓝泰广场,放下乘客走远了才发现后座上遗落了一部手机和一个钱包。马师傅连忙把东西收起来,给失主打了电话,并约定送完车上的乘客再把手机和钱包送过去。可谁知,把东西送回蓝泰广场后,那对男女竟冤枉他偷了钱包里的 2000 块钱,接着便拳脚相加。马师傅百口莫辩,还手便是违规。莫大的冤屈堵在胸口,只能攥紧拳头默默忍受,等到警察赶来才终于获得清白。

承受委屈与冤枉成了一门必修课,让我们在自己的圈子里互相抱成团,互相安慰取暖。出租车司机的工作是由一笔笔简单的生意串起来的,仅仅是生意,仅仅是几分钟的萍水相逢,或感动,或欢乐,或委屈,或愤怒,这一切都是对生活的丰富,于我而言都十分珍贵。

我手机里有 42 个微信群, 其中 30 个都是的哥的姐的群,有同事、同乡,有志同道合抑或是不打不相识的人,我们谈论着城市的发展,分享着旅途的感动,吐槽着奇葩乘客,我们对银川的小街小巷了如指掌,也熟知这个城市的过去与现在,就算这行业一天比一天难,也愿意展望美好的未来。

已是下午四点半,日头高高挂在天上,到了交班的时候了。常年开车,让我的腰和颈椎都接连出了毛病,时常下车都要费很大力气。

跟我交班的是李师傅, 见我扶着腰下车便笑着说:“回家让你媳妇儿揉揉! ”

我站在街边看着他开车离去,心里说不出的滋味。银川要全面改换电动出租车,也许年底,也许明年。而我这辆桑塔纳已经开了 6 年,就要到说再见的时候了……

关瑞瑞 | 整理

# 唐徕渠你见过，
# 但60年代的唐徕渠故事，你听都没听过

唐徕渠，始建于唐朝武则天年间，从银川穿城而过，沉淀了1300多年历史的一条水系，担起了一个城市的记忆。

1

在唐徕渠边上长大的孩子都会被它诱惑，我也不例外。

已然青年的哥哥总是有很多疯狂的想法，而十岁的我像是哥哥的小尾巴一样，他走哪儿我跟到哪儿。

夏天的每个周末傍晚，他都偷偷到唐徕渠“耍水”。

我一直想跟着他去，他不让，借口是我太小太笨，他嫌我麻烦。有一次吃过晚饭，哥哥又要去渠边。

“哥，今天带我去呗，我就去看看，保证不给你添麻烦！”我拉着哥哥的胳膊央求道。

他可能是看着我可怜的小样子，起了一点点慈悲心，从鼻腔里发出了一声："嗯，行吧。"

我一路连蹦带跳地跟在哥哥的屁股后面，走过一垄垄的麦地。刚到渠边，哥哥三下五除二地脱了衣服，对我说："你就在这儿看着衣服，哪儿也不许去。"说完，"扑通"一声跳进了渠里。只见哥哥像一条鱼一样，翻腾来翻腾去，还时不时地朝岸上的我洒着水花。

"哼，我也要下去。看着水也不深。热死了，来都来了，先下去凉快凉快再说。"我在心里打着小算盘，脱了衣服扔在一旁，就下了水。

水里很凉，我靠着渠边玩着水花，没敢去中间，眼睛还时刻盯着不远处的哥哥，生怕他发现在水里的我。我在水里走着，想慢慢浮起身子，脚离开水底，手开始扑腾，可依然在原地没动。不知不觉我已经到了渠中间，水流很急，我一下没站稳，在水里趺了个趔趄，任凭我怎么扑腾都站不起来，大口大口地喝着水。"哥，救我，哥……"我喊着哥哥。

意识里有一双手，拉了我一把，我在水里站了起来。我大口大口地呼吸着空气。"让你别下来、别下来，你就是不听，以后不许来。"哥哥大声地呵斥我。

从那以后，我就再也没有去过唐徕渠游泳，自此落下"病根子"，到今天为止我都没学会游泳。

2

从西门桥过了唐徕渠，就是银川市的老城了。

记得我上高二的时候，所在的银川一中和宁夏医学院校址对调，虽然学校已由南门外搬到了市区，但学生基本上还是和在南门外一样，全都住校。

一个周六的傍晚，吃过晚饭，大部分家在银川的同学都回了家，像我这样家不在银川的，则留在校园里自由活动。突然间，校园里响起了紧急集合的钟声，所有同学都往外跑，只听有人大喊："西门桥唐徕渠决口了！"

我匆忙地到了街上，只见滚滚人流全都向着西门桥的方向跑去，当我气喘吁吁地赶到时，这里已经人山人海。我们学生的任务是拉土堵住渠堤决口，男的挖土，女的推车。后来才听说，是有农民为了农田淌水省事，在渠堤上直接挖了个小口子，不料竟闯下大祸，造成决口，堵也堵不住。

因为大家都不知道渠堤的决口究竟在什么方位，再加上天黑看不清就更难找到了。整整一夜，从四面八方来了数不清的人，尽管互不相识却都齐心协力地堵着决口，大家互相帮着忙，一起推车的，两人合作挖土的，都尽心尽力地想赶快堵住决口。那一夜，西门桥成了热火朝天的海洋，而那一幕，直到现在只要想起，我都会感到热血沸腾。

自那以后，我们银川一中每个劳动日都会到西门桥唐徕渠上游一个叫大沙渠的地方挖土、运土、填渠。据说在唐徕渠决口时，为保市区平安，政府组织市民就是在这个地方挖的沙子，最终分流了渠水，当时整整挖了半年时间，直到天寒地冻，土都挖不动时才将渠堤全部修好。

3

"没有唐徕灌，老天不下雨就没有饭；有了唐徕灌，天再旱粮囤也丰满。"在唐徕渠灌溉区域，老百姓说得最多的就是这句话，这是发自内心的赞美和谢意。

1970年，当时在银川西门桥头东南角的一片空地上，批准成立了唐徕渠管理处，而我也被分在唐徕渠管理处工作。

"老李，这两天忙啥呢？连个人影子都看不见。"

"还能忙啥，忙着修渠子嘛。有些渠段的渠堤上土堆得像座小山,有些顶水湾的渠堤又薄得很。在行水期,险情时有发生,堵的堵死了,水大的地方又挡不住,一堆问题。”

“也确实该整理整理唐徕渠了,乱七八糟的土堆,不修眼看用不成了!”我和老李蹲在门口,抽着烟,闲谝着。

单位离家不远,我每天都是步行上班,路上会经过西门桥。站在桥头望去,渠西是郁郁葱葱的良田,渠东除了零星的简易土坯房外,一片农田直通西关和西城墙根。而桥东南,盐碱滩、黄土堆、沼泽、芦苇湖等连成了片,都快到保伏桥了。

唐徕渠管理处没成立之前,唐徕渠整个渠道千疮百孔,加之没有统一管理,渠两侧都是自建的简陋土坯房和临时住房,岌岌可危,好似一阵狂风都能把房子给吹倒。

北面的有些空地仍然是连片的乱坟岗和盐碱滩、荒湖,每到春天的时候,遇上沙尘天气,尘土飞扬;遇上雨天,泥泞不堪,中间的小泥路根本过不了人,唯一的 17 路公交车慢腾腾的,像一只蜗牛一样。

秋天,管理处机关办公大院开始动工建设,可这地方是个大洼坑,于是决定用滩东面那个小山似的土堆把它填平。我每天早上都会起个大早,和同事们一起用推土机推土,土堆下的坟地一层又一层,我们愣是在垫起来的地面上盖了 40 多间砖房,吃尽了苦头。

小土山被推平后,也没有浪费这块土地,我们又利用业余时间将这贫瘠的土地改造成一片沃土,用来种蔬菜和粮食,大大改善了我们职工的生活。

又过了几年,对渠道进行了大规模的裁弯取直,整个渠道发生了根本性变化。

4

1984 年,唐徕渠的周边陆续建起了楼房,按规定,所有建筑都要离唐徕渠100米开外。楼房建成以后,就成了现在的唐徕小区,我在小区分到了一套房,也开始过上了城里人的生活。

2001年1月,除了改善渠道以外,唐徕渠周围的建设也没有停止。区、市政府决定建唐徕公园。第一期工程在银川市西门桥至保伏桥约一公里范围实施。政府又投巨资将唐徕公园南北延伸10余里,以钢筋混凝土铺渠底,水泥、石料护坡;拆除渠堤内坡两侧原来的钢筋护栏,安上雕刻精美的汉白玉护栏;渠堤和园内道路、花坛、广场全部用水泥硬化;更大规模地兴建园林、花圃、宝湖、南湖等;建设了长廊、喷泉、华亭、雕塑等景观并安放了健身器材。

如今,唐徕渠两岸发生了翻天覆地的变化,两排垂柳自然形成天然屏障,周围种植了各种各样的花草,彩灯点缀在其中,增加了异样的情趣,成了人们休闲的好地方。我在唐徕渠边度过了大半生,也从一个翩翩少年变成了古稀老人。

每天早上,我和老王头都雷打不动地要去唐徕公园打太极锻炼身体,和我们一样晨练的人非常多,老年人占去绝大部分。起得早的还有一个群体——学生。老人们吊嗓子、慢跑或悠然散步,学生们呼朋唤友或骑车或疾行。

“现如今日子越过越好了嘛,你看看这唐徕渠,设施全乎得很嘛,要啥有啥!都是你们的功劳嘛。”老王头一边扭着脖子一边跟我说。

“嗯,发展快得很,看看这两边的楼,这么多,眼看着唐徕小区都30多年了,时间一晃,我们都成糟老头子了!”

唐徕渠穿过银川划了一个柔柔的S形,不是生硬的转弯,而是唯美的曲线,唯一没变的是黄色的渠水还在徜徉。无论如何变迁,它还是像它最初的样子,悠然而来,悠然而去。

潘　宁|整理

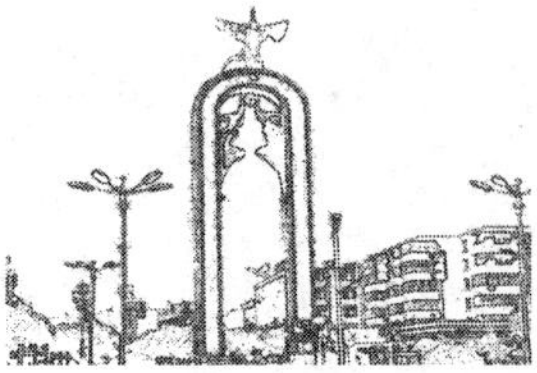

# 想拆凤凰碑的人：你们记忆中还留存着它的美吗？

老市区那些历经风雨的老建筑，那些陪我们成长的地方，那些曾经满载我欢声笑语的地方……

1

每周周末放假，我都会带着儿子去父母家待两天，这周当然也不例外。

刚进门我就瘫坐在沙发上。“爸，今天会上又讨论要不要拆凤凰碑了。”

“怎么这么点破事，还没完没了了呢。我看就是还不长教训，这些年吃得亏还少吗？你看北京拆四合院、定海拆古城、南京拆明城墙、固原拆城砖，这些活生生的例子就摆在面前。拆了这碑，问题就解决了？”

“姥爷，那玩意又不好看，每次上学那里都堵成狗了,拆了多省事。”14 岁的儿子从卧室探出头来。

“拆了就不堵了?那是车多才会堵车,那咋不把两边的商铺给拆了扩车道呢,那不更宽嘛。就不是这个理。”父亲提高了嗓门,显得愤愤不平。

我没有说话,陷入了沉思,难道说:随着城市的发展,承载着城市记忆的“老物件”就必须要给宽敞的道路、林立的楼群腾地方吗?

2

现在凤凰碑的位置,以前是一个体积颇大的城门楼子,也就是大家知道的西门城楼——靖远门。灰青砖的城墙、朱红色的城楼、白色的瓦檐、高大的台基,西门楼与周围其余三处城门相比显得鹤立鸡群。

西门楼可以说是城市与乡村的一个分水岭,出了西门,就等于是到了乡下。西门外是农田和农舍,一到晚上变成一片漆黑。西门城楼被拆除后,西门一带就变成了荒凉的空地。

20 世纪 80 年代,全国刮起了一股城市雕塑风,当时是自治区成立 30 周年,银川市政府决定在靖远门的基础上修建凤凰碑。而且,凤凰碑是银川市第一座城市雕塑。不过,当时这个雕塑的设计,并不是宁夏人完成的,而是选择西安雕塑工作室(西安雕塑院)的谢大德教授设计的凤凰碑方案执行建造的。

传说在很久以前,有一只美丽的凤凰从天外飞来,当它飞到宁夏川时,被秀丽迷人的塞上风光吸引,徐徐落了下来,就变成了一座美丽的城市。因此,银川被称为“凤凰城”,而这个碑也因此称为“凤凰碑”。

我还没上学的时候, 就待在银川的姥姥家。1984 年 9 月 20 日,我正和院子里的小朋友玩跳方格,姥姥忽然出来喊我去看热闹。

我跟着姥姥来到了西门转盘, 看见一辆大型吊车吊着两个柱子形成的拱门一样的东西立在了转盘中央，上面还雕塑着两个姑娘托着一个盘子，在拱门的顶上还有一只展翅欲飞的凤凰。

旁边的大人们都拍手鼓掌，特别激动，现场来了好多领导，还有很多拍照的。当晚华灯初上之时，凤凰碑落成揭幕仪式开始，整个银川城万人空巷，就连郊区和邻近县市的一些群众也都纷纷赶来一睹盛况，转盘的几个路口被挤得水泄不通。那一夜，凤凰碑璀璨的灯光照亮了夜色；那一夜，银川城沸腾了。

3

我小时候在贺兰县城读书，那个年代没啥好玩的，我经常跟着男孩子一起爬树翻墙，对女生玩的跳皮筋一点兴趣都没有。但是让我最高兴的是五一、十一等长假，对我来说，那是最开心的日子，因为放假去了姥姥家，我就可以去中山公园玩，去凤凰碑照相。

记得一个周末，父亲说带我去银川，我前一天晚上就早早写完作业，第二天起了个大早，还专门在头上戴了个蝴蝶结的发卡。公交车“老八路”很慢，40 分钟一趟，好不容易挨到车来，还没停稳，站台上的人一窝蜂地挤到车门前，父亲紧紧拉着我的手，生怕把我挤丢了，费了好大劲才能挤上车。上了车别说有位置了，能站稳就很不错了，我往往会被挤成“鱿鱼片”。车子晃晃悠悠，像是暮年的老爷爷拄着拐杖在踱步似的，一点儿也不着急。

终于熬到了银川。下了车，刚一到公园，我就挣脱父亲的手，一溜烟地跑开，像只放出笼子的小鸟一样，到这里看看，到那里瞅瞅。跑累了，父亲给我买一根娃娃头雪糕，舔一口，甜丝丝的。

从公园出来，顺着解放街往南走，十多分钟就到了解放碑。父亲跟旁边的照相小摊说好价，招呼着我照相：“想啥呢，赶紧过来拍一张照片，拍完咱得赶紧回家了！”

我站在解放碑前面，穿着小花衣服，“咔嚓”一声，我在凤凰碑前留下了第一张照片。

4

1993年秋天,我上了高三。父亲开始把我看得死死的,一切以学习为重,想去银川城里玩一玩也变成了奢望。

一个艳阳高照的日子,母亲带着弟弟去了银川,我的心也跟着去了。一上午都没听进去老师说了什么。到了下午,我实在是坐不住,干脆收拾了书包,翻墙出了校园,把书包埋在了教学楼后边的树坑里,急匆匆地跑到车站。

一路上东张西望,生怕遇到了熟人。刚到公交站,便来了一辆车,拥挤的人潮把我挤到最后,等我拼命刚挤上去的时候,车门就关了,我的身子紧紧贴着车门。

一路上,我的心情都没有因为拥挤的车厢而变得糟糕,虽然我也不知道到底要去哪里,但这种疯狂令我心情久久不能平静。我最终还是去了中山公园,公园旱冰场里有英俊的小伙子,还有好吃的棉花糖。出了公园门,一路向南晃悠着走到解放街街口,一抬头看见了那高大的凤凰碑。

"拍照,拍照,一张合影两块钱。"随着声音的方向,我转过头看见了拍照的大爷,我第一张与解放碑的合影就是这个大爷拍的。本来想着今天再拍张照片,却怕回家落下逃课的证据,只能作罢。

大爷看见我笑眯眯地说:"丫头,你今天赶上了好时候,等会儿放喷泉呢。"我心里暗喜,这一趟没白来,这课没白逃呀!

以前来的几次从没碰上喷泉,每次都来也匆匆,去也匆匆。等到了快五点半,灯光一下子亮了,旁边有个音响也放开音乐,随着鼓点的节奏,喷泉的水柱一下子高一下子矮地变化着。我站在凤凰碑下,瞪大双眼看着灯光照在凤凰碑振翅欲飞的雕塑上,反射出五彩斑斓的光芒。喷泉伴着水下的彩灯,光影水雾幻化出一片迷离的色彩。

时间在不知不觉中悄悄溜走，猛然想起来要赶最后一班车回家。立马就往最近的公交站牌跑去，一边跑还一边频频回头看那五彩缤纷的喷泉。直到最后看不到。

一路上都很不安，回家肯定是晚了，想着回去怎么说。下了车一路小跑到学校，扒开土，拿着书包往身上一背就往家奔。

“站住，你干嘛去了？怎么回来迟了二十分钟？”父亲盘问道。“我没……没干嘛，就……就……”最后还是没瞒住，挨了父亲一顿骂，父亲给我下了死命令，高考没结束之前，除了学校，哪里也不许去。

5

2000 年，我上完大学，毅然把家安在了银川，父母也跟我到了银川。

随着社会经济的迅速发展，银川的发展速度非常快，人们的生活水平逐步提升，我也在工作后的第八个年头买了车。

凤凰碑是我上班必经之地，随着周围的楼群林立，凤凰碑也渐渐显得不那么高大了。解放街又是主干道，经过的车辆也越来越多，道路显得越来越窄，每到上下班高峰期，西门转盘堵得不成样子。如果要是再不凑巧地赶上了红绿灯停电的话，那就更别提了，挪动半步都是难上加难。有时候平常上班 20 分钟的路程，到这儿能走上一个钟头还不止。几次迟到后，我宁愿绕远路，也不愿在凤凰碑跟前堵着。

周末我本想带着儿子去公园转转，他非不去。说跟同学约好上午去万达游乐厅玩游戏，下午要去阅海游乐场呢！

老公出差，儿子出去玩。我一个人在家百无聊赖地上着网。看到了“凤凰碑三十而立，是去是留”的调查问卷。怎么又提出来了？

早在前两年有关政府就通过听证会征询民意是拆是留。后来因为没有统一意见,最终也都不了了之了。

又一个周五下午,我像往常一样开车带儿子去补习班,路过凤凰碑。

“儿子,你看,凤凰碑!”我兴高采烈地给儿子指着。

“哦!”

“这是妈妈小时候每次来银川的必来之地呢。灯一开,特别漂亮!”

儿子玩着手机头也没抬一下,又发出一声“哦”!

我不再说话,有些许失落。

时光荏苒,留下的都是回忆,岁月在流逝,时代也在发展。

周围的土房子早已变成了眼前耸立的高楼,西门外的荒地也都开辟成了新城,在这里守了33年的凤凰碑也不再那么高大。我不知道凤凰碑以后会不会一直在,可能随着城市发展的脚步会被拆掉,也可能会挪到什么位置,但是它带给一代老银川人的美好童年记忆,将永远不会被岁月的长河遗忘……

潘　宁|整理

# 山乡巨变

## 良田绿树忆旧颜

# 在宁夏待久了的北京人：如今的京腔也只剩“腔”了

在黄河西岸的贺兰县矗立着一座有着60余年历史的农场——京星农场。曾经数以千计的北京人西迁至此开垦荒地，安家立命。60多年过去了，如今的京星农场依傍黄河，良田万顷，麦浪滚滚，稻谷飘香，已然成为贺兰县的“小粮仓”。

当年携家带口来此创业的老京星人一个个老去，他们把青春和热血献给了为之耕耘的京星农场，也把京腔京调留给了一代又一代京星后人。

1

12岁之前，我家住在北京后海后面的地安门，前面便是景山。每天放了学，我都会跟胡同里的伙伴们跑到鼓楼边上逮蚂蚱捉蛐蛐，在皇城根下边追逐嬉闹。父亲平日里给人打零工，母亲做做针线活，家里的日子经常捉襟见肘。

1955 年 5 月的一天,我刚刚加入少先队,放学后兴高采烈回到家,却见屋里坐着两个人跟父亲说着话。母亲接过我的书包,对我说:“我们要去西边了。”这个决定在短短一个星期之内被迅速落实,母亲开始收拾家里的东西,父亲常常出门,不是开会便是办手续,我沉浸在要搬家的喜悦之中,可是三个姐姐却坚决反对搬迁,临行时她们一起不见了踪影。

西去的火车鸣笛已响,父亲一咬牙,带着我和母亲上了车,离开了这祖祖辈辈生活的北京城,留下了对三个姐姐的牵挂。

这一次的迁徙之路,对于年仅 12 岁的我来说,是一场长途旅行。12 年来从未出过北京城,我想象中的外面的世界和北京是一样的。可是火车一路轰鸣,城楼街市渐渐隐退不见,视野之内满是荒漠与草滩。

火车到了包头站已是两天之后。经过短暂的休整,我们又坐上了卡车,在戈壁草滩上颠簸了整整七天七夜才到达了黄河岸边的渡口。黄河水波涛浑黄而湍急,河水咆哮着、奔腾着,河床上时不时露出几个乌龟脑袋,瞪着船上的我们。我曾读过许多描述黄河磅礴气势的诗句,但面对着滚滚洪流,巨大的恐惧逐渐在心里蔓延开来。

不知谁家的孩子突然大声哭了起来,引得整条船上的孩子跟着放声大哭,母亲把我紧紧搂在怀里,用手拍着我的背。

“哎哟!不能哭不能哭!渡河可不能哭的啊!不吉利!”摆渡的汉子拧着眉头,不停地嘱咐我们。哭声渐渐低了下来,变成了一片隐隐的啜泣。

船靠了岸,到了一个叫作立岗的地方。路两边站满了穿红戴绿的老乡,脸上挂着灿烂的笑容,敲锣打鼓扭着秧歌夹道欢迎:“热烈欢迎从北京迁移到这里参加开荒生产的老乡们!”

这里便是我们的新家,一整片荒滩湖沼望不到边;比人还要高的蒲草丛里，蚊虫漫天遍地。

“我要回家……”我扑到母亲怀里放声大哭。这不是我想象中的样子，我疯狂地想念北京城鼓楼的蚂蚱蛐蛐，想念胡同里的欢声笑语。

蓝紫色的胡麻花漫山遍野地盛开着，父亲没有说话，把卡车上的行李搬下来，接过老乡们送来的馍馍，塞到我手里。

“大家来照个相啊！”

第一批来到这里的400多个北京移民，在当地老乡的热烈欢迎下，聚集在灿烂盛开的胡麻花丛中，前排坐着，后排踮着脚，孩子们揪着花瓣玩，女人们哭丧着脸，男人们沉默着，“咔嚓”一声，留下了第一张合影。

那个令人焦躁不安的夏天，每天都是不眠之夜，熟悉的北京已经在遥远的另一头，而眼前这片开阔的河漫滩，将是今后称之为家的地方。

2

在那之后，又有好几批北京老乡搬了过来，贺兰县在黄河边上划出南北长10公里、东西宽2.5公里的黄河滩地作为移民安置点。土房早早就盖好了，按人口分配，三口之家分一间，四到六口的人家分两间，七口以上分三间。生活用品由国家发放，土房前边是磨棚、车棚、碾棚和牲畜圈，牲畜、犁车也早已备好。

居住的土房前尽是大坑，开垦荒地之前，需要先把坑填平。每家每户都分得了一两个背篓用来运土填坑，人们开始从早到晚辛勤劳作。开垦荒地、挖渠引水，每一个生活细节都得从头学起。县里发动附近的老农，手把手教移民们套车、犁地、种田、收割。父亲不会用镰刀，割草时总是砍到腿，每晚回家，腿上除了蚊虫叮咬的红包，还有数不尽的伤口。

母亲大半辈子都住在北京城里，之前从未出过城，从没干过农活，从市民变成农民，让母亲在心理上和身体上受到了双重打击，再加上严重的水土不服，母亲整整拉了几个月肚子，繁重的农活更是让母亲的身体一天不如一天。

三年之后的秋天，包兰铁路通车了，从北京到银川开通了直达的火车。已形同枯槁的母亲突然打起了精神，每晚都对父亲念叨着说："我们回去吧，回北京去，十几块钱就能回去了……"

"你看看外边那些庄稼，那是我们亲手种出来的，回去日子就能好过了？"父亲的双手已满是老茧，他已完全掌握了种田的理论和实践技能，在全乡都数一数二。三年之前的万亩荒滩，如今已逐渐变成田地庄稼，那是老乡们用辛苦换来的，父亲舍不得离开。不知不觉间，父亲已经成了一个真正的农民。

1961 年，母亲带着对故乡的牵挂去世了，我们把母亲埋在了黄河边，坟头朝东，愿母亲能魂归故里。我离开了学校，开始和父亲一起下地干活。没有机器，没有化肥，再加上天灾，那些年的收成实在不好，一亩地只能收 100 多斤。吃糠咽菜，日子得过且过，仿佛永远都看不到光明。

20 岁那年，父亲开始操心我的婚事，说了本地的好几户人家，都因为家里穷被拒绝了。直到 24 岁时，才托人以 200 块钱的彩礼娶到了一位甘肃山区的媳妇。妻子不爱说话，人很勤快，见我不爱吃面条，就跟着乡里的其他北京移民学着蒸馒头、攒窝头，两个人一个京调京腔、一个甘肃土话，沟通不太顺畅，可却让我觉得十分心安。

乡里来自陕西、河南、浙江等各地的人渐渐多了起来，这片土地，也正式被命名为京星农场，意思是，远离北京的一颗星。

3

1979 年，父亲因肺癌去世了。第二年春天，农场给每家每户都划分了属于自己的土地，我和妻子分到了两亩水田。

栽种季之前,我在县里买了辆破旧的自行车,和老乡们一起到通贵乡买化肥二胺。二胺不同于之前用的日本尿素,施上了肥,粮食亩产量能成倍地增长,从原来的五六百斤涨到了近千斤。秋收时节,从立岗堡来的商贩开着四轮车来到农场里挨家挨户收粮食。

年复一年在地里播种劳作,春种秋收,田地一天比一天多,粮食也一年比一年产得多,我们的日子也一天比一天好过了。

两个儿子高中毕业后回到了农场,我给他们一人分了30亩地,又用多年攒下的积蓄买了处地基,为儿子们盖了两间房,准备给他们结婚用。可没过几年,他们却相继离开了农场,去县里打工又安了家,只在农忙时回来看看。

2003年夏天,我带着妻子踏上了开往北京的列车。离开北京近50年,大姐二姐已然离世,三姐是小学老师,儿女双全,皆是高薪高职,住在北京四环,房子宽敞明亮。北京城与50年前大不一样,我站在宽阔的柏油马路上,想去儿时玩闹的地安门看看,可是望着高楼林立车水马龙,突然觉得恍如隔世。

"师傅,去地安门怎么走啊?"

"您去前边坐地铁去,几站就到了……"

我愣在原地,不知所措,最终还是打了一辆出租车,20块钱到了目的地。

可是后海已不是那一年的后海,鼓楼再也不见了逮蚂蚱蛐蛐的孩童。我对北京的记忆,变得如此陌生又遥远,星京农场那万亩良田占据了我心中最大的位置,奋斗了几十年,那片农场才是我真正的家。

农场里的人越来越少,只剩下些满口京腔京调的老人,背着手走在乡间小路上,看着万亩良田默默地回忆那泛黄的青春岁月和奋斗时光……

关瑞瑞|整理

# 沙窝里绽放出良田美景
# 砖瓦草木都沉淀着山里人的奋斗时光

良田镇作为金凤区的“南大门”，从 20 世纪 80 年代垦荒建设至今，已成为“宁夏美丽工程”的典范。这个从银川西沙窝芦草洼的荒芜中成长起来的移民乡镇，一砖一瓦都是人与自然抗争、融合的见证。

1

泾源山区，似乎一年四季都是冷的，而填不饱肚子的日子，更是寒冷彻骨。生在这贫瘠的大山之中，除了每天祈求上天多赐几口饭吃，几乎别无他法。

“祖辈穷，辈辈穷。”村里的老人们总是这样说。

可我不愿认命。从小过着衣不避寒、食不果腹的日子，不仅没能磨灭我的斗志，反而让我更加坚定了走出大山的决心。

1983 年，我不顾家里老人的反对，毅然决然地跟着同村的村民奔赴银川南郊的西沙窝，投入到芦草洼区建设中，将父母与新婚的妻子都留在了大山里。我们是第二批来到西沙窝的垦荒者，可到达目的地才发现，经过之前一整年的开拓建设，芦草洼区依旧黄沙漫天、枯蒿遍地，毫无生气。

“干了大半年，挖了十里，转头就让沙子埋了八里……唉……”

人们一直坚信，只要引出水，就能带来生机盎然。第一批从泾源走出来的垦荒人，跟银川本地的工人一起用铁锹一锹锹地挖、一步步地垒，从西干渠引出了近5公里的水。可谁也不愿相信，只过了一冬，辛苦换来的劳动成果就被黄沙深深掩埋地下，没有比这个更让人沮丧的了。好几个同行的老乡开始打退堂鼓，有两户干脆直接收拾包袱回了家。本以为是奔向好生活，却不想竟是从贫瘠到荒芜。

老马与我是同村的老乡，去年带着一大家子跟着第一批垦荒者来到了西沙窝，从西到东，从南到北，他用一双脚丈量了南郊的整片荒漠，最终把家安在了这里。老马的父母已经离世，在泾源老家再没牵挂，对他而言，似乎已经没有了退路。

到了这儿只歇了一天，我便与老乡们一起开始挖渠引水。吸取了去年的经验教训，大家一边挖渠一边灌水将渠底压实。老马干活很卖力气，汗珠滚下来，就用腰间别着的白色毛巾擦一擦，午饭时间一到，老马的妻子便将香喷喷的臊子面送过来，亲手送到他手上。

“明天多做点，我们俩一起吃。”老马将手中的面递给我，转头对妻子说道。

我感激不已，接过臊子面，更加惦记老家的父母和妻子。

“明年把你老婆也接来！你看这渠开得多快，等渠通了，咱们就能开始种庄稼了。你想想，再过上个几年，这一大片荒地都能长出绿油油的庄稼，好日子就来啦！”老马的眼睛里闪着光，让我也不由得开始憧憬起来。

1984年的春天，妻子和我一起来到了芦草洼，我们在老马家旁边重新搭了间土坯房住了下来。白天我出去干活，妻子就和其他女人们一起做饭送到工地去。芦草洼一年四季风沙巨大，水质恶劣，蚊虫多，吃饭时常常是和着泥沙一同吞下。可看着河渠一天天地延长，再苦再难都甘之如饴。

年底，引渠第一阶段工程全部完成。第二年春天，我们开始沿着渠两岸平整农田。

2

那两年，每隔段时间就会有好几户人家走出泾源老家，把家安在芦草洼，在我和老马家周围盖起了越来越多的土坯房，园子村便这样自然形成了。之后的几年，越来越多的老乡奔赴芦草洼，继续向更深更远处修渠开田，渠修到哪儿，就把家安在哪儿。

村里的房子都是建在沙地之上，因此根基很不牢固。一年夏天，妻子刚刚生完孩子不到两个月，后半夜一场大雨倾盆而至，房顶漏了个大洞，雨水带着黄色的泥沙流进屋里，狼狈不堪。

妻子坐在炕上裹紧两个孩子瑟瑟发抖，我慌慌张张拿出家里所有的盆盆罐罐去接漏进屋里的雨水，一直忙活到天亮雨停。出门一看，墙根的泥沙带着土坯一起倒塌被冲走，西屋的一面墙塌了大半，想补上却发现没有土坯可用了。

我站在倒塌的墙面跟前不知所措，抬头一看，竟然发现家家户户老老少少出动开始修补被雨水破坏的房子。老马捧着一块不成形的土坯走过来，说道："我一会儿过来帮你，别急……"

"坯都冲毁了，拿啥修。"我沮丧道。

"别着急别着急，我院子里存着一些呢，一直用帆布盖着，你拿去先用，乡里乡亲的可别客气。"老马放下手里的活，带着我一起回家搬土坯，又帮我一起把墙面修补好。

"幸好爹妈没跟过来，要不跟我在这儿遭罪呢……"我说道。

"穷了半辈子了,还怕啥苦?总有过上好日子的那天!"老马笑道。老马一家六口,只种了四亩地,从小麦到黄豆再到玉米,收成勉勉强强,家里还有两个娃上学,日子过得入不敷出,可他却总是笑呵呵的。

20 世纪 90 年代,我的两个儿子相继上了学。男孩子本就淘气,每天放学回到家,身上头上都满是灰,站在门口拍掉身上的土才进屋,晚上只能点着煤油灯做作业。一个冬天的夜晚,两个孩子天黑透了才到家,一瘸一拐走进屋。借着煤油灯微弱的亮光,我看见小儿子脸上青一块紫一块,身上的衣服脏乱不堪。仔细询问才知道,两人放学跟着同学跑到村口去玩,从窄桥上跌到了渠沟里。

我气得面色铁青,刚抬手准备教训孩子,就被妻子拦了下来:"那个桥都摔了多少人了,孩子这么小摔下去得多疼啊!"

我深深叹了口气。的确如此,连接村外主干道上的那座桥,桥面宽不过一米,村民用小推车运粮食,走到桥头只能先把粮食扛到河对岸,再把车抬过去。村里唯一的一条土路仅仅两米宽,路面坑洼不平,进城卖菜卖粮的乡亲们夜里回家走过那条小路都要小心翼翼,整个村庄漆黑一片,只能听见阵阵鸡鸣犬吠。这片芦草洼依旧是满目黄沙,村庄凋敝,田地贫瘠。

3

1996 年,老马带着新上任的村支书来到了我家,村支书与我们同是泾源县老乡,前两年带着几户村民种植果树赚了不少钱。老马一进屋就笑呵呵地说道:"书记号召咱一起修桥呢,村口的桥早该修了!"

村支书的号召得到了全村人的响应,大家有钱出钱有力出力,短短几天,原本又破又窄的危桥就焕然一新,那里成了全村最好走的一段路。

2003 年,芦草洼一带合并到了位于良田渠北侧的良田乡,正式被命名为良田镇,园子村成为良田镇重要的行政村之一,村书记带领大家一起种苗木、建温棚,村民的钱包迅速鼓了起来。我用攒下的钱买了辆三轮车,搬到了新建的砖瓦房里。老马对村支书佩服得五体投地,连连称赞:“有这样的干部,咱们有指望。”

可是这样平静的日子没过两年,村里开始实施土地集中流转政策,要将村民手里的土地征收后集中转让使用权。我跟着其他村民一起到村部反应情况,会议室里黑压压坐满了人,老马坐在角落里,默默听着大家的议论,半天不说话。

“咱们村东西窄南北长,全是沙包地。一家子搭上全部劳动力,一年一亩地也就收入三四百块钱,这靠天吃饭的日子该到头了。咱们得换换脑筋啊……”村支书站在最前面耐心地宣传政策,会议室里渐渐安静下来。

我和老马是第一批签署流转协议的农户,将家里土地的使用权全部转让了出去,用作种植苗木、建蔬菜大棚。我们农忙时在地里忙活,每天拿几百块钱工资,农闲时就到市区找份工作,镇上还时常举办招聘会,给我们提供打工机会。这样的日子比从前清闲多了,但收入却一年年成倍地增长。

2014 年,良田镇正式实施“生态美丽乡村”建设,我们竟成为了首批受益者。经过一整年的工程建设,我和老马,以及村里 3000 多农民一起搬进了楼房,数百栋漂亮的楼房别墅、整洁宽敞的商业街、气派的幼儿园和村部,共同组成了园子村农民的生活住宅区。

孩子们相继离开家到银川参加了工作,我和老马依旧像从前一样一起干活一起谈天说地。望着这整洁的街道楼房,我又想起 30 多年前老马的那句话:“等这一大片荒地长出绿油油的庄稼,好日子就来了!”

绿树环绕,瓜果满园,楼房瓦亮……这不正是我们所期盼的好日子吗?曾经贫瘠的沙窝芦草洼,如今已是处处良田美景,我们永远不会忘记那些年垦荒奋斗的日子,也永远不会停止对生活的感激。

关瑞瑞|整理

# 西吉县半子沟村移民(一):深山、活泉、村事,悸动了“出走”的心

1965年,我在西海固山区的半子沟村出生。听母亲说我出生时号啕大哭,哭声响彻大山,村里有人还因此说我以后一定是成大事的人。

1

山大沟深、十年九旱是这里的真实写照。背靠着大山,面朝着深沟,在沟壑纵横的地形下,住在这里的家家户户都是傍山而居,看似距离很近的两家也要走上好几里的山路才行,与水“斗争”成为我们生活的一部分。

许是应了那句古话“穷人家的孩子早当家”,我8岁就跟着母亲出去挑水,以前都是母亲一人,此后我就成了母亲的小跟班,也是从那时起,我才有了“水比油贵”的深刻体会。

每天天刚麻麻亮，我们就准备出门去挑水。去得晚，水就变浑浊了，也有可能出现挑不到水的情况。我和母亲洗漱收拾完后，就早早地出门了，到了村口还不忘吆喝着乡亲们一起去挑水。在大山里，吃水是很困难的，住在山上的我们挑水都需要走上几十里的山路到远处的山沟里挑水，那儿是全村人唯一依靠的一处水源。

我们沿着狭窄的坡路缓慢上行。去的时候水桶还是空的，走起路来较为轻松，一路上母亲还讲一些村里有趣的故事给我听。可能由于年纪小的缘故，我走着走着就慢下了脚步。

"快走，抓紧时间跑两步。"快到水源点时，我早累得走不动路，母亲站在前面向我招手喊话。

到了地方后，前面早已排着好几个人。母亲放下扁担，到前面先去观察情况。因为干旱，用水的人多，水经常不够用，前面的人要把水挑完了，后面来的人就没有水可挑了。

等轮到我们时，母亲从扁担一头解下绳子，另一头系在水桶的耳畔，慢慢将水桶落到蓄水池底。等了一小会儿，水桶满了，拉上来倒进旁边的空桶里，接着再放绳、拉绳、提水。

返回的路上显然吃力了许多，母亲挑着两桶水走在前面，我挑着两个小塑料桶走在后面，小心翼翼。

那时挑水，半路上滚落山沟、水洒山路都是常有的事，但是村里的人们依然每天坚持着早晚挑两次水，用母亲的话说就是"自己不挑水就只有等着老天爷给水了"。

久逢大旱遇甘露，在连着几年的干旱天气后，我们终于迎来了一场大雨，大雨还给我们带来了意外的惊喜。那场大雨后，村里有人无意中在一处山沟里发现了一眼泉水，虽然很远，但水很清甜，村里好多人都会跑去那儿取水。这个时候取水已经不再是用人工挑了，而是用牲畜驮。

那时，父亲常说："只要这处清甜的泉水在，就是让我一辈子留在大山都行。”

许是为了印证这句话，后来父亲直到离开人世也没有走出这座大山,更没有离开他喜欢的那处泉水。

2

男大当婚,女大当嫁,1985 年,到了适婚年龄的我,在村里媒人的介绍下,娶了邻村的女子。

那时家中条件本就不好,加之兄弟三人,日子过得很紧巴。女方家里条件相对来说还好些,但她还是义无反顾地选择了我。

“连个房子都没有,咋结婚?”看着一家人挤着两间窑洞,当时年轻气盛的我对着父母吵吵着。

于是,第二天,全家人在父亲的带动下,开始动手为我们箍起了窑洞。就这样,那间新窑洞便成了我们的新房,在那间窑洞里我们开始经营起了两个人的小日子。

在这个十年九旱的地方,我们结婚不到半年时下了一场大雨,淅淅沥沥的雨水冲刷着我们的泥坯窑洞,那一夜注定无眠。一晚上屋外下大雨,屋内下小雨,家中所有的盆盆罐罐都用来接屋里的雨水,但窑洞里依然到处是水,被褥淋湿了,房子也淋透了。迫不得已我们只能租住在邻居家,房子是用泥坯糊成的,这一住就是几十年。

1986 年,我们结婚一年后和父母分了家,开始真正地单独过日子。

靠山吃山,靠水吃水,分家时我们也只分到了 20 亩山地,没有其他。山地成了我们夫妻唯一的指望,也是我们这个小家唯一的经济和物质来源。

“连吃的都没有,这日子怎么过?”分家时没有分到粮食,媳妇抹着眼泪向我抱怨，但是抱怨过后还是跑向邻居家借了一盆荞麦面,那是我们分家后唯一的口粮。

借来的粮食总有吃完的时候，想着自己也有地，我们便打算在地里自己种粮食。

站在一眼望不到头的山坡，看着眼前还未开垦收拾的山地，我陷入了绝望的境地。

“没事，一天收拾不出来，我们收拾两天，两天收拾不出来，我们就收拾三天。”

听着妻子这般坚定的话，我又重新拾起了对这片土地的信心。

每天早出晚归，每日汗流浃背，连着过了半个月面朝黄土背朝天的日子，我们把20亩山地终于开垦整理好了。

连口粮都没得吃的我们，哪有多余的粮食来种？一连跑了多户人家去借粮，但是家家日子都过得紧巴，根本没有多余的粮食可借给我们。看着我一筹莫展，妻子偷偷跑回娘家，从娘家拿来了一些麦种及土豆，我们把麦种撒在山地里，把土豆包裹起来，等到发芽后再把发芽的部位切下来种在地里，没发芽的部分拿来做饭。这些工序都做好后，我们能做的只有等，至于收成如何就得看天气了。

到了育苗的时节，肥料的问题又再次困扰着我们。

“要不你们到山下先去赊点肥料回来吧，这没有肥料可不行。”看着一筹莫展的我们，邻居给出了主意。

想着今后一家人也就指望着这点土地和庄稼，我咬咬牙跑到山下赊账带回了肥料。

靠天吃饭的日子，有雨的时候收成会好些，一亩地可以收获100多斤，天气干旱时，连草都没得拔。那时候，我们一连好几年都过着青黄不接的日子，赊种子、赊肥料，秋天收获后再把庄稼卖了或者抵了去还钱，周而复始。



3

1990年，村子里发生了一件大喜事，家家户户通上了电，当时的我们别提有多乐呵了。

“你咋还在家待着呢,不去村口看热闹去?”

“村口看啥热闹?”

“听说村里买了大喇叭,以后天天给我们放广播呢。”邻居说着便向村口走去。

第二天一大早,村里果然开始放起了广播。

“乡亲们请注意,乡亲们请注意,以后村里有事就广播通知,还请以后注意收听。”

有了广播后,村子里一下就热闹了起来,每天广播里都放着一些政策、通知、天气预报以及村里谁家丢了什么东西之类的消息。村子里的人在茶余饭后、田间地头也都讨论着广播里说的事情,乡亲们对生活的热情仿佛也高涨了起来。

在那个文化生活匮乏的年代,尤其是在农村,人们所了解到的也只是片面的,单方面的听觉感受并不能带来全方位的认识,广播也渐渐开始满足不了大家的好奇心。

在山里,一个村子距离一个村子也许很远,但是这并不阻碍消息的传递,当乡亲们知道邻村来了几个人,鼓捣出了一个叫电影的东西,而且可以看到大城市的样子时,大家的心开始躁动了起来。

每天都有三五成群的人往邻村跑去看电影,看完后常常半夜才能回到家。

有了电后,似乎我们村里的日子也过得明亮起来了,每天都有新鲜事情发生,隔一段时间就能听到别的地方的消息,了解外面的世界也方便了起来。

那时候,村子里谁家要是有一台电视机那绝对是全村人的宝贝,家家户户的人都想着去观赏一番。我们家没有电视机,听到村里谁家买了电视机,都会去瞅个新鲜,一时间,电视机在村里成了最受热捧的东西。

看着村里人都围着电视了解山外的世界，我有着强烈的想法要带着孩子们走出大山，亲眼去外面看一看。不知道我还有没有这样的机会，但是希望我的孩子可以等到那一天。

生长在大山里的我们，对外面的世界充满了好奇，总是千方百计通过各种方法去接触、去了解。我一直认为外面对我们来说就是一个新世界，即使故土难离，但新地方照样生根，出去了也许天地就宽了。

重重叠叠的山峦，阻挡着山里人的视野；土生土长的我们，很想知道山外的世界。从山里走出去的人们，都怕回到山的深处，不是不爱山，只是大山阻挡了向前的脚步。

人们常说，海之所以欢乐，是因为她的儿女们在为她歌唱；山之所以沉默，是因为她的儿女们都离开了生养他们的老窝。“即使我是多么爱你，但我终将离去”，也许说的就是我们。

王　芳|整理

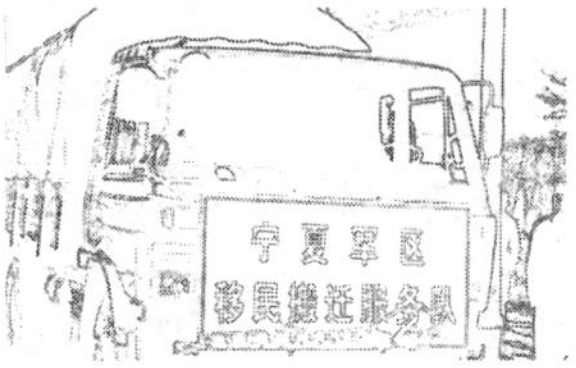


# 西吉县半子沟村移民(二):新村、新貌、新情,目光深处的幸福景

人就是如此,一辈子总是有着不一样的烦恼,幼时担心着缺少玩伴,少年恼着学业和成绩,青年烦着事业与婚姻,而靠天吃饭的“山里人”更需担心生活……

1

2012年,大儿子20岁,两个小儿子也都十七八了。大儿子专科毕业后,在家中待了半个月便外出打工,临走前拍着胸脯对我说:“妈,我一定让您过上好日子,带您和爸搬出大山。”

我笑了笑不说话,在这山里住了40年,真要搬出去哪里舍得。

对于生活在半子沟村的我们来说,靠天吃饭总是让日子过得很拮据,柴米油盐的生活也需要精打细算。儿子工作之后，经常给家里寄钱，让我和丈夫肩上的重担轻了稍许，日子也比以前过得更好，每天早上醒来，觉得整个半子沟村都变得更加迷人了。

“闺女，听说了吗？咱都得迁出去呢，到银川去过好日子。”邻居王大娘对我说道。

王大娘住在我家隔壁，自从我嫁过来就特别喜欢我，说我性子好、贴心。后来我问丈夫，才知道王大娘年轻的时候就喜欢女娃，可是最终也没有女儿，所以看到我就喜欢得紧，把我当成自家女儿一般对待。

听到王大娘这么说，我犯了愁，真要搬出去，家里的地和那么多小物件，如何放得下？

“大娘，你是听村长说的吗？”这个消息让我有些不知所措，只好再向大娘确认一遍。

“这还能有假？别说你了，我也不想搬，早对这个地方的山山水水有了感情，家里的地每年翻一翻也能混个日子，真搬出去了，双手哪闲得下来？”大娘说完便沉默起来，那一瞬间，我竟不知如何接话。

晚上丈夫回来后，我便将搬迁的消息告诉他，想问问他的想法，得到的只是沉默，他心里的担忧比我更多。看着他一言不发，我的心情也不好过。

片刻之后，他叹了口气对我说：“明天就别下地了，我出去办点事情。”

第二天丈夫早早就出了门，中午吃饭的时候才回到家，想问问早上他去了哪里，他却只是沉默。看着他一身的尘土，我心中已知晓，除了在那山头上久坐才会沾染如此多的泥土外，哪里又会有这么多的泥土呢？我心中很不是滋味，晚上睡觉的时候也是辗转反侧，毫无睡意。

想起出嫁前的那天晚上，母亲坐在我旁边，给我说着她和这座大山的故事，那些和这座山有关的美好传说，以及那句“我们在这山里住了这么多年，再苦也要活下去，这是根，别忘了它”。

当时我还想着，我只是出嫁，怎么会离开，怎么会忘了它？可能当时我太年轻，只考虑过不会离开，却没想过不得不分别。

2

在半子沟村，家家户户都住在半山腰，看着离得不远，但是真要走起来也还是有两三里地的距离。虽说脚程远了些，但谁家发生点事，总能成为大家茶余饭后或是地间劳动时的话题，因此搬迁的消息很快就传开了。

几天之后，大儿子来电话询问搬迁的情况，我却答不上话，在我心里，其实还是有意地去逃避这个问题，靠山靠水生活了 40 多年，说要彻底离开，心中自然是不舍。

儿子似乎也能感觉得到，因此一直在安慰我：“搬出去之后才能过好日子，你和我爸就安心搬出去享清福吧，等弟弟们毕业了，我们就一起赚钱孝敬您二老。”

还是舍不得啊，这山水的美，只有活在山里的人才看得真切。

“出去了也还能回来，你想回家的时候我就陪着您，那是咱的家，忘不了的根。”

儿子的话让我想起他当年刚上学的情景，每天早上五点起床，走十多里的山路去上学，每天回来总会抱怨上学的苦累，然后哭喊着：“不要上学了，不要上学了。”

今天的他，已经能够在我觉得迷茫的时候给我安慰和支持，儿子真是长大了。

丈夫坐在旁边，儿子的话一句不落地全收在耳里，他平日里紧皱的眉头似乎也慢慢地展开了。

搬家的前两个月，每家每户都在忙着收拾东西，毕竟生活了那么久，对每样东西都有着很深的感情，啥也不舍得落下。

从儿子打来电话之后，只要不下地，丈夫便总要一人在外面待上一个上午或下午，然后回来再带上一身尘土。

“晚上给我做碗面吧，我这会儿到山沟里担水去。”一大早丈夫便对我说。

平日里，丈夫基本上不让我下厨，从我嫁过来之后，都是他做饭，我下厨的次数少得可怜。对此我还经常对他抱怨，他笑我不懂享福。

下午的时候我还在门口揉面，便看到大娘担着水从门前经过：“大娘，咋下午这么早就担水？早上没担水吗？”

“别说了，我们家老头子非闹着要喝山沟水，我和儿子都劝不住，家里有牛奶，他还不爱喝，说这口山沟水就是他的命，再好的日子也比不过这口水。”王大娘放下担子，一脸无奈地说道。

“我家那口子何尝不是？吵着要我给他做面吃。”我笑着对大娘说道。

聊了几分钟大娘便回去了，我也和好了面团，开始收拾家里的东西。还有两个月就要搬走了，心中还真是舍不得。

那晚，丈夫吃得不多，但是面汤却喝了个精光，我看在眼里疼在心里，明白这是他说不出来的感情。早上到山上吹了一天的风，晚上喝了大半锅面汤，这方水土，他哪里放得下？

故土，说要放下，又谈何容易。

3

眼看时间越来越近，心中再不舍也无法改变要搬迁的事实，也便更加地想珍惜这方山水。可当你刻意珍惜一些事情或者人的时候，你会发现和他相处的时间过得特别快，两个月的时间很快就过去了,我们也到了搬家的时候。

“妈,这么多东西,都要带过去吗?”儿子扛着一袋面问我。

我赶紧帮他抬上车:“嗯,今年卖掉的荞麦都还了赊肥料的钱,剩下的都打成面要带走,你爸说这个面好吃。”

早上五点多车子就到了半子沟村,两户人用一辆大卡车,把行李都抬上车之后,人坐着大巴车前往银川。离开之前,我陪着王大娘特意去了一趟山沟, 接了一大瓶山沟水, 似乎带着点山沟里的水,心中就有了念想。

坐上大巴之后,看着窗外的倒影,眼前的半子沟村的轮廓越来越模糊,但心中的半子沟村的山山水水却更加可爱。

到达目的地的时候已经是下午四点多了, 映入眼帘的是一栋栋整齐排列的小别墅,有商店,还有一个摆满娱乐设施的幼儿园,整个村子被划分为几个区,以 A、B、C、D、E 等英文字母命名。

村口立着一个硕大的牌子,写着“润丰村”。名字其实只是一个代号,人只要不变,半子沟村和润丰村又有什么关系呢?崭新的村子,让我们一群从半子沟村出来的人觉得仿佛看见了美好。

走进新房,进门之后就是一个 20 平方米左右的院子,新安上的防盗门和刮过泥子的墙壁把家牢固地包裹在里面, 自来水管与崭新的大床,配上实木柜子,一应俱全,纯白的暖气壁炉挂在墙上,看着就觉得温暖。

“把东西放好就来村口登记,然后去领生活品。”村长说。

分发的都是非常实用的生活品,面、油,还有天然气灶。柴米油盐都有了,日子也就稳定了。等领完东西再回到家的时候,已经是晚上六点了。

“你打扫一下屋子,我去把厨房打扫了,晚上咱们做点好吃的,老大你带着老二他们去把院子里面收拾一下,咱今晚上先凑合,明天开始平整院子。”老公分配着任务。

几天过后，我从睡梦中醒来，看着头顶的天花板，还是有些不真切。丈夫一大早就拿着锄头在院子里忙活开了，一会儿拿着标尺在地上丈量，一会儿踱着步自言自语，我看得有些莫名其妙。

“你干啥呢？捣鼓来捣鼓去的？”

老公回头看了我一眼，又转过身去放下锄头，站起来拍了拍身上的土，说道：“还能捣鼓啥？垦地种点东西，左边我准备种点青菜，再去买些萝卜种子种在右边。”

看着他脸上那一股子傻劲，我乐了。这么多年，他这样的笑容出现的次数并不多，而今天，他脸上的笑容越来越多，我知道，他已经接受了这个新环境。

听完丈夫的想法，可把我高兴坏了，立马加入他的行列，没一会儿就规划好了。看着眼前的地，丈夫擦了擦脸上的汗，对我说：“村长说过几天安稳下来了，就会有人到村子里面招工，咱俩都去试试，如果都录上了，这地咱就早上起来打理，要是我一个人录上了，那你就在家好好收拾屋子，享享清福。”

“行呢，我还听说村子与合作社合作，每个人都有地，不用工作年底就能分红。如果咱俩都没录上就一块在家捣鼓这些菜。”我笑着说道。

“享福咯！”老公说完便笑得更开心了。

我和丈夫坐在院子里，看着村子里其他人走来走去，干净的街道、平整的小楼房，颇有“采菊东篱下，悠然见南山”的那种隐士风范。脚下踩着平整的水泥路，不远处是高楼大厦，我们的目光逐渐深邃而幸福……

杨　豪｜整理

# 我在固原三营被“偷”走的十几年里，唯有那些经历可以追忆

俗话说：人是地行仙。启程、跋涉、落脚，这一刻在这里，下一刻又不知道在哪里。就好比我家原本在四川，因为对象是宁夏固原人，我就跟随他来到了此地。

1

那是1991年，当时的分配原则是从哪儿来到哪儿去，宁夏固原的想要留在川区不容易，但是川区的要到固原，就容易好多。在我说出要去固原的想法后，所有的老师同学们都很惊讶，家在固原的同学说：我们都不愿意回去，你还要去？我心里想着山区也需要老师，我只是要去当老师，虽然听说那边环境差一些，孩子们的家庭条件差一点，但再苦再累，当老师、上课，在哪儿应该都是差不多的，又不是当农民种地。我当时是这样想的，所以并不是很理解他们的想法。

当车子在快进入固原市城区的时候,我理解了,这哪里是市,分明连我们那里的小镇子也算不上。狭窄的公路两旁一边是深沟,一边是低矮的土胚房,我从来没见过那样的用黄土堆砌的房子,直到进了市区内,才会有三四层的楼房,五层的也很少见。

"难怪他们都不愿意回来,这根本不是在城里。"我心里这样想着。车子开到教育局门口,里面当时正在装修,城里学校没办法留,我们只能下乡了,我跟对象两个人被分在了三营一中,不在市区内。他却很高兴,我心里想着城里都是这个样子,乡里该成啥样啊,还把他开心成那样。他告诉我:"三营是除固原县城以外最好的地方,能分到这儿已经很不容易了。"

"这儿为什么叫三营?"我扭过头问我对象。

"听我奶奶说以前这儿是军事要地。"他说着仿佛又回到了坐在奶奶身边听奶奶讲故事的情境里。

相传在宋朝时期,穆桂英带领的杨家将就驻扎于此,从现在的李旺镇开始是一营,十里一个营,到现在三营所在的地方是三营,一直到固原城是七营,七个营的兵马就驻扎在这一带抵御西夏,保障要塞的安全,这儿由此便成为了军事要塞,之后的杨郎乡、穆柯寨也都能证明这个传说。

2

来到三营一中,学生们提着自己破旧的铺盖卷,拘谨地站在路边等待着报到,整个学校,除了门房是小二楼,其他的全是平房。走进校园,路是土路,9月的天气将黄土炙烤得滚烫,走几步路,脚底板都烫得生疼,鞋子跟裤腿上也全沾染上了泥土,校园内一眼可以望到边,不受树木植被的阻碍,因为压根就没有树。"在我们那里,可是不会因为走路就让鞋子跟裤腿换了色的。"我心里这样想着。

我们的宿舍安排在校园内,也是土坯房。我住的那间,因为第一天后勤处并不知道房间电路出现故障,晚上躺在床上的时候,只听得房间沙沙作响,又听不出来是哪里在响,又没有灯光可以查看,只能睁着眼睛等到天亮。第二天,我急忙找到后勤处,申请维修电路,也知道了昨晚的那声响是冬天架火炉时在墙壁上凿的用来放烟筒的洞,夏天因为怕漏风才用纸板挡着, 而昨晚发出的声音正是夜风吹动纸板发出的声音。电路维修好了,第二天晚上我才勉强睡得着。

然而问题并没有完结,食堂里的饭菜,只有日复一日的西红柿茄子面,灶上只有一个男师傅负责做饭,有时是单独的西红柿面或者茄子面。房间里的电路坏了可以修,饭菜却始终不曾改变。吃了一个礼拜后,实在忍受不了,我的眼泪就出来了。后来想着可以自己做,就买了煤油炉子,不会烧火炉可以学,却还是没有多余的菜可以炒,仍旧是西红柿跟茄子。这时候,唯一的好处是终于吃到了米饭。到了冬天就更难挨了,只有土豆,偶尔也会有从西安贩运过来的韭菜跟大白菜,韭菜有时还买不上。当时学校会给大家拉大白菜,每家分一二百斤,我们将白菜捆住,天天抱出去晒,晒一层掉一层,掉一层晒一层,倘若不晒干水分的话,白菜会很容易烂掉。最后剩下的晒干了,放到冬天就可以吃到大白菜了。

夏天是西红柿最多的时候,西红柿吃不完,我就到医院要一些输完液后的玻璃瓶来,这些瓶子密封性好,拿回来以后把瓶子经过反复的洗刷, 然后把西红柿用锅蒸好, 等到西红柿凉的不再烫手时,便把西红柿的外皮去掉,然后再把西红柿捏碎,凉了后灌到瓶子里密封起来,这样到了冬天也就可以吃得上西红柿酱了。当时在固原,三营的人都兴这么做,好一点的会要到瓶子,有的连瓶子也要不到,就用其他的容器来盛西红柿酱,以备冬天没菜的时候用。

这样的日子,在过了三四年后,有了一定的改善。1995 年,学校为双职工家庭修了五套院子, 这时也开始逐渐有做生意的人运输外地的菜过来。在农科所的指导下,当地也有人开始尝试起了种大棚菜,这个时候,我们的日子稍有好转。

1997年,当我自己的孩子要上学的时候,我才惊觉给他一个什么样的学习环境对他来说很重要。在一次选拔调动中,我通过试讲被调配到了固原二中,后来又辗转来到了银川。

3

虽然银川距离固原也不是很远,但我在这将近十几年的时间里,再也没有回去过那里。直到去年,我才终于又一次站在了三营一中的门口,而它已经不是记忆中的三营一中了。

没通高速时,从银川去趟固原得从早上八点走到晚上十点,路也特别崎岖难走。而现在,去固原的路上早已看不到土路的身影,时间上也缩减了一半。坐在车上,高速两侧的新农村以及不断后退着的成阴的绿树好像在告诉我"时间没有办法倒流"。

站在三营一中校门口,入眼处,没有了破旧的土坯房或平房,取而代之的是好几层的家属楼,与现在大城市无异的实验楼,教师们的办公室也丝毫不亚于银川。校园内横看成林的树木,摇曳在风中说不上名字的花草,入眼的翠绿、入鼻的花香,以及入耳的鸟鸣和孩子们朗朗的读书声,让我站在校园内,久久没有回过神来。

大概也正是因为这空白的十几年,让我更加震撼于三营的变化,就像我们惊叹许久未见的孩子又长高了一样。

在这十几年里,三营顶着自身恶劣的环境条件,一步一步走到了今天,从以前的军事要地到如今的交通、贸易要地,现在的三营镇,镇子规模越来越大,人口也越来越多,现在的三营有着"金三营"的美称。

在这一天天、一年年的日子里,有的人错过了,有的人真真切切地感受并参与了,错过的日子已经再也回不去了,而在三营教书的那段艰难岁月,早已从我记忆的长河中烙刻在我的生命里……

王　芳|整理

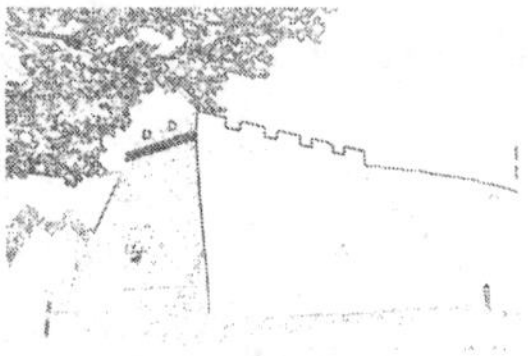

# 固原长城梁：
# 黄土变花海，历经沧桑仍是满梁芬芳

“天高云淡，望断南飞雁，不到长城非好汉，屈指行程二万。”这里所说的长城并不是北京的八达岭长城，而是固原的秦长城。天地不言，古墙依然，众生轮回，土垠般的长城梁在荒野中默默守护着这片兵家必争之地，它的苍凉和悲壮，永远留在这座边塞小城，成了萧关众人仰望的“守护神”。

1

我家住在长城梁脚下的明庄村，从小就听长辈讲，明庄村也是秦长城遗址的一部分，历经几千年的历史变迁，如今只剩下长城的脊梁遗址。因此，村里人都称它为长城梁。秦长城从闫家庄延伸到明庄村时，便分为两道，形成“内城”和“外城”，我家便在“内城”。

"内城"与"外城"残留的城墩不同,内城的城墩和城墙高大、宽厚,城线笔直,明庄村的长城梁是"内城"遗址中保存较完好的部分。

20世纪四五十年代,固原经济落后,人们大多靠天吃饭,我家13个孩子,对于这样的十几口之家,能够吃饱饭是非常奢侈的事情。我是老大,那时候,经常到长城梁上挖"辣辣草",绿叶红根,挖出来,氢土一擦后放在嘴里,那种辣味儿充斥着味蕾。那个年代,一种草满足了村民们对美好事物的所有渴望。

等到我十一二岁时,家里的条件稍微"缓和"了一些。天刚蒙蒙亮,我就跟着父亲去长城梁上放羊了,父亲背上黑面馍馍,羊鞭子一甩吆着羊群就出发了。等赶到长城梁上,羊群沿着城坡顺势而上,从远处看,土黄色的城梁、成片成片的野草配上白色的羊群,像是一幅西北的自然风光图,而我和父亲只是图中的一抹黑色。

许是贪恋城梁上那天高云淡的感觉吧,我和父亲一去就是一天,把羊群赶在梁下放养,我和父亲就坐在长城梁的土堆堆上。

父亲说:"俺这一辈子谁都不服,就服咱们这脚下的土长城,历史发展几千年依然屹立不倒,似巨龙一样的黄土夯筑的山梁梁,曾经是秦汉王朝抵御匈奴的重要军事屏障……"

父亲手舞足蹈地讲着,而我的心思已经飘到了小时候,回到了那些和小伙伴们在长城梁玩"打仗"的时光。

在长城梁上,我当威风凛凛的战国将军,弟弟们是我的副将,其他小伙伴是士兵,我们把家中的宽木板当作长刀,以土疙瘩当炮弹,有模有样地学着打仗的气势,整队骑兵,几人成一纵队。

"冲啊……"我高举手里的"长刀"大喊。

"冲啊……"小伙伴们喊着,一拥而下,冲向长城梁高地边沿泥泞的斜坡,双方陷入险地交战。

直到玩累了、饿了,就刨土坑,耍锅锅灶。我和小伙伴们在长城梁上找一块地,挖个土坑,把从家里老窖偷出来的土豆放进去,点燃一堆长城梁的野草,坐等个把小时后,烫手的土豆金黄飘香,我们的童年似乎瞬间变成了金色年华。

2

1960年,村里大面积干旱,自然灾害频发,原本就多的粮食产量又大幅下降。

勤劳的村民开始把长城梁下的空地修整出来,变成自家的土地,有的种高粱,有的种玉米,有的甚至把土地犁平,直接种成小麦。随着耕种的人越来越多,被翻出的土地与长城梁之间形成了不到一米的落差。

我凝望着这个"四不像"的土梁梁,很难想象出它曾经如神般的气魄。人可能就是这样,失去了才会更加珍惜,我眼看着陪伴自己长大的长城梁,曾经那峭然的姿态,如今却换了另一副模样,心里难受的滋味可想而知。

"爸,你能不能劝劝那些叔叔伯伯,不要再往上开垦了,再这样下去,长城都没了。"我实在忍不住,恳求着父亲。

"哎,我咋劝,他们也是没办法,要吃饭啊。"父亲总是唉声叹气,对于靠天吃饭的我们,天灾人祸,谁都无力阻止。

一天,两天,三天……我天天往长城梁跑,穿过玉米地、高粱地,站在梁上看着长城梁一点点被"蚕食",作为一个庄稼人,我不懂得什么大道理,但它辉煌的历史以及对我们村的重要性,我比谁都明白。

二爷是最早一批在长城梁开垦的人,没有人阻止,他开垦的范围便越来越大,直到延伸到长城梁上。虽然我知道不应该阻止,但还是忍不住从长城梁上跑到二爷身旁,狠狠地扔了他的锄头。

"你个瓜娃子,一个长城梁么,又不是金山银山,你不让我种地,还让活不活咧!滚。"二爷嘴里骂着,狠狠打了我一锤,又把锄头捡起来继续开垦。

这一锤把我彻底打蒙了，纠结、矛盾、气愤，却又无力阻止，我不知道该怎么办，哭着跑回了家。

因为这一件事，我在家病了三天，心里憋着气，高烧也一直不退。这个阶段，我萌生了读书识字的想法，只有自己长本事了，才有说话的权利，才能做自己想做的事，才能改变一些人的思想。

那时候，明庄村念书的人并不多，想要读书识字，在别人看来简直是纸上谈兵。为了证明自己，我就东借西凑地找书，在家慢慢自学，遇到自己无法理解的，就去找有学问的人请教。我年轻，有拼劲、爱钻研，慢慢地，有些他们不懂的知识，我也能给他们讲得头头是道。

久而久之，我成了村里的“知识分子”，乡亲们写信、读信、发电报等事情都来找我帮忙，甚至有的村民直接把我请到家里给孩子上课。

20世纪70年代中期，明庄村一带没有正规的小学，很多适龄孩子有的要去离家很远的地方上学，有的就干脆不上学。我看在眼里，急在心上，村民们便举荐我做代表，向政府申请办学。经过几个月的努力，县教育局终于把建校资质批了下来，学校就建在长城梁不远处，取名“深沟小学”，我担任第一任校长。

3

学校办起来了，我开始四处奔走，想着把村子附近适合读书的孩子全部招到学校，可是仍会碰到像二爷那样的“老顽固”。

“上啥学？能有什么用，认识几个字还能养活人不成，简直是胡闹。”

“只有上学才能改变命运，才能改变村里人像你一样的迂腐思想。”这次，我不再像以前一样手足无措，而是换了一种姿态重新站在二爷面前。

办学校的确不是件轻松的事，从选址到招生，每天忙得昏天暗地的，有时候实在累得不行，就爬上长城梁，蹲在梁上抽根烟，或者是站在长城梁上吼几嗓子，声音在整个梁上回荡，心情也跟着舒畅了不少。

开学第一天，晌午的太阳火辣辣地照在我的脸上，光刺得睁不开眼，我站在学校的红旗底下抬头望着残垣断壁的长城梁，眯着眼仿佛看见长城梁龇着牙冲我笑。我想，许是这“老东西”觉着我长大了，不再是当年那个愣头青了。

1981 年，村里实行包产到户，各家都分到了土地，村民们口袋里有了粮，将多余的粮食出售挣点零花钱补贴家用，各家生活条件也有所好转，在长城梁上种地的人也逐渐减少，梁上的野草慢慢疯长起来。

也是在那一年，村里为了更好地发展，决定要修路，但长城梁是一个阻隔。村长和村民们商量后决定把长城梁从中间部分挖开，将路修通。

要想富先修路，可要以破坏长城梁为代价，我却接受不了。自从当校长后，我一直在收集长城梁的资料，不断研究它的历史，我知道它的价值远不是一条路可以比拟的。

住在村头的马老头一辈子生活在长城梁脚下，要断长城梁，他与我一样极力反对。

“长城梁不能断啊，他是萧关的守护神，他断了，萧关就‘没气儿了’。”我扶着年迈的马老头颤颤巍巍地找到村长，苦着脸说。

村长眯着眼，吞云吐雾似地抽着烟斗，弹了弹落在腿上的烟灰说：“三叔，不通不行啊，再不通路，我们真的赶不上改革开放的步伐了。”

为了经济，即便是我们联合起来也不能阻止村里发展的脚步。

后来路通了,长城梁断了,它就像个残疾人一样,眺望着养育了一代又一代的子孙。

不知道什么时候,长城梁也慢慢得到了政府的关注。

“听说了吗,长城梁被列为国家级重点文物保护单位了。”我听到消息,赶紧从学校跑回家告诉父亲这个好消息。

“是啊,是啊,终于熬到这个时候了。”父亲一向不苟言笑,可是这天,他竟像个孩子般大笑起来。

后来,我由深沟小学调到海原做了当地小学的校长,一走就是20余载,虽然离家上百公里,但对长城梁的状况我一直都关注着。每年我都会抽出时间回明庄村,去长城梁上看一看、走一走,这成了我雷打不动的习惯。这些年,我也会把观察到的新情况记录下来,再结合史料做研究。

2002年退耕还林后,政府投资将长城梁断开的两头用青色的石砖堆砌成长城的形状,并在长城梁脚下立了长城梁碑,将长城梁纳入保护范围,设立了固原市长城梁林场,还专门聘请社会护林员,重点实施森林抚育、种苗培育等公益林建设项目。

人都说落叶归根,退休后,我选择回家,把自己多年来的研究成果拿出来,给公益林项目做参考,并给村民们讲长城梁的故事,也希望把这些故事讲给村里的子子孙孙听。能为长城梁做些事,是我最大的心愿。

初春的明庄村,已不是几十年前的模样,现在的长城梁被绿树环绕,梁上开满了山杏和丁香花,碎红点点,一阵春风吹过,花瓣一片片地落下,在那条长龙上翩翩起舞,与土黄色的长城梁相得益彰,远远看去,就像一团团棉絮,在长城梁的花海中穿行,留下满梁芬芳。

李　悦|整理

# 春耕时节，今朝的机声隆隆掩不住昔日的牛欢马叫

现如今一批一批的年轻人都离开了农村，走向各个城市，挤破脑袋地想在城市站稳脚跟。你可还记得，曾经跟在长辈身后看大黄牛耕田；你可还记得，一亩稻田要准备多少水稻种子；你可还记得，当年的你如何瘪着嘴学插秧；你是否还会想起，劳累后席地坐在田埂上……

也许我们都忘了怎么去回忆，或许根本就不记得春耕这样的时节，但这种忙碌又传统的节气，始终都有我们曾经的故事。

1

20世纪60年代的高台寺村像全国多数村子一样，吃大锅饭，干集体活。村里总共有13个生产队，我家在第四生产队，共有1000多户、300多人。全村有3000亩耕地，南至现在的银横路，北至现在的银佐路，东靠大新乡，西靠现在的清河街。

俗话说："到了惊蛰节，锄头不停歇。"春雨无声，春风和煦，随着天气的回暖，田地里开始热闹起来，高台寺村也是一派忙碌的景象，嫩绿的秧苗、勤劳的耕牛、忙碌的农夫，散发着浓郁的春天气息。

可当时劳动工具非常落后，生产队里最先进的就是一辆胶轮马车，还有三辆铁板大牛车，用木头做的轮子，外面套上铁箍，最多只能载1000多斤。我觉得那时的农业生产工具和一两千年前没有什么太大的区别。

每次放学回家的路上，我必须要穿过田垄。这个时间父亲是不会回家吃饭的，他总是拼尽全力多干活多挣工分。

有一次，在回家经过田垄时，远远地看见父亲在地里扛着一柄木头大犁，手拿鞭子赶着老黄牛慢悠悠地走在田间。等我前脚刚踏进家门，母亲便着急地跟我说："你赶紧去地里给你爸送点干粮，千万别让队长看见了，要记住。"母亲再三叮嘱我。

到了地里，我偷偷地往父亲衣兜里塞了两个大土豆。害怕被队长看见，吓得我一身又一身地出冷汗。当时生活艰难，人人在不得已的情况下都是这样干的，可一旦被队长发现了，便会在分配的粮食中加倍扣除。

随后，我很熟练地接过父亲手中的绳子，搭上背肩，自然地挥舞着鞭子，吆喝着老黄牛。耕地耙田是一门技术活，耕地要"开弯垅，倒左犁，退田坎"，谓之犁有犁路、耙有耙路，不掌握要领，整个丘田就会耙得高低不平。

耕地是有讲究的，只有把土地"伺候"好了，才会有好的收获。耕地讲究"三耕两耙"，第一步是割草籽，之后第一耕耕得比较浅。接下来用锄头将犁起的大块泥块锄碎后放水。之后就是第二耕，这次耕地称为"糙地"，犁得深，之后耙平，这就是第一耙。隔3至5天，进行第三耕，称之为"筛地"，而后再耙平，这就是第二耙。

别看我现在这么熟练，第一次春耕却是吃尽了“苦头”。庄稼人的孩子不用教，多下地，跟在大人后面，学模学样自然就会耕地了。

2

庄稼人最惦记自己的一亩三分地，一过完春节，村上的各个生产队就开始忙活起来。春耕除了耕地，就是要给土地上肥，而这肥料必须在前一年的11月中旬准备好。

那个时候耕地土质瘠薄，没有肥料，农户把黄土担在圈里，用炕里的草木灰染黑，又上到地里。如此反复，粮食因此产量低，吃粮没有保障。

后来村民们自创了“有机肥”，在村西头挖了一个专门盛垃圾的池子，经过一整个冬天的发酵，再掺上各家各户的农家肥，成为“喂饱”土地最好的“食物”。

每个生产队分别有十来个人力车和三个大型的拉力车。当时大家都是憋着一股干劲，你赶我超，暗地里较劲，生怕落在别人后面。

“明天大家早点起来，你们几个年轻的娃娃麻溜点，早早来！”生产队的任队长指着我们这些男孩子们吆喝道。

我们互相撇着嘴，一脸的不愿意，但仍然敢怒不敢言。第二天早上四点多我就跳下了床。没想到我拉着人力车出门的时候，父亲和母亲扛着锄头也要出门。

我到地方的时候，任队长已经嚷嚷开了：“小马，就你来晚了，等会儿你得多拉一趟。”我没有说话，闷着头铲着肥料，和村民们一趟趟地将肥料拉往地里，就这样一直干到天亮。为了加快运肥料的速度，就逮着大型拉力车空闲的时候赶紧拉肥料。

直到70年代以后，有了日本尿素，队长安排给玉米、土豆上尿素。大家刚开始不认识，也不会用，把尿素拿到地里后就倒在水渠里。也有个别的社员抱着试一试的心理，给地边的土豆或玉米抓儿把尿素用土埋上，不料到秋季收割时，长势就是不一样，洋芋个儿和玉米棒长得很大，人们才逐渐开始接受这种肥料。

同时期，耕种工具也得到了很大的改善。我所在的生产大队有了小型拖拉机，但每个生产大队只有一台，只能轮流使用，主要还是用牛耕地，春耕时一头牛犁三四十亩田，往往要花半个月时间。

耕种关乎着每家每户一年的生计，当时国家采取"统购统销"，每年都要交公粮，所以生产队主要种的还是粮食。当时我们家一年可以分得 800 斤粮食，交完公粮剩下的再换得工钱。

20 世纪 80 年代后，小型拖拉机和抽水机开始普遍使用，在插秧种稻之前，割草籽、浸水耙田，再把木板装在拖拉机后面，压平田。渐渐地，牛也不用干活了，农村里的牛也越来越少了。

随着耕种方式的变化，出现了很多新设备，除草剂、背式喷雾器、拖拉机都开始普遍使用了。化肥、农药的品种也多了，氮肥、钙镁磷肥使作物的产量增加，使用丁草胺除去稗草让作物更好地生长，在这样的条件下，收成一年年增加。

3

1982 年，宁夏实行包产到户，每户人家都有了属于自己的土地，我们家就分到了 6 亩地。有了自己的地，农民们的生产积极性也高了起来，粮食的产量也大大增加。因为邻近银川市，粮食渐渐不再是村里主要生产的农作物，村里人都慢慢地种起了各种蔬菜。随着农用产品的进步，春耕也变得更加简单有效。

随着城市建设地不断推进和建设，高台寺村耕地面积不断减少。2000 年，村里的 3000 亩土地都被征收，成为城市建设发展用地。没了地以后，村里的老一辈儿也变得沉默，热闹的"春耕"从此以后在高台寺村消失不见了。跟黄土地打了一辈子交道的父亲，常常在我家即将被占的几亩地上发呆出神，我知道他是舍不得这一片黄土地，没了地的父亲，仿佛是一个丢了糖果的孩子。

2017 年春节期间,父亲和我去永宁的史庄村串亲戚,聊天问起了老叔家的大孙子。原来他自从毕业后,就没有进城里上班,而是一门心思“伺候”起了庄稼地。一说起庄稼地,父亲眼睛都亮了起来,说啥都要去看看。

我陪着父亲来到了地里,看着满身是泥土的大侄子,走进这一大片黄土地,父亲和大侄子聊了起来:“亮子,你这地不先翻翻,这么大一片呢,得趁早翻起来,不然来不及了。”

“爷爷,这地已经在冬天提早翻过了,得让它有一个腐熟和清理的过程,就连这稻子都是经过特别选择的呢!”大侄子继续说道,“催种机、收割机、插秧机、拖拉机、烘谷机、秧盘流水线……我给这一大片地配备了很多新型农机,全程采取机械化。管理近千亩的农场并不容易,农场内只有四五名专职工人,现在引进的‘互联网+’种植模式,浸种日期、数量、时间、批次、药水,一些难以用语言描述的农事操作都是用手机控制的呢,我还拍了视频存档,以备来年参考。”

我和父亲看着大侄子的手机,手机上面对农事操作的详细记录让我们大开眼界,原来繁琐的春耕早已在现代农业科技的发展中变得简单起来。

“亮子,不管咋发展,既然种了地,就得把这地‘伺候’好了,只有这样,地才不会辜负你的汗水和心血。”在离开的时候,父亲仍用祖辈传下来的老话嘱咐着大侄子。

春耕是忙碌又传统的节气,无论是一家一户的小农生产,还是现代化的农场生产,人们都是跟随太阳的出没运转,遵循农时,日出而作,日落而息。对于父亲来说,传统的“刀耕火种”,曾经挥鞭吆喝赶着老牛一行一行深翻细耕的铁犁,烈日下挥汗如雨弯腰收割用的镰刀,那一把一把用麦子扎成的麦垛,永远烙印在他们那一辈人的心里……

潘　宁|整理

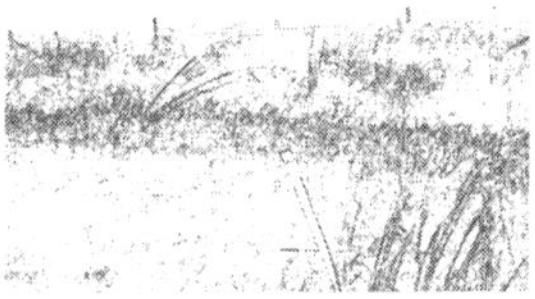

# 芨芨原上草：
# 我的乡愁就扎根在黄河边那岁岁枯荣里

1

我出生在宁夏同心的一个村庄，芨芨草是村里山上最常见的植物，田间地头、洼地水渠、滩涂荒漠、悬崖峭壁……它的身影无处不在，这是一种生命力极顽强的植物，我们当地人都亲切地称呼它为“芨芨”。“芨芨”，像是呼唤孩子的小名，所以打我记事时开始，对芨芨就有种莫名的亲近感。

初夏来临的时候，我常帮着父亲去山上放牛羊，这时候芨芨草已经冒出新鲜的嫩芽，新生的芨芨草嫩芽也是牛羊的食物。我躺在山坡上眯着眼，望着散落的星星点点的牛羊，觉得这样的日子真是舒适。

芨芨耐寒、耐盐碱，即使是贫瘠的土地也挡不住它破土而出。可母亲却说，有芨芨的地方，离水就不远了。

村里有黄河水缓缓流过,河边便有一丛长势很好的芨芨,水势低的时候,我和小伙伴们便挽起裤腿,踩着旁边的石块慢慢地踩水下去,水凉凉缓缓地冲在小腿肚上,变得柔软起来。

"又下水,这孩子咋说都不听,不知道这是多危险哪!"如果被路过的大人看到,多少都免不了一阵数落。虽说如此,但我们还是抱着侥幸的心理,不是侥幸水的危险性,而是侥幸不被大人们发现。

小时候我对大人口中的黄河水并没有什么恐惧感,即便是水势变大,我们也敢结伴在周围玩水,水性好的大小伙子直接跳下水,而一群小"旱鸭子"们就只能待在岸上。当然对于胆子大的我来说,这时候芨芨草便派上了用场,我一边侧着身子紧紧抓住岸边的芨芨草,一边踩在水里玩。

"金霞,你别下去,这几天水深了好多,小心危险!"岸上的小伙伴忙喊。

"没事,我抓着芨芨呢。"我自告奋勇地向下走去,侧着身子躬着腰,一边尽力伸长了胳膊和腿,让自己在水里有最大的活动空间。

"我刚刚摸到个活的东西,好像有鱼啊。"我开心地像是发现了新大陆。

"不可能,这么浑的黄河水,哪有什么鱼,你摸着的不是水草就是石头。"岸上的大柱满脸的不信。

"嘿,明明是活物来着。"我壮着胆子往下走,注意力都集中在水里,抓着芨芨草的手不知不觉放松了,一不留神脚下打滑便跌进了水里。我心里暗想"不好",下意识地想呼喊,嘴还没有完全张开,水就从四面八方涌来,脑袋里"嗡"的一片空白,耳边听到大声呼唤我名字的模糊声音,双脚拼命蹬水。就在恐惧将我慢慢包围的时候，我拼命挥舞的双手终于抓到了“救命草”，我死死攥着向岸上扑腾，不知道扑腾了多久。这时突然感觉到有人从后面拖住了我向上举，我也用力地向前爬，周围的人连拉带拽地将我弄到岸边。

“你这老女子，你成心想气死爹娘啊！”闻讯跑来的父亲抓住我的手，将我紧紧抱在怀里，大声呵斥道。我大口大口喘着不匀的气，“哇”的一声撕心裂肺地号啕大哭。

“要不是水里岸上都有人，你……”母亲扬起的手掌没有落下，只是跟父亲一样将我紧紧抱在怀里落下泪来。

因为紧紧攥住了芨芨草，我的手掌被勒出了浅浅的血痕。“也幸亏你抓着了芨芨，这芨芨是你的救命草啊。”母亲小心翼翼地用草药给我敷上，热热麻麻又凉凉的。打那以后，我上下学都绕得远远地，好久都不敢再去水边玩。

2

秋天的芨芨经过春夏两季的扎根生长，已经不似初夏时柔软，茎秆高细，强韧有劲。穷人的孩子早当家，每到这个时候，我总会跟着母亲去拔芨芨，母亲说，这时候的芨芨草最适合用来扎扫帚、编筐篓、编炕席……

随处可见的芨芨跟地里的野草没有多大区别，但是在农家人的手里，这普普通通的植物被赋予了新的使命。

我跟父亲背着用芨芨编织的旧筐子，将芨芨一株一株地拔起，如果是用来扎扫把的芨芨，最好连根拔起，完整的芨芨在扎扫帚的时候不仅便于扎捆，面积大的扫把扫起院子时更省力也更方便。父亲扎扫帚是一把好手，我跟着帮忙，看的多了也渐渐能上手。扫帚的中间扎上麻绳，扫起来能使上力，将扫帚的末梢削齐整后，一把完整的扫帚就算大功告成了。

母亲常常用芨芨编筐，编筐比扎扫帚要复杂多了。编筐之前要先将芨芨上扎手的刺和皮清理干净，然后再用水浸泡，等到芨芨变得柔软后便可以用来编筐。这时候的芨芨柔中带劲，背起来没有那么扎人，也比较坚固。即便是对芨芨进行过处理，编筐时手也常常会有水泡和刺伤，我也跟着母亲学编筐，但是尝试了很多次也没有成功。

长年累月的农活劳作，让父亲和母亲的手上都起了一层厚厚的老茧。

“要说芨芨的手艺，还数你李爷爷，绝对数一数二，这么多年靠着这门手艺吃饭，谁都要竖大拇指！”父亲口中的李爷爷是同村的一位长辈，常年独自生活，日常生活来源就是用芨芨编筐、扎扫帚，然后每隔三五天便拿到集市上售卖。我有时跟着父亲去集市卖发菜便会遇到李爷爷，李爷爷扎的扫帚比父亲扎的还要规整。有一年父亲在集市上将没有卖完的发菜送给了李爷爷，没想到过了两天，我们家门前就立着两把崭新的扫帚，父亲说，准是李爷爷放下的。

“老李头，这又干啥去？”村里人常望着李爷爷的背影喊。

“拔芨芨！”李爷爷也总是中气十足、言简意赅地回应着。也许因为常年动手动脑的关系，李爷爷的精气神儿特别好，他常骑着一辆横梁的二八自行车穿梭在田间村头，车后架上绑着一捆捆芨芨，长长的芨芨草便随着李爷爷的自行车上下摇摆着。

我上了镇上的初中，周末回家时和弟弟便会接替父母去放牛羊，有时远远地便会在山坡上看见李爷爷的身影。“嘿，小伙子、丫头，来！”李爷爷隔着老远地喊道。

弟弟小跑着飞奔过去，我也赶着牛羊跟在后面。李爷爷顶着草帽，手上戴着麻布手套，脚边还摆着一捆捆芨芨草。“听你爹说你考上镇上的初中了，有出息，好好学，将来得出去上大学。你得跟你姐好好学啊！”李爷爷拍着我们姐弟俩的头慈祥地笑着。

“这芨芨是好东西啊，有韧劲，自然环境再不好也能活，我靠着它活,它也还救过你嘞!”李爷爷指着前面好大一片芨芨说道。

我跟弟弟陪着李爷爷站在山坡上,透过眼前的芨芨草丛,远处山脉自成一线。

3

春去秋来,村里的芨芨草绿了又黄,黄了又绿,黄河水也涨起涨落,时间就在芨芨草一茬茬的高低起伏中走过。再往后我考上大学去到离家千里之外的广西,芨芨草也渐渐淡出了我的生活。

“现在芨芨都有人来收,也不用上集市去卖了,听说是现在都开作坊,用芨芨做各种小玩意儿。”国庆节放假回家,父亲在饭桌上说道。

“现在芨芨可是好东西了,咱们门前还有好大一丛呢。”母亲补充着向门外望了一眼。

放假在家的日子,我早早起来陪着母亲去赶集。老家的集市依旧热热闹闹,集市上的东西大多还是跟往常一样,当然还有很多前村后院乡里乡亲熟悉的面孔。集市当然也出现了父亲口中各式各样的芨芨草手工,除了有日常生活中必不可少的筐篓、棚席、簸箕、笊篱等,还出现了各式各样的装饰品,精巧玲珑。我从来没有想到再平常不过的芨芨竟被挖掘出这么广泛的用途。

“妈,怎么没有看到李爷爷出来啊?”

“还真是,前几次上集,我也没有见到。”

心里存着疑问,从集市上回来我便直径去了李爷爷家。刚走进院子,便看见李爷爷正在院子里修整农具。“李爷爷,我来看你了。”

“丫头来了,快进来坐。”李爷爷抬头望见我亲切地说。

“我今天去集市,想着您肯定还去卖芨芨呢。”

“现在不常去拔芨芨了,集市也不常去了,有人来收我就卖。现在技术都先进了,什么样的款式都有,谁家还天天买扫帚啊,现在都提倡科技发展，我这套落伍喽！”李爷爷笑着，显得有些落寞。

我不知道怎么安慰李爷爷，虽说李爷爷的芨芨草不够轻巧美观，但却是庄稼人实在的心。那些年，李爷爷骑着二八自行车，满载着一捆捆芨芨草的背影，在我眼里永远是最洒脱的模样。

大学毕业后，我留在城市工作、生活，女儿出生后回老家的时间更是越来越少。女儿一次课外手工实践时，从少年宫带回只玲珑精巧的花篮，女儿捧着它爱不释手。虽只瞥了一眼，但我还是瞬间认出了它——芨芨草！是救过我命的芨芨草！我拿起小花篮，总感觉上面还沾着那股熟悉的泥草腥香。

城市发展日新月异，商店里面的货物鳞次栉比，连家用扫帚也变成了塑料制品。那种原始材料制作的老物件渐渐被遗忘，但这并不意味着它的消失，相反，芨芨以一种新的模样重新回归到生活的细枝末节。也许孩子们并不知道，在父母亲成长的童年里，芨芨草被风吹过的沙沙声与超市门前摇摇车的歌声一样熟悉且温暖。

但我无比感激，时光流转，我儿时的美好又以另一种模样走到了我孩子的身边，就如同父亲和李爷爷手里的扫帚一样，他们用结结实实的芨芨草，给了我最踏实的日子。

万　圆|整理

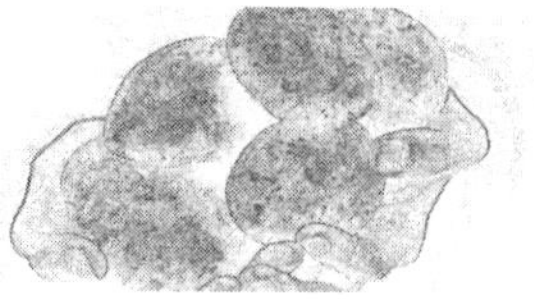

# 西吉：
# 漫山遍野的洋芋花，开出富足，飘出乡愁

宁夏西吉曾经是西海固黄土高原上最为贫瘠的地区之一。马铃薯这种并不稀奇的世界性作物，曾经是这一地区贫困人群赖以糊口的粮食。而如今，它却成了百万农民走向富裕生活的“金豆豆”。几十年的发展，西吉马铃薯的身价急剧上升，西吉成为中外闻名的“马铃薯之乡”。

1

在老家，老人们把马铃薯叫作洋芋蛋蛋。在那个干旱贫瘠又闭塞的大山里，洋芋蛋蛋成了人们赖以生存的重要的口粮，蒸洋芋、烤洋芋、煮洋芋、炖洋芋……祖祖辈辈的西吉人用洋芋做成了一道道朴实的美味，构成了我最美好的童年回忆。

在我小的时候，家里有两亩旱田，有一半种的都是洋芋。山里久旱，小麦年年歉收，可洋芋的产量并不少。

每年春天，生产队从地窖里取出一袋一袋前一年预留的洋芋种子。母亲推着板车，带着我和弟弟一起到生产队剜种，一边剜，一边飞速挑出没有长出芽眼的洋芋，随意削削皮，一分为二，递给我们。生洋芋甜脆又多汁，吃到嘴里喀嚓喀嚓响。弟弟很快就吃完了，用衣袖把嘴一抹，可怜巴巴地望着母亲和我，可是母亲却再也找不到没有芽眼的洋芋了。

当洋芋缨子落上了霜，就到了挖洋芋的季节。那是一年中最热闹的时候，全村上下男女老少一齐上阵，提筐的、扛铁锨的、拿麻袋的、赶驴车的，没有一个人闲着，人喊驴叫，真是热闹。我和弟弟在堆满洋芋的驴车上，一边唱着歌，一边期待着一整个冬天的美味。

冬天的早上，母亲会起个大早做一锅洋芋疙瘩拌汤，或是弄上一锅稠稠的洋芋搅团，热乎乎的拌汤吞下肚，仿佛再冷的天气都变得温暖了。出门上学前，母亲会从橱柜里拿出两个前一天晚上煮熟的洋芋，用帕子包好，小心翼翼地装进我的书包里。那两个洋芋便是我一整天的口粮了。

奶奶经常在炕洞里烧洋芋。奶奶会在头一天晚上将炕洞里煨上羊粪，第二天早上用推耙轻轻把炕洞里边表层的浮灰推开，露出红烫烫的火星，再用掏灰的小锄轻轻挖个坑，把洋芋一个个放进坑里去，用灰把洋芋埋上，一个多小时之后，洋芋的香味便溢了出来。奶奶慢慢把烤好的洋芋从炕洞中勾出来，轻轻吹去上面的灰，放在炕头的小桌上，盖上小盆，偷偷到前屋叫我和弟弟去吃。

刚刚烤熟的洋芋香气扑鼻，表皮还很烫手，只能不停地从左手换到右手，再从右手换到左手，却怎么也舍不得放下。将洋芋的皮一剥，里边黄糯糯的，看一眼都让人垂涎欲滴。奶奶盘着腿坐在炕沿上，笑眯眯地看着我和弟弟，说："慢点儿，别烫着！吃完还有呢！"

我和弟弟经常因为“偷吃”奶奶的洋芋而被母亲责骂。因为那些并不充足的洋芋要保证全家挨过整个冬天。孩子贪嘴，长辈溺爱，这让母亲头疼不已，只能数着日子，对剩下的洋芋严加看管，精打细算。

2

西吉地处六盘山西麓，黄土高原腹地、四周高山峻岭环绕，昼夜温差很大，从这片土地上长出的洋芋无论是外表还是味道，都是一流的。

20 世纪 90 年代，西吉县第一家淀粉厂建立起来了，十里八村的洋芋种植户都开始把小麦地改成洋芋地，大规模种植洋芋，洋芋花满山遍野。一到秋天，厂子里来收洋芋的大卡车就会停在路边，架着几个大秤，村民们排着队把装满自家洋芋的麻袋过秤。戴着眼镜的工作人员拿着纸笔，用手指扒拉着游码，大声念出分量，吩咐站在一旁的助手把麻袋装上车，运往工厂，制成淀粉，销往各地。洋芋种植户们个个乐开了花。

1999 年，县里成立了西吉县马铃薯脱毒繁育中心，在全县范围内进行马铃薯脱毒种薯生产与繁育推广。从那时起，父亲和母亲更加忙碌了，家里种的洋芋从 8 亩扩大到了 20 亩，洋芋的产量成倍增长。父亲筹钱买了一辆三轮摩托车，“突突突”地行驶在田地里，扬起阵阵灰尘。

“乡里办农业讲座，请专家来上课呢！”“县里领导来视察啦！”父亲似乎每一天都能带回一条新闻。

2003 年深秋，我在县里上高中，正赶上洋芋丰收的季节。父亲说，县里开展了“洋芋王”以及高产纪录评选活动，谁家地里挖出最大的洋芋，就能得到政府奖励。

父亲为了能获得大奖，已经精心侍候地里的洋芋整整一个春夏,松土、覆膜、除草,每一个环节都尽心尽力。可是大奖揭晓那天,父亲还是落榜了。

“明星村4组的老马,在自家地里挖出了一个五斤多的洋芋蛋!娘哟!我一辈子没见过那么大的!”父亲一边弯着腰将地里被落下的洋芋一个个拾到麻袋里一边说着。对于老马夺冠这件事,他是很服气的。

据说,那一年的“洋芋王”是村里前两年引进的优良品种“高原四号”,足足五斤二两重,足球那样大。老马抱着“洋芋王”在县里光荣地领取了800元的奖金,“洋芋王”成了十里八村的明星,乡亲们纷纷前去观看。

“一个洋芋蛋卖800!你可发财喽!”父亲见到红光满面的老马,打趣道。

第二年春天,县里迎来了广州、甘肃、陕西等地的收购商,几十辆大卡车一字排开,搬运工人将一袋袋个大体肥的洋芋装上车。父亲说,西吉的洋芋跟别处的不一样,皮红肉黄,鲜嫩好吃。乡里帮着村民们利用窖藏技术,把上一年的洋芋储存到春天来卖,每斤价格提高了四成。新成立的洋芋外运机构,帮助村民们把地里的洋芋蛋远销到了全国各地。

那一年,“中国马铃薯之乡”的牌子,立到了西吉县的土地上,父亲开着小货车到淀粉加工厂送洋芋,母亲在家里收拾刚盖好的新房。好日子,就这样来了。

3

2010年,我大学毕业,留在了银川工作。在异乡奋斗,困难重重,儿时美味的烤洋芋成了我怎么也舍不下的乡愁。

春节放假回家,母亲为我做了一桌子好菜,鱼肉皆有,还有一盘孤零零的洋芋丝被放在桌角,无人问津。母亲不停地给我夹菜。

我抬起头对母亲说:“妈,我想吃烤洋芋。”

母亲愣了一下,笑道:“洋芋蛋从小吃到大,有啥好吃的,也吃不腻。”

烤洋芋条件有限,没吃成,母亲转而为我煮了一锅洋芋。出锅时,热气弥漫整个厨房,香喷喷的洋芋躺在锅底,裂开了一道道缝,表皮向外翻卷着,露出沙沙的洋芋肉来。我憋了口气,将洋芋捧在手心,小心翼翼地掰开一块,连着皮一起吃进嘴里。那一瞬间,又找到了童年的味道。

假期结束后,我选择留在老家,加入了一家马铃薯种植专业合作社,决心为家乡的洋芋发展出一份力。

为了扭转农业生产长期受困于干旱的不利局面,合作社带领村民们进行秋覆膜种植。因购买地膜要花钱,许多村民都极力反对,公社领导愁得手足无措。父亲知道了,便带着我挨家挨户地上门宣传劝导,合作社也邀请了多位专家向农民传授种植知识和经验,引进了多种优质品种,渐渐得到了大家的认可。如今,公社的社员已千余户,洋芋种植为乡亲们带来了丰厚的收入。

又是一年深冬,家里的地窖已经藏满洋芋,等待春天到来时,它们将搭上货车,摆上全国各地的餐桌。西吉的洋芋成了名副其实的“金蛋蛋”。我突然开始怀念小时候那些一无所有的日子,缺衣少穿,但灶台上有煮好的洋芋蛋,屋顶有炊烟,奶奶烧的洋芋“滋滋滋”冒着热气,吃到嘴里,又甜蜜又温暖。

关瑞瑞|整理

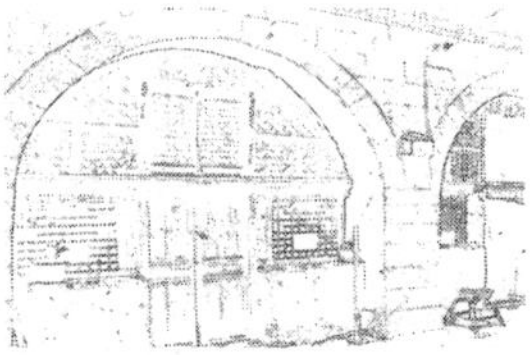

# 在面朝黄土背朝天的日子，父亲就是那一孔撑起全家的黄土窑

1

我出生在宁夏同心的黄土塬上。20世纪70年代，十年九旱的光景让原本就缺水的土地收成每况愈下。这让村里的家家户户都犯了难，许多乡亲背井离乡去了内蒙古讨生活。大爹也跟父亲商量：“要不上山吧，日子还得过不是？”

“只好就这么定了，明天叫上人，咱们去山上寻个地方，箍好了窑就搬。”父亲同意了大爹的建议。

山里地广人稀，偏僻又荒凉，乡亲们便商议着四五户人家就近住在一起，以防有什么事情也好彼此有个照应。第二天天一亮，父亲、大爹，还有村上的男丁就扛着工具上山了。“爹，我也去。”我追着父亲跑出家门。

“你不能去，就在家等着。”父亲把我抱起来塞给母亲。我在母亲怀里扭着身子看着父亲的背影渐渐走远。直到天黑,院门才吱吱呀呀地响起来,父亲终于回来了。一进门,父亲便兴冲冲地对母亲说:“地方已经选好了,周边还有草地,养几只羊也能顾得上。这两天选个吉日就准备动工,越早箍好咱们就越早搬,你把咱家的家当也收拾收拾。”母亲点了点头。

从那天以后,父亲和大爹便忙忙碌碌地往返于家和山之间,他也没有再反对我跟着。父亲和大爹甩开膀子干活,全身心地投入到箍窑中。那时候我还不能明白,对于父亲来说,箍好一口窑,是全家人新生活的开始。

箍窑需要用的料基本上都是就地取材。铲上黄土打成泥浆,我跟在父亲和大爹后面打下手,从山间地头捡来的麦秆、石子、杂草……凡是能用得上的,都混合着泥浆搅拌在一起。大人们把以前圈羊的旧胡基(土坯)扒下来,装进麻袋或者担子里拉到离家很远的山上。父亲和大爹用胡基和黄泥浆砌外墙的时候,我帮不上什么忙,只好蹲在一旁认真地看着。父亲手里熟练地握着砌子,铲上一砌子的黄泥抹在胡基上,伴着敲敲打打的叮当声,泥浆四溅,窑洞的墙体一层一层地垒起来。墙体箍成四方形后,窑上面也箍成半圆形的拱顶,左右双坡,用剩下的泥浆把面上抹匀抹光滑了,最后前后上椽子挑檐。我们家的窑洞和大爹家的窑连在一起,两孔窑远远看上去像是连绵的小山。

梦寐以求的新窑箍好了。搬新家那天,母亲将不多的家当放上毛驴车,父亲驾着车载着我和母亲,跟村里人一起向新窑洞驶去。

我围着新窑来回打转,不停地跑进跑出。箍好的窑虽然只有单一的土黄色调以及朴素的上圆下方造型,但窑洞里高挑的半圆顶让房间显得很大。推开窗子,阳光照进来,大山的窑洞里也仿佛敞亮起来。母亲小心翼翼地在墙上、窗户边沿、灶台上都糊上了旧报纸。边糊边对我说:“这是你爹和大爹流血流汗箍的,你要懂得爱惜……”然后拿出一筐红薯,又从米袋里抖出多半碗米说:“今天是大家搬新家的日子,我们一起好好吃顿饭,谁家还没有个难,苦日子来了不怕,只要不怕吃苦,好日子就在后头了。”我似懂非懂地点点头。

窑门前支起几张长木桌，左邻右舍把自家能拿得出来的饭菜都端上来,其实菜样大同小异,都是再寻常不过的红薯饭、玉米饼,但是大家热热闹闹地围坐在一起,心里就感觉热乎乎的。

山间的夜晚时常有嚎叫的狂风,把糊窗纸吹得呼啦啦响。“天黑了不能出去,外面有专门抓小孩的妖怪。”每次听到母亲这样说,我总是不由自主地想象狂风大作的窗外到底是什么样子。

靠山吃山,搬家后母亲在门前种了蔬菜,父亲则和村上的人去山里挖菜、打猎,然后赶驴车走很远的路去集上卖钱,换来粮食和衣物。母亲总会算计着父亲回来的时间,点上煤油灯坐等着。火苗不旺,我躺在窑洞的土炕上,看着光亮勉强可以照到窑顶。

虽然夜晚充满妖怪的大山一度让我恐惧,但是山涧也是孩子们自由自在的天地。通常下过雨后,山坡上的青草格外茂密。每到这时候,我便去山坡上或沟渠边放羊。靠山吃山、靠水吃水的日子里,母亲常在我耳边说:“这是你爹箍的窑带来的好福气,要知道珍惜……”

2

生活条件年年好转,父亲和大爹围着窑洞修筑了院墙,还在院中间打了一口水窖。窖口用胡基堆起来,窖口直径两米,纵深十几米,上面铺一层塑料布,等到雨雪天的时候,水窖里便将雨水和雪水收集起来。经过土窖储存后,里面的水夏天清凉沁骨,冬天温和怡人,经过沉淀后便能浇灌土地、养活牛羊。

“听说了吗,黄河水引上来了,村上修了渠,地能活了,村里让大家回去，还说要给我们分地呢！”邻居马婶坐在炕上跟母亲闲聊。

“妈，那咱啥时候回家？”我掀开门帘，探着身子伸着头问。

“大人的事情小孩子不用管，你好好念书就行。”母亲说道。

“大伙儿都商量了，要回去就一块儿回去。人家村干部说得对，总不能让娃娃们在山上过一辈子。将来谁家的娃娃不去上学？说啥咱们也要把荒滩开垦出来。”父亲说道。

搬家的时候，除了母亲收拾的家当，父亲还将门后用来箍窑的墼圈子包了起来，放在了毛驴车上。父亲说：“到哪也得带着这个家伙什。”除了已经远走他乡的乡亲，大部分人家都迁回了塬上。老房子已经破败不能住人，需要重新箍窑，村里组织了青壮年劳力，连德高望重、手艺精湛的窑匠李叔也被请来。全村上上下下出工出力没有二话，李叔是总指挥，和泥、担水、打胡基、扔胡基……分工明确，大家加班加点赶工期，没日没夜地干活。

原来是一家人挤在一孔窑里，现在可以多打几孔了。箍窑要先打好窑腿子，并排二孔窑打三个窑腿子，三孔窑打四个窑腿子，以此类推，箍的窑越多，窑腿子就打得越多越结实。

条件好了，胡基也用上了新的。“三锨九杵子，二十四个脚底子。”这是打胡基的农谚，意思是打一块基子需要3铁锨土，用脚踩24次，还要打上9杵子才能成型。一担担黄土挑来，大把大把的麦草被铡断和泥搅拌，孩子们围着工地跑着玩，光着脚丫子在泥里面踩来踩去。李叔的手艺是数一数二的，石板被他削得平整结实，把胡基模子在石板上放好，石板的底部和胡基模里撒一把筛好的草木灰，再把和好的麦草黄泥填满模子，踩实夯匀，把成形后的胡基轻轻拿出来，干湿把握得当，用这样的胡基箍的窑，结实牢靠。

按照我们当地的习俗，新窑箍好了要给大家发糖吃。甜滋滋的糖是未来生活美满祥和的好兆头。大爹从集上称来一大包糖，包装得五颜六色的糖一股脑儿地、哗啦啦地倒进盘子里，孩子们都蹦着跳着去拿。“都不许抢啊,得让咱们箍窑的叔伯们先拿。”大爹两只手把盘子举得高高的,笑着对我们说。

“让孩子们先吃,人人都有份,吃了糖,以后咱们的日子越过越红火。”李叔笑着说,脸上的皱纹都缩在了一起。

我们家分了20亩地,地里种上了小麦、玉米,还有胡麻。除了村里统一修的水渠外,父亲还修了一条可以引水到院子里的水渠,院子里打了石窖蓄水。石头打的窖不需要沉淀就可以饮用,但是夏天不够凉爽,冬天也没有了水温。

每天天蒙蒙亮,父母亲便扛着农具和村里的叔伯婶婶们去地里干活。生产条件大大改善,再加上辛勤的劳动,田里的收成也上来了,地真的活了。

秋收后,母亲把玉米棒子、辣椒穿起来挂在窑门口,坐在台阶上便能闻到各种食物的香气。我自告奋勇地爬上窑顶晒麦子,站在上面冲隔壁喊:“大柱、凤珍,你们快上来!”邻里之间窑顶相连,他们听到我的喊声后便爬着梯子上来,大家一起躺在窑顶上吹着风、晒着太阳,整个人都神清气爽。

3

我考上了镇里的中学,教室是砖房,窗明几净,整面黑板墙都能被光照亮。“妈,你知道不,学校的楼房高高的,又宽敞又亮堂……”回到家后,我和母亲叙述着新鲜的见闻。

“你看你在外面上学,都不知道咱们村上的变化了,村东头现在已经有人盖了砖房,马上就盖好了,等上了梁、封了顶,还要上红瓦呢。等你考上高中,咱们家也盖上几间红瓦房。”母亲乐呵呵地说道。

“我觉得还是箍窑住得好,冬暖夏凉,以前在山上的时候,咱家的箍窑遮风又挡雨,去山里打猎的时候,夜里我就住在牧羊人挖的窑洞里……”父亲背着手对我说。

窑洞里通了电，晚上躺在土炕上，窑顶被照得明晃晃的。我心里想着，住在红瓦房的日子一定跟学校里一样好。

每年寒假，村里都会组织放上一两场电影。每到这时候，家家户户的窑里便是漆黑一片。一是电力有限，电量带不起来；二是所有人在六七点的时候便早早去村委会门口占座等着看电影呢。

有一次我去得晚，等我气喘吁吁地跑到村委会门口时，电影已经开场了，我站在后面，看到的全是黑压压的人，我来回跳着想找个空隙。这时候听见后面有人喊：“金霞，这边儿，上这边儿来。”我应声回头，看见几个伙伴正蹲在窑顶上，我也赶忙扒着树杈爬了上去。

“得亏还能站在窑顶上看，要不今天肯定看不上了。”我哈着气说。几十年过去了，电影的内容我已经记不清了，但寒冬腊月蹲在窑顶跟着人群鼓掌叫好的场景却深深地留在了记忆里。

考上高中后，我们家的砖房也如期盖成了。原来箍的窑部分已经损坏，为了防止意外发生，早已不住人了，变成存放农具和粮食的地方。旁边新盖的红瓦房不仅明亮，而且还通上了暖气，但跟箍窑里冬暖夏凉的感觉又有些不同。

“你远房的一个叔要卖院子，你爸说想买下来。”母亲对我说。

“我们不是刚建了房，为啥还要买？”我虽然有些不理解，但还是跟着父亲去看了叔叔家的院子。

院子不大，一排普通的平房，三孔保留完好的窑，还有三株桃树。弟弟妹妹们围着桃树摘果子，我跟在父亲身后仔细打量着院子的环境。走进窑洞里面，糊的满墙的报纸和烧着水的土炕，将窑里烘得热气腾腾的。

“三哥，这院子本来也没打算卖的，可现在要去县里带孙子，以后上了学还要接送、做饭，也不知道什么时候才回来一次，这窑洞没有人住就没有人气了，我思来想去还是卖了吧。”叔叔说道。

“这个院子我们家买了，价钱你看着定就行。”父亲拍了板。

临走前，叔叔拿出家里蘸了盐的鹅蛋，执意要送给我们。父亲不停地推辞说着：“这不能拿，不能拿。”但叔叔还是把鹅蛋硬塞到我们手里。剥了皮的鹅蛋白亮光滑，咬在嘴里十分劲道。院子买下来后，父母亲便搬了过来，三孔窑洞，其中一孔当作库房存放农具，另外两间都依旧当作卧室。窑里刷白，每隔一段时间，母亲便用刷子沾着水刷上一遍。原来的房子要留给弟弟娶亲时用。

一晃十几年过去了，我成家立业有了女儿，父亲也已经年老。千禧年来临，我陪着父亲回到老家。父亲说：“咱们去山上看看吧，看看以前住过的地方。”

“妞妞也去，去看看我和你外爷爷住的老窑洞。”我搀着父亲，领着女儿向老窑走去。

老窑洞已经破败，但依然稳稳地立在那里。走进窑洞便感觉到空气里灰尘的味道，蜘蛛网被风吹得来回飘。“妈、外爷，你们看，屋檐下有小燕子。”女儿喊道。我抬头看过去，果然有一窝燕子在窑檐上筑了巢，一只大燕飞回来，小燕子们便立刻叽叽喳喳地叫起来。

我陪着父亲在两孔小小的窑洞里待了很久，父亲仍能清晰地指出当年家里瓶瓶罐罐摆放的位置。看着父亲认真的模样，我好像有些理解了父亲为什么要买下叔叔的院子。在那些面朝黄土背朝天的日子里，生活朴实得如同一捧黄土，而父亲就像黄土窑一样，是扛起全家的脊梁。

万　圆｜整理

# 一把铁锹，一捆麦草，一片草方格，实现了黄土到绿洲的嬗变

沙坡头，面对黄河，背靠大漠，守着一片绿洲。那一格格麦草，像战士一样护卫着这片土地，那四四方方的麦草方格编成的巨网最终成功缚住了叫嚣的“沙龙”。

1

冬日的午后，日头正好。父亲坐在门口的石头上，掏出陪了他几十年的烟斗，放了些自家种的烟叶，眯起眼咂了一口，慢悠悠地吐出了烟雾。没一会儿，他好像想起来了什么，握着烟斗，起身到院子里给陪了他多年的骆驼喂了些草料。

我看着父亲用粗糙的大手摩挲着骆驼，眼睛里渐渐湿润，我知道父亲又想起了那些年治沙的艰难岁月。

20世纪80年代,我们一家移民到中卫沙坡头村。可是没想到在这片土地上生存下来是如此艰难。

村子靠着腾格里沙漠,种粮食就是要跟沙漠争地。种下的麦子刚长出一截,就让这黄沙吹打得不成样子。眼看着沙子一点一点地逼近了田地,父亲急得满嘴长了水泡,整天吃不下去饭。

“爹,咋闹呢,眼看着庄稼要被沙子‘吃’完了,真是要把人往绝路上逼呢!”我前脚刚从地里回来,后脚还没踏进门,就焦急地跟父亲说道。

“不行,得想想办法治治这沙子,不能让这沙子再压了庄稼。”

久居风沙口的庄户人家,深受风沙之害,拖着鼻涕的小孩子都会念几句顺口溜——“大风一起不见天,沙骑墙头驴上房,一茬庄稼种三遍,大风绝收小风歉”。

治沙子,谈何容易?但我和父亲并不认这个邪。寒冬腊月,我们迎着呼啸的风沙, 裹上棉袄, 背着干粮和树苗一头扎进了沙窝窝里。刚开始的时候,不是头天刚费劲挖好的树坑。一夜间就被风沙填平,就是刚种下的树苗,第二天被风连根拔起。风沙不会因为怜悯受苦受难的人们而减小风力, 每次都像一条巨型沙龙一般疯狂地肆虐着这片土地上的人们。

除了风沙大、树苗成活率极低以外,更严重的问题是沙漠地区缺水。栽树离不开水,水能不能浇足,刚种上的树苗能不能成活,头一次浇水成为关键。为了解决浇水困难,父亲一狠心买了一峰大骆驼,在家与沙漠之间五公里多的风沙线上驮水,一个来回得花四小时。浇水时,我和父亲用的是勺子,一滴都舍不得浪费,滴滴浇在树坑里。

可是最让我和父亲感到悲痛的不是种树的艰难, 而是我小儿子的夭折。那年春天,正值植树造林的黄金时节,刚开学的小儿子腿脚走得有些不稳当,忙着栽树的全家人都没怎么在意。直到发现孩子走路越来越不对劲的时候，都已经是一个月以后的事了。我和妻子带着孩子去医院做检查，才知道小儿子得了脑干胶质瘤，令全家人绝望的是病情已经到了晚期。那一年，小儿子没能撑过中秋就走了。

小儿子生前最爱的是家里的这峰骆驼，我知道父亲是想小儿子了。

“爹……”我欲言又止。

“娃娃要是活到现在，都能工作了。”父亲经常背着家里人抹眼泪。小儿子走的那天，躺在家里的土炕上，身子已经直不起来，趴在父亲的腿上说着：“爷，要把这沙子都种上树，治成课本上写的绿洲。”

2

儿子的遗言成了我和父亲的精神支柱，我们下定决心一定要把这沙子给治住。虽然我们拼尽全力，但是种树的治沙效果依然不太好。

正当我们发愁的时候，沙坡头治沙站的科技人员来了，他们要给临沙的村子教扎麦草方格的技术。我一马当先地报了名。

在村委会上的第一堂课中，我听刘科技员讲了麦草方格的传奇故事。

那是1957年的秋天，当科技人员和工人、民工们在工地忙碌地扎设平铺式麦草沙障时，总是碰到这样那样的问题，不能固沙，路轨老被流沙掩埋。他们每次在休息无聊时，就玩扎麦草自娱自乐，有的用麦草在沙丘上扎许多草墙，有的扎字取乐，或扎“天”字，或扎“地”字，或扎“中”字等，大胆发挥他们的创造力和想象力。

有一次，连着刮了好几天的大风后，工作人员发现，平铺式的麦草沙障已被风沙摧毁，而那些草墙和那些麦草扎的汉字却完好无损。工作人员由此得到了启发，于是便在沙丘上扎起了草墙方格子。刚开始麦草扎得薄，挡不住风沙，后来就汲取经验，拧成麻花状，一把把扎。麦草太厚又扎不下去，于是便开沟去扎。这样反反复复实验了许多天，扎了好几座小沙丘。

为了验证当时的想法，也想考验一下这小小的麦草方格，人们就把这个艰巨的考验任务交给了大自然。大家都等着这一冬天过去，看看这方格还在不在。

冬天是大风季节，正是考验麦草方格防沙效果的时候。冬天的风像是一把锋利的刀子，稍微触碰一下，都会感到生疼。

风季刚过，人们便纷纷过去检查。人们欣喜地发现，麦草方格像一个个小吸盘似得，紧紧地趴在沙丘上，方格子小天地里种的小树，安然无恙。其他形式的草墙，长方形、三角形、棱形、圆形等的防沙效果，都比不上四四方方的正方形。

不了解麦草方格之前，我想着这小小的方格有什么难的，没想到它也经历了九九八十一难才最终形成。

在沙漠里自己动手扎方格的时候，我格外认真。刘科技员拿着铁锹在沙地上画出一个一个边长一米的正方形，将麦草秆对折，扎进土里，横扎竖扎，一个四方形的麦草方格很快成型。

“麦草秆扎进去，外露约十五公分就好。扎好后要用沙固定，如果扎得太浅，又不固定，一场大风就会把它吹走。”刘科技员一边操作，一边说道。

麦草方格扎下去三五年后，由于麦草腐朽，再加上大气降水及尘土落入，沙子表层会有一层灰褐色的物质，叫沙结皮，它的形成就表示治沙已经成功了。但是有些麦草方格也会被风蚀，需要重新补扎，这就需要乡亲们掌握这门“手艺”了。

3

没过多久,我就学会了扎麦草方格的技巧。而父亲则成了我的第一个学生,只要逮着我有空,就拉着我,扛着铁锹去沙地上学怎么扎麦草方格。

“你看,一次拿这么厚的麦草行不行?这沟挖得是不是太深了?”父亲像小学生一般认真,一丝不苟地弯着腰扎着麦草方格。

“爹,你慢着点,不着急,小心你的腰。”我不放心父亲早些年种树落下的腰疾,生怕他劳累过度旧病复发。

“没事,没事,赶紧把这沙给治住,我孙子的遗愿也算是了了……”父亲还想说些什么,却哽咽得没有再说话。

渐渐地,遭受风沙侵害的乡亲们从越来越多的绿色中,看到了改善生活环境的希望,也逐渐投入到扎麦草方格的行列中来。

后来的每一年里,政府都会来村子上组织村民一起扎麦草方格。

后来,乡亲们在麦草方格里撒下耐旱的沙生植物种子,等待它生根发芽。花棒,被称为沙漠中的花姑娘,它的根系发达,可以到达沙层下三四十米;柠条,则被称为沙漠中的硬汉子;那些伏在地面上一团一团的沙蒿,被聪明的中卫人做成了绝无仅有、风味俱佳的蒿子面。

道路旁,一行行沙柳、沙枣树随风起舞……在沙坡头防沙治理区里,放眼曾经桀骜不驯的沙漠,如今已变成绿荫遮蔽的绿色风景,让所有身临其境的人们都为之惊叹。

这里曾是一片荒无人烟的沙漠,如今已经变成一片美丽的胜景,一场人与自然的较量在这里充分体现和延续。

治理沙漠,敢跟黄沙掰手腕的这些治沙人,就生活在沙漠中。如同沙窝里一株株生长在麦草方格里的梭梭,有点水分,就能成活,而且活得分外坚强;如同根系深埋沙丘之下的植株,紧抓深层的土,筑起一片片绿。

30 年前，这里没有草，没有树，有的只是漫天黄沙和流动的沙丘。面对一眼望不到边的茫茫荒漠，为了制服沙魔，治沙人在恶劣的环境和艰苦的生活条件下，抱着总有一天会把沙子治住的决心，与沙漠较劲，用青春和汗水让荒漠变成了绿洲。

当然，如今的沙坡头治沙防护体系不只是由麦草方格组成，而是一个包括卵石防火带、灌溉造林带、草障植物带、前沿阻沙带、封沙育草带组成的"五带一体"的治沙防护体系。它们在沙漠边缘次第展开，形成一条阻碍沙漠进逼的绿色长廊。

现在的沙坡头，沙漠与绿洲在这里碰撞亲吻，巍巍香岩山横亘黄河之阴，一水中分，在这里绘就了一幅天然太极图，沙漠与绿洲、人类与自然，亘古千年和谐相处的绝版美景呈现在世人眼前。

潘　宁|整理

# 在贺兰农村，
# 能让在外求学十六年的我留恋的，只有养鱼

贺兰县鱼塘星罗棋布，成千上万吨淡水鱼从贺兰运往西北各地。父亲在这片土地上养鱼近30年，付出了一辈子心血，有过泪水也有过喜悦。父亲总说，辛辛苦苦供我上了大学，回来子承父业接着养鱼，实在是太浪费了。可我却觉得，能用在外面学到的知识，将父亲一辈子的心血继承下来，是件无比自豪的事。

1

父亲是从1988年开始养鱼的。那一年他从兰州退伍打算回家谋生。嫁到银川的大姑写信说，贺兰稻花飘香，鱼虾满塘，农场里家家种稻、户户养鱼，日子过得红红火火。信里写的全是父亲想要的生活。

父亲给家里打了个电话，提上行李就到了贺兰。大姑承包了30多亩鱼塘，房子就坐落在离鱼塘不到100米的地方，厨房里堆着好几袋子鱼饵料，院子围墙根底下是摆得整整齐齐的渔网、防水裤、靴子和手套。

金秋时节，正值丰收。父亲住在大姑家里的第一个清晨，就亲眼看到了收鱼的情景。日头还没出来，农场里的渔民就已出动了。父亲披上衣服跟着一起跑出去。塘边上停着两辆卡车，塘里站着四五个人，带着草帽收网。一条条肥大的鲤鱼跃出水面，腾起阵阵水花，可没翻腾两下，就被技巧娴熟的渔民收进了网里，倒进了鱼筐。在筐里的鱼张着大嘴、瞪着眼睛，继续扑腾。

鱼筐被一个个装到塘边的卡车上。父亲看得双眼发直，不由自主地跟着大家伙儿一起兴高采烈起来，这便是丰收的喜悦。

"咱们这儿都养啥鱼啊？这一池子能捞多少鱼啊？挣钱不？"父亲的问题一个接一个。

"能养的都养，鱼不一样，产量也不一样。勤快能吃苦，肯定能挣钱。"大姑笑着回道，像是回答了问题，可话里又找不出答案。

父亲决定留下来学养鱼了。他先在大姑家帮忙，从认识鱼种开始，一点一滴从头学起。大姑家的鱼塘里大都是鲤鱼、草鱼、白鲢、花鲢，鱼苗、杀菌剂和饵料都由水产站帮着解决，每个月都有站里的技术员到承包户家里进行技术培训。

"你聪明，学上两年，姐帮你凑几个钱，也承包几个池子。"大姑说。

冬天水面结冰，鱼儿也进入了冬休阶段，不再进食。父亲趁着冬闲，参加了县水产站开设的养鱼技术培训班。从小一上课就睡觉，不爱学习、天天逃课的父亲，生平第一次做起了好学生，在培训班上仔仔细细地做笔记，回到家又拿着培训材料挑灯夜读。

冬去春来，父亲跟着农场上的渔民一起到县里领鱼苗，把上百万的小鱼苗投到了鱼塘里，精心饲养。鱼苗成活的最重要因素就是溶氧量。父亲整天在塘边转悠，夜里也要起身好几次，盯着鱼塘里的鱼、监测溶氧量。那一池的小鱼苗在父亲的精心照料下，有四成都长成了大鱼。大姑高兴地说："行呀！出师了！"

1991年冬天，父亲拿出了全部的积蓄，在县里政策的支持下，贷款承包下了20亩鱼池，开始了自己的事业。母亲也在那年进了门，没有彩礼，只有一大片苇草包围着的鱼塘。

2

从我记事起，家里饭桌上最常见的菜就是鱼。清蒸、红烧、乱炖，开始我还满心欢喜，可渐渐地就食不知味了。屋里、院里处处可见各式各样的养鱼器具。父亲的鞋常年沾着厚厚的泥，身上永远是一股鱼腥味儿。

当三月的风轻拂大地时，父亲就会带着我去县里带回许多鱼苗，数鲤鱼最多。

"鲤鱼最皮实，好养也好卖。"

小鱼苗又小又多，头发丝般细小，倒在大盆里，密密麻麻乱窜。我蹲在大盆边上，忍不住伸出小手去抓一把。父亲的呵斥声立时传来："干嘛呢！这多金贵你知道不？"

我使劲撅起嘴，轻哼一声："这么多小鱼也不给我几个玩……"

父亲不再理我，叫上母亲，穿上防水服，套上靴子，到鱼塘里撒鱼苗。我跟在后面想去凑热闹，又被父亲呵斥了回去。我站在门口远远望着父母和母亲的身影越来越小，沉重的鱼苗和饵料压得两个人步履蹒跚。

到了上学的年纪，父亲不顾母亲的强烈反对，执意把我送到了银川上学，住在亲戚家，离家几十公里，一个星期才能回一次。要进城上学了，我激动得睡不着觉，母亲却哭个不停。

“你心够狠啊，孩子这么小，你也放心啊！”

“城里教学质量好，他得好好念书上大学，你想让他以后跟我们一样干这行吃这苦啊？”

母亲不再说话，只剩下一声叹息。月光透过窗子照进来，照得屋里亮堂堂的，我躺在炕上望着棚顶的电灯发呆，一声声地数着外头传过来的蛙鸣。不知道过了多久，父亲起身披了件衣服出了门。除去冬闲时节，父亲每天晚上都要起来两三次出去巡塘，看鱼儿缺氧没，活泛不，巡塘回来再抽支烟，眯瞪一会儿，三四点再起床准备饵料。

年复一年的辛劳，父亲承包的鱼塘扩大到了上百亩。父亲雇了两个工人在家帮忙，他开始自己联系鱼苗、跑市场、找销路，我家的鱼被运往甘肃、青海甚至更远的地方，年收入成倍地增长。

小学五年级时，父亲在县里买了两套房。我笑着对父亲说：“爸，我以后跟着你干吧！”

父亲把脸一板：“瞅你那点出息，你吃不了这苦，我也不想你吃这个苦。”

3

我从来没有想过，像山一样高大坚强的父亲，也会有倒下的一天。

初二那年暑假的一个夜里，农场突然停电，家里的发电机也出了故障，启动不了。父亲站在鱼塘边，手里拿着手电筒照着水面，盯着塘里的鱼，一根一根地抽着烟。母亲在一旁急得直流眼泪。

时间一分一秒地流逝，电始终还是没来。天空泛起了鱼肚白，鱼全部缺氧而死，密密麻麻浮在水面上，亮着白白的肚皮。

父亲手里的烟已经燃尽，像失了魂般默然站在那儿。母亲痛哭着跑过去，摇晃着父亲的肩膀：“你说句话呀！你别吓我！”父亲抬起头，眼球布满血丝，刚想张口，便突然倒地，晕厥了过去。

长年劳累睡眠不足，又遭受重大的精神刺激，父亲突发心肌梗死，命垂一线，母亲仿佛一夜之间老了二十岁。我站在病房门口，看着躺在病床上一动不动的父亲，觉得自己竟然这样无能。

母亲只在病房待了一天就回去了。她带着工人把塘里的死鱼全都捞了出来，能卖的拉到县里低价卖掉，卖不了的就地掩埋，再将塘里的水全部重换消毒。

家里的两套房子全都卖了出去，母亲四处奔走，凭借着父亲多年打下的基础，从天津一家鱼苗公司赊了100万斤鲤鱼苗投放到鱼塘里。为了防止意外再次发生，母亲又买了两台发电机，每两三天查看一次，又购置了几百斤的制氧剂放在仓库里备用。

父亲的身体渐渐好了起来，可却再也没有了原来的精力，家里的担子一下子落在了母亲身上。我跟在母亲身后巡塘，说："妈，我回来帮你吧。"

母亲停住脚，叹口气道："养鱼赚钱，可是太苦太累。要是出了事，一辈子心血就没了。妈不想你也吃这个苦、操这个心，你爸病了，还有我呢，你好好读书……"

眼泪在我的眼眶里打转，我用手背一抹，扯出一个难看的笑容。

4

2012年，我大学毕业，不愿上班给人打工，父亲便拿出了30万元给我投资，在银川开了家烧烤店。租店面、装修、雇人、进货全都由我一个人操心，虽然疲惫不堪，可是我每天都觉得心满意足。可即便我付出了巨大的努力，烧烤店的经营状况还是不够理想，收支仅勉强维持着平衡，让我渐渐心灰意冷。

我结婚的那年夏天，正赶上鱼塘最忙的时候，我把经营惨淡的烧烤店兑了出去，跟妻子一起回到家帮忙干活。每年六七月，草鱼的价格最好,为了赶上这时候出鱼卖个好价钱,母亲让工人给家里的草鱼投了过多的饵料,给鱼增重,可多数的草鱼却因此患了肝胆综合征,死在了塘里。

父亲的病差点又犯,母亲也自责地大病了一场。我带着工人把死鱼捞出来。从那个夏天开始,我全面接手了鱼塘的经营。

父亲坐在院子里,对我说:“一开始就不想让你干这行,太苦太累,可结果你还是子承父业了……”

我一边收拾渔网一边笑着说:“哪有不苦的行当, 只有肯干不肯干。我能干好,你放心。”

农场里十几家养鱼的渔民,退休之后都把鱼塘承包了出去,搬到县城里居住,我成了农场里最年轻的养鱼人。

父亲身体不大好,可鱼塘忙的时候,还是天天在农场陪着我,帮我出出主意,指导工作。2015 年,贺兰县开展了淡水渔业保险政策,费用由政府承担 80%,渔民承担 20%,我为家里 200 余亩池塘里的鱼全都上了保险。父亲笑着说:“这可再不用担心鱼死了。”

2017 年夏天,我的儿子出生了。病房里,父亲抱着孩子笑得合不拢嘴, 可还是不忘嘱咐我:“你催着工人看着池子溶氧量啊……”

我笑嘻嘻地掏出手机,打开 APP,递给父亲看。手机上各个鱼塘的水溶氧量、PH 值一系列数据一目了然。父亲大吃一惊:“现在这么高科技啊!”

我笑道:“可不,哪个池子缺氧了,我这边轻轻一点,一条短信发出去,鱼塘增氧机就开始工作了……”

病房里笑声一片,其乐融融。我抚摸着儿子稚嫩的脸蛋,看到了更美好的希望。

关瑞瑞|整理

# 山清水秀的汝箕沟，山杏花死在了露天矿场

汝箕沟煤矿位于贺兰山北段腹地汝箕沟矿区，矿区煤炭开采活动最早可追溯到 1821 年，迄今已有 190 多年的历史。这里原本是私营的德昌煤矿，1952 年改制为地方国营宁夏第一煤矿，1954 年 9 月正式命名为汝箕沟煤矿。

190 年来，这座百年老矿养活了一代又一代人，从 20 世纪 50 年代开始，来自全国各地的专家、矿工聚集于此，在这山沟沟里造出了一座小镇。

我就在这个小镇里长大。

1

小时候，我家里的墙上挂着一幅宁夏地图，地图上不同的颜色代表着不同的地形，黄色是山川，绿色是平原。五岁的我踩在凳子上，用手抚摸着地图，想找到家的位置，找了许久也找不到。父亲把我扛在肩上，我才在最上面找到了“汝箕沟”三个小字。地图上，一条弯弯曲曲的黑白相间的线联系起了汝箕沟与外边的世界，父亲说那代表着铁路。

父亲说，他来到汝箕沟那年，这条铁路还没建成。1963年，西海固的贫瘠让父亲一家食不果腹，为了讨生活，父亲离开了海原老家，坐上了开往汝箕沟的卡车，当了一名矿工。路途遥远而颠簸，领队的老矿工一边安抚着这些年轻工人们，一边讲述着一个关于汝箕沟的美丽传说。

很久以前，一个农夫赶着一头小毛驴进山驮炭，走着走着，迷失了方向，走乏了便躺在一块石板上打盹儿。朦胧中，见一只獐子慌张地跑来，钻进了他的毛线口袋里。还没等农夫弄明白是怎么回事，猎人已经追了上来。猎人问：“老弟，一只獐子从前边跑过来，你看见没有？”农夫想救獐子一命，便指着远处的山沟对猎人说：“刚刚向那边跑去了。”猎人信以为真，便顺着农夫所指的方向追去。

猎人走后，那只獐子爬出口袋，对农夫说：“你救了我的命，要我帮什么忙吗？”于是农夫将来此驮炭又迷失方向的事告诉了獐子。獐子二话没说，爬到坡下，用爪子刨呀刨呀，不到一顿饭的工夫，便刨出了一个簸箕大的深洞，接着，獐子又从洞里叼出一块块亮晶晶的煤炭。农夫一见，连忙装了满满一口袋，高高兴兴地驮回家去。

打那天起，农夫便经常来这里驮炭，临来时还带一个簸箕端炭用。人们都问他：“这么好的炭你是从哪儿驮来的？”他不知山沟的名字，只知道那个挖煤的洞能擩进去一个簸箕，便随口回道：“擩箕沟。”不知经过多少年的口口相传，这座能挖出好煤炭的山沟便被人们叫成了“汝箕沟”了。

汝箕沟出来的煤被称为太西煤，太西煤烧起来无烟，是宁夏的“黑宝”，在国际上更是被称为“煤中之王”。刚到矿上时，父亲的工作是下矿井背煤，身上背着100多斤的袋子，在漆黑的井下缓缓爬行，后背常常被磨出水泡。父亲把水泡戳破了涂上药，用纱布简单覆盖，就又下了矿井。这样背煤的日子直到五年后安装了无极绳绞车才结束。

过了几年，来到汝箕沟的工人越来越多，大家在半山坡上建新房安家，汝箕沟从荒芜的矿场变成了美丽的富饶小镇。

2

1982年，母亲带着不满一岁的我和两个姐姐坐上火车走进了汝箕沟。

汝箕沟的天瓦蓝瓦蓝的，四面皆是山，山由颗颗巨石天然聚垒而成，光秃灰黄，只有那些零零落落长在山缝里低矮的山桃树，在春天里发芽，在夏天里开花，在秋天里结果，为这茫茫群山增加一抹绿色。

我的家在半山坡上，出了屋门向右边一拐弯便是个下山的斜坡。沟里吃水困难，居民生活用水都是架管从外面引进来的，用水限时限量，母亲每天早上挑着两只桶装满水，一步步艰难地沿着盘山路回到家，再给我们一家人烧水做饭。

与我们一起生活在这里的乡亲们，都是善良淳朴的农民矿工，女人们把当矿工的丈夫当作天，在丈夫上班前早早做好饭菜，丈夫上班后，便聚在一起唠家常，可眼睛却时刻注意着钟表，计算着男人下班的时间，等时间差不多了，女人们便像燕子般飞回家门。母亲的每一天，就是在照顾孩子与等待丈夫中度过的，她安于这样的日子，也无比珍惜眼中的幸福。

矿工是高危职业，坍塌与爆炸像是汝箕沟人心中紧绷的一根弦，从不敢去提，可却总是扯着人的心。父亲在矿上工作，对母亲而言，平安就是最大的幸福。

除去煤矿上的意外，自然灾害也是我们最大的敌人。

在我六岁那年的一个夏日，原本晴空万里的天空瞬间乌云密布，一声声炸雷在天空响起，天空像被炸开了一个缺口，豆大的雨点瓢泼似的从天上倾覆下来，没多久，整个矿区被淹没在汪洋大海中。母亲带着我和姐姐们拼命往山上跑，山石从身边不停滚落。我们站在山头上，看着矿区的房屋倒下、沟渠被填埋、道路被冲毁，整个矿区残垣断壁，狼藉一片，人们的惊呼声、哭喊声、谩骂声交织在一起。

雨后初晴，母亲带着我们小心翼翼地下了山。我家的房屋因为地势高些，并没受多大损失。父亲还没来得及回家看一眼，就和矿工们一起投入到矿区房屋的重建中去了。深夜里，我躺在炕上睡不着，默默地听着堂屋里父亲和母亲说话。

母亲说，把家里的粮食拿去分给被山洪毁了房屋的工友。

父亲说，他们这次会把防洪沟挖得更深更宽。

我渐渐睡去，山洪虽然刚过，可父亲母亲却让我无比心安。

3

汝箕沟虽地理位置偏僻，自然条件恶劣，可我的童年却无比快乐、色彩斑斓。八岁时，我到汝矿小学念一年级。没了母亲的管束，我觉得自己像一匹脱缰的马，整个矿区都是我驰骋的沙场。

9月是山桃笏成熟的季节，我和三五个小伙伴一起上山摘山桃笏。山桃笏结在布满荆棘的山杏树上，我戴上准备好的手套，可还是被尖锐的树刺扎伤了手。然而手上的疼痛远远也不及对美味山桃笏的渴望来得强烈。

我们从这个山头翻越到那个山头，再从那个山头攀越到更高的山头，总觉得最高处的树结得果才最多，可费尽九牛二虎之力爬到最高处，才发现果子实在少得可怜。

我们把采摘回的山桃笏倒在泥地，用红砖块使劲搓掉外面的一层皮，摊在房前的平地上晒干，然后便是一天一天地数着冬天到来的日子，好让母亲把晒干的桃笏炒了，一家人围在炉火旁，听父亲说说矿上的故事，听母亲讲讲有趣的传说，温暖又惬意。

矿区的小街巷总是安安静静的，一到放学时间，这种安静便立即被孩子们的笑声打破。女孩子们跑到小商店里买东西，男孩子们背着书包在路上追逐打闹。我顺着山路一口气爬上学校旁边的那座山，站在顶峰的三脚架旁俯瞰整个矿区。矿区像一架翱翔的飞机，矿部区是机头机身，平三区是左翼，中槽区是右翼，而我就站在机头前的山峰之上。那是我第一次如此认真地观察这生我养我的山沟，它这样小，却是我的整个世界。

2001 年，我从汝矿高中毕业后，因没能考上大学，天天在家混日子。母亲看在眼里急在心上："要不你跟你大姐一起出去打工，多少能挣点。"我躺在炕上，翻个身，用沉默表示拒绝。从小在汝箕沟矿区长大，外面的世界对我来说充满未知与恐惧。

父亲见状，叹口气说："你要实在不愿出去，就去矿上吧……"

我被安排在矿上做了名技术员，不用下井作业，却总能见到刚从井下上来的矿工兄弟们，一脸乌黑，咧嘴一笑，露出一口雪白的牙齿。

几十年过去了，汝箕沟煤矿已经成了远近闻名的年产百万吨的大矿，父辈的努力拼搏换来了越来越好的物质生活，可也渐渐改变了家乡的面貌。

4

不知从什么时候开始，矿区的人变得越来越少，父亲和母亲也在 2011 年搬到了大武口。矿区的街巷变得越来越安静。

2013 年，集团公司筹划在汝箕沟煤矿进行露天复采项目，将矿区人员分批次、整建制地向银南各厂矿进行输送。

我还没来得及做好准备，就接到了工作调至盐池的通知。7月盛夏，可汝箕沟的天气却十分凉爽。我收拾好行囊，坐上车，默默地看着扶老携幼举家搬迁的矿工兄弟们。家乡在车窗外倒退。到了县城，工友们也一个个各奔东西，让我的心里生出了无尽的酸楚。

外面的世界并没有我小时候想象的那般充满危险，反而更宽广更繁华，街上是形形色色的行人，高楼林立车水马龙，可我忘不掉家乡那漫山遍野的山杏花，忘不了那瓦蓝的天空和安静的小街。

今年春天，又到了山杏花开的时节，我开着车北上，想去看看那生我养我的故乡。可还未到目的地，就被一阵阵粉尘模糊了视线。汝箕沟矿区已经被三面围剿，露天开采已扩大到了原来的学校和医院处，整个矿区炮声不断，尘灰飞扬。

微信群里的老乡催促我发山杏花的照片，可是我望着光秃秃的群山，实在是没有拍照的勇气。父亲曾经说过，这个山沟沟能养活五代人，可如今，这里再也看不到美丽的山杏花和欢笑的孩子们，只剩下机械卡车和轰鸣的炮声。

回去的路上，我在微信群里回复道："不必再看了，山杏花死在了露天矿场……"

从此以后，我再也没见到过记忆中美丽的山杏花，它连同我儿时最美好的童年，还有吃起来略苦涩却十分清香的山桃笏，一起死在了露天矿场……

关瑞瑞｜整理

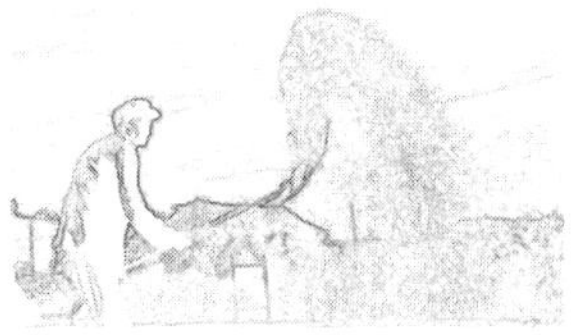

# 三十多年来，我和城里人之间的距离，永远隔着一个打麦场

欲望牵引着疲惫的身躯游走在城市的边缘，情感却常常溜回那个叫作故乡的地方。在虹霓万丈、美酒千樽的浮华世界中，总有一粒深藏心底的种子在悄悄萌芽，一发不可收。就像这个夏夜，听着窗外布谷鸟一声声、一阵阵“麦黄快割、麦黄快割”的叫声，思绪一下回到了那些年里的打麦场。那样的年月，虽然辛苦却纯粹，即使长大离开，也终生难忘。



## 1

北方的六七月，总是蔚蓝的晴天，空气中弥漫着热气，金黄的麦田随着滚滚热风掀起一层又一层的波浪，一眼望去，尽是一派欣欣向荣的景象。在我儿时的记忆里，最有吸引力的时节莫过于夏季，一年的收获也就要从此开始了。

夏忙是农村开启一年丰收时节的时候，在北方农村又称“收麦子”，在我的老家还有一个别样的称呼叫“麦季”。每年7月，乡亲们来来往往走在乡间小路上，难以抑制内心丰收的喜悦，脸上为春旱而曾紧皱的眉头也随之舒展。我父亲也是这般，天天往地里跑。

“到了时节自然就长成了，你天天往地里跑庄稼就能早熟啊！”母亲不止一次这样说。但是父亲似乎不以为然，好像他每去一趟，地里的庄稼就会早熟一天。好在连日的高温，麦子算是蒸黄了，到了可以收割的日子。

收割麦子的前一周有两样准备工作一定得做，那就是磨镰刀和收拾打麦场。天刚麻麻亮，父亲便开始在院子里磨镰刀，准备收麦子的工具。父亲把家里五六把镰刀都要磨个遍，磨镰刀的声音时常会把我从梦境中唤醒，为此父亲故意远离窗边并背对着屋子，这样就可以将磨镰刀的声音降到最小。随着父亲推拉镰刀的节奏，他的身影也跟着不断摇曳。渐亮的天际有光线射下，父亲留给我的是一个高大的身影。

磨好镰刀，父亲就推着独轮车去沟渠里挖土。压场(打麦场)用的土是有一定要求的，要挖一些黏性强的土，增强整个打麦场的黏合力，否则一下雨，太阳一晒就容易松散开来，没法晾晒麦子。父亲要用独轮车推上十车土左右，而母亲则在预先选好的打麦场把父亲卸下的土均匀摊开，有时候如果父亲挖土的地方距离比较远，路上有坡，母亲还会在回来的半道上迎一下父亲，帮他拉车子，而我则在场上坐着，帮母亲看着干活的工具。实在无聊的时候，我也会拿起工具有一下没一下地帮着摊土。个头没有锹把高的我双手抱着锹把，干活的样子着实搞笑。

每当这时候，母亲都会摸着我的头说：“别急，有你干活的时候，我们以后可是指望着你来养活。”

父亲让母亲拿出一化肥袋子的陈年麦糠，均匀地撒在预定好的区域，然后再撒上一层少量的麦秸秆，用扫帚均匀地扫开，用脚轻轻地把麦糠和秸秆踩一下，让麦糠和秸秆与土壤初步结合在一起，以免太阳暴晒的时候土壤松散开来。这些工作做完以后，父亲就会用绳子把放在大门口的石碾子，在我们当地称之为“磙子”的东西拉出来，拖着磙子围着打麦场转圈，并不断向内侧碾压。

等到父亲压完第一遍，打麦场便初现雏形了，用脚踩上去已经是硬邦邦的，似乎可以使用了。但是这还不够，母亲趁着父亲压完第一遍休息的时间，会让大姐和我在家里用人工压水井抽水，她则用扁担挑着水到打麦场去，将水轻轻地洒在打麦场上，等到水渗下去，蒸发得差不多的时候，父亲再重新拉着磙子开始压场，就这样反反复复压上很多次，一直到地上的土结结实实地压在一起，我用手都抠不下来的时候，才算完工。

压场完毕，平整的打麦场就完美地展现在眼前了。在那个年代，打麦场不仅仅是父母晾晒麦子的地方，也是我玩耍的乐园。望着平整的打麦场，我兴奋得又蹦又跳，在打麦场上跑来跑去，有时候还会翻几个跟头、打几个滚，跟小伙伴们做游戏，你追我赶，好不快活，但是为此我也摔了不少跟头。而父亲只是静静地站着、看着，想象着这里麦垛堆成山的场景。

2

庄子上的7月干热得厉害，白天炎炎的烈日下，母亲养的鸡早就被烤得张大了嘴巴，把翅膀伸展开来，长长地铺在地上，狗伸长着舌头，发出粗重的喘息声，在院子里耷拉着耳朵到处找水喝。我们一伙人，头戴柳枝帽儿，肩扛柳树棍儿，昂首挺胸行走在烫脚的土路上。此时，父母已经下地了，家中只剩了我们这些由爷爷奶奶看管、睡到日上三竿才起的孩子们。我们通常会在吃饱喝足后叫上同伴，三五成群，相约着去地里找父母。

家里有四亩二分的地，几乎全都种上了麦子，而且地离家很远。父母和大姐早晨四五点钟就出发，一直要忙到下午两点钟才能回来。由于使用镰刀收割，往往一天收割不完，要干上两三天才行。而我则负责看家。麦子收回来就会放在打麦场上，我就负责看着那收回来的麦子，但是大多数时候我都约着伙伴去了地里。因为 90 年代的农村，收割的季节里，家家户户都是起早贪黑，全家老小齐上阵，一起下地割麦子，一声咔嚓，手起刀落，留下一地麦茬。

割完后，将麦子扎成一捆捆的，便于最后搬运。放眼望去，一排排整齐有序的麦捆，竟像是刻意为之的艺术品。虽然累得腰也弯了，汗水流到眼睛里蛰得生疼，可怎么也挡不住直往上泛的喜悦劲儿，这一点从父亲抬头时嘴角上扬的弧度可以看出。

割完麦子后，还要捡拾漏掉的麦穗。这通常由老幼妇孺们承包。而每当这时候我就跟着母亲和大姐一档地一档地捡拾麦穗，每次捡拾回去的都有好几大捆。从小父母便告诉我每一粒粮食都来之不易，现在面朝黄土背朝天的弯腰捡拾才深刻理解了这句话的含义。

等田间再次恢复静寂时，放眼望去田地里就像卸了盔甲的战士般如释重负，只留下齐地的金黄麦茬和无数的汗水，宣告着一场战斗胜利后的喜悦，更宣告着夏收初步圆满结束。

麦田里忙活完后，就要转战麦场了。

90 年代的农村，拖拉机还比较少，父亲都是用毛驴车一点点从地里往打麦场运麦捆。那时毛驴车是我们家唯一的交通工具。烈日骄阳把父亲晒得浑身黝黑，汗水打透了他的汗衫，那时候家里条件差，父亲连件像样的夏装都没有，母亲都是给父亲备一身出门的衣服，只有出门走亲戚、办事时才会穿。像收麦子这样的重活，他都是随便找几件破旧衣服穿上，汗水留在衣服上的印记都是一道道儿的。

当麦捆都运到打麦场后，就要把它们麦穗朝上扎成堆进行晾晒，等过几天有个好天气再进行脱粒。

夏收正是雷雨多发季节，天气往往多变难测。早上还万里晴空，午后就可能风云突变。若是大意了，一年的收成就要泡汤，那时就只有叹息的份儿了。

2004年的夏收就是这样，苦了我们全家人的心血。晾晒了多日的麦捆就等着有个好天气进行脱粒了，但是天公不作美，上午晴空万里，下午乌云密布，晚上就下起了瓢泼大雨，父亲听天气预报说，那是多年来最大的一次雨。

大雨连着下了好几天，父母亲站在门口焦急地看着打麦场的方向却无能为力，换来的只是一声声叹息。等到了第四天，雨终于停了，全家人直奔打麦场，眼前的景象让我至今难忘。

打麦场所处的位置其实本是一处高地，即使下雨，也不会涝得很严重。但是打麦场不远处有一个排水池，连日的大雨早就让这个不大的排水池出现了外溢的情况，加着打麦场上三三两两的麦垛阻塞了积水的流通，使打麦场的积水越来越多、越来越严重，我们家的麦场靠近排水池，所以麦子泡水最为严重。

看到眼前的情景后，一向高大的父亲蹲在打麦场良久不说话，只是一根接着一根抽着烟。母亲满面愁容，眼角闪现着晶莹的泪光。

不知不觉，父亲面前的烟头已经起了堆。蹲了良久的父亲，掐灭了手头的最后一根烟，转身对我们笑着说："没事，至少还有一些是好的，看看整个打麦场的情况，我们也没什么可抱怨的。"

说完话的父亲，便向前走向麦垛，弯下腰抱起了一捆水淋淋的麦捆，走向了家的方向，抱起的麦捆顺着他的衣角还一滴滴地滴着水。

看到父亲的做法后，母亲和大姐也开始抱着一捆捆麦捆向着不远处的路边走去,我也加入了其中。

就这样,用了整整两天的时间,我们全家人把打麦场的麦捆全都转移到了朝家方向的路上。当时,整个打麦场上都是转移麦子的人,大人小孩都有,几乎家家都是总动员。

转移出来的麦子由于被大雨泡了多日,散发着一股霉味,但是此时的我们也管不了这些,就把麦捆解开,把麦子摊开在路上暴晒,这样可以早日脱粒,那时候的路还是石路子。

3

暴晒后的麦子只等着脱粒了。打麦场被大雨毁了,没有地方进行小麦的脱粒,只能在路上把晒干的小麦平铺着,等着拖拉机碾压脱粒。按照父亲的原计划是要用毛驴车拉着磙子碾压脱粒的,由于路上的空间有限,没办法进行,只能和其他庄户一样集中选择拖拉机碾压脱粒。暂时没有轮上的人家就将麦子堆积起来,形成一座座小山;排上号的庄户人家,小麦在拖拉机的反复碾压下,一颗颗麦粒都从麦秆上掉了下来,但是镶在了路上,掺在了石子里,脱粒后的小麦不再是金黄色的,而是乌黑的且掺杂着大量的石子和泥块。脱粒后的麦秸秆要堆成麦秸垛。麦秸垛要想堆得美观又稳定也不是那么容易的,这个是大姐最拿手的,麦秸垛即使堆得很高也不会倾倒或散落,远远看起来,一个个像极了蒙古包。

压场过后是扬场。站在逆风的方位,用木锨把麦粒用力抛向空中,借风力吹去麦糠、麦皮等杂物,剩下一颗颗较为纯净的饱满麦粒。扬场也是我的主战场,父亲扬场时,我一会儿帮父亲拿工具,一会儿用扫帚扫麦皮,反正我也是忙得不亦乐乎。

扬场过后,麦粒就堆在了眼前,等到再次晒得干透,就可以装袋入仓了。只是这一年,麦子里由于掺杂着大量的石子和泥块,根本没有办法加工食用,只好放着喂养家畜。父亲跑了很远的路才买了一部分粮食,后来也借了一部分回来供全家人食用。

一场农忙时节过去了,庄稼地里的人们在与自然的赛跑中,赢了,就会得到属于自己的收成,输了,就要面临失去口粮的危险,所以人在自然面前是渺小的。在这片土地上祖祖辈辈生活的人们迎来新世纪送走旧社会,用汗水与双手为自己和家人争取着一年的生计,与自然抗争着且永不妥协。

21世纪初,联合收割机的到来,打麦场便少见了,现在的孩子再也没有机会见识打麦场,对打麦场也是知之甚少。打麦场被岁月风蚀了、淡化了,但还没有被人们遗忘。每当金黄的麦浪迎风滚动的时候,我仿佛还能听到石磙子轧着打麦场发出“隆隆”的声响,好似从远方唱着凯歌归来的战士。

如今,家乡富裕了,铺上了柏油马路,收麦子全靠联合收割机,各家各户都有一个专门晒麦子的房顶,打麦场也走出了人们的视野,成为了历史。身处城市的我们,现在想看一眼儿时层层叠叠、由远及近的麦浪都成了奢侈的想法。每当秋收前后,在电视上看到收割的场面时,我仿佛又看到童年的场景,自己在麦地里和小伙伴嬉笑,湛蓝的天空下麦浪不断起伏,夕阳下父亲那深沉的面庞,以及打麦场上那些佝偻劳作的背影……

王　芳|整理

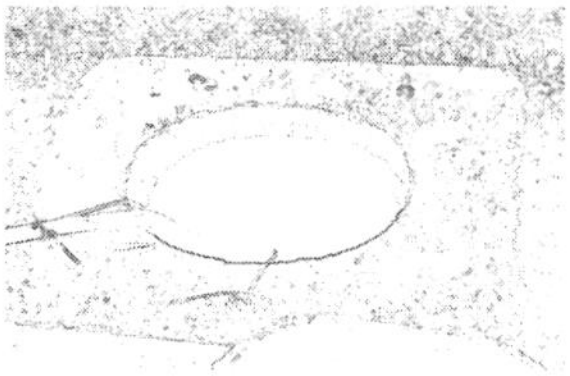

# 在喊叫水这个地方，
# 黄土地深处的呐喊变成了欢唱

水是一把悬在喊叫水头顶上的达摩克利斯之剑，缺水的威胁犹如命中的劫数，年复一年地迫近。靠天吃饭的人们只能在穷尽心力中苟延残喘，将世世代代生息以水、甘苦以水、忧乐以水、悲喜以水的人生戏剧轮番上演。

1

路两旁是连绵几十里的黄土山，不要说一棵树，就是一棵青草也很难看到，一望无垠的光秃秃的黄土山总是让人感觉很绝望。在这些黄土山的角落里，每隔十几里会出现一个由三五户组成的小村庄。这其中就有张建奇的家——喊叫水村。

顺着村口是一个斜坡，右转，经过一大截土路，便看见了一排房子，张建奇的家是最左边的两间土房,和邻居家连在一起。

张建奇家里有4个孩子,他是老大,下面还有两个弟弟和一个妹妹。没有水,枯死的庄稼比黄土山更让人绝望,家里平日主要的收入来自拣发菜。

发菜是一种细如头发丝的植物,每市斤售价100元。天气潮湿的情况下,还能多拣一些。父母两人早晨6点出去,在十几里外的山里拣发菜到晚上6:30,能够拣一两,挣10块钱。如果天气干,两人一天也拣不到半两,顶多能挣3块钱。

30年前,在村的东头从地底下打出了一眼山泉,冒出碗口粗的一股水,清泉四时不歇,汇成大水洼,有几千立方米。尽管水是咸水,但是村里的老小甭提有多高兴了,这可是用来活命的。

水少、人多,为了多盛点水,每天早上4点,张建奇就会跟随父亲早早出门。幸运的是,那股泉水离他家不远,不用走太长的时间就能到。弟弟比他小两岁,也常常一块儿去抬水,每一次去装水都是张建奇拿空桶,弟弟拿一根木棒,方便抬水。

记得有一次,头天晚上下了雨,山上的发菜淋了雨会更多一点,父母决定一大早去山上挖发菜,而担水的重任自然也就落在了张建奇这个大哥身上。

“大奇,我和你爸明天早晨要赶在人家前头去山上多挖点发菜,你明天早上一定要起早去担水,这个是大事,别忘了。”母亲临睡前又仔细地叮嘱了他几句:“你让你弟跟你一起去!”

第二天一早,天还不太亮,张建奇就从土炕上翻起来,拍醒弟弟。桌上的手电筒不见了,他知道爸妈已经出门,随手拿起两个水桶,顺带着把坏掉的自行车内胎拿上,这个东西虽说是小玩意,但只要扎住一端,另一端就可以用来装水,能装很多,张建奇把它搭在肩上,弟弟拖着木棒在身后跟着。

没有母亲叫他们,张建奇早上起得有些迟,土渠的下游已经浑浊不堪,根本不能用,全是泥。张建奇抬头向上游看去,村西头的张卫东正在拿桶装水。

“哎,你能不能慢一点,不要这么舀,弄成这个姿势,还咋用呢?你看看下面的水,你让别人怎么盛?”张建奇有点气不过,朝上面喊道。

“你装你的嘛,装不成了不要吃水嘛。”张卫东有点嚣张,说着还顺手搅了一下水,水越发浑浊了。

张建奇憋着一肚子气,三两步跑到张卫东跟前。

“你不要太过分了,这是大家的水,不是你一个人的……”

“我说是我家的了么?你不要把这个屎盆子扣到我头上,怨你不来早点嘛,活该!”

“嘭”一声,张建奇急了眼,捏紧拳头一把打在张卫东的脸上。“我看你就是欠揍,今天我就替你老子好好收拾收拾你这个自私鬼。”

张卫东也不甘示弱,不一会儿就扭打到了一起,不一会儿,张卫东就蜷缩到地上,双手护住脸,发出难以忍受的惨叫。

弟弟和几个乡亲在一旁拉架。“好我的娃娃们呀,咱这是缺水,但是还得有人味,别打了,都担了水回家去,都别在这丢人。”

张卫东虽然被张建奇打成了熊猫眼,但是他理亏,夹着尾巴走了。

“你这娃也是,跟他个瓜怂计较个啥?打人不对。”邻居老李叔在一旁说道。

“我知道不能打架,可我就是看不惯他,本来就没有水,还这么糟蹋,心疼呀,叔。”张建奇和弟弟还有邻居老李叔一起,蹲在渠口边,等水沉淀。

后来,张卫东见了张建奇总是绕着走。

2

由于连年干旱,地下水位持续下降,中宁县水库、水井普遍干枯。终于，喊叫水村泉眼也彻底断流了，村里60岁以上的老人因为喝村旁泉眼冒出的咸水，牙齿早早就坏掉了，可是如今，乡亲们连咸水也没得喝了。

尽管情况如此恶劣，但是得活呀！张建奇要在离家八里地远的地方挑水，翻两座山，去的时候半个小时，回来的时候要一个小时。其实刚开始家里是有一头驴的，把水装满后，把桶挂在两侧，赶着驴回家，这样比较轻松。但是由于水太苦太咸，苦得连牲口都不肯喝，为了让驴喝水，便在苦水上撒一层牲口爱吃的麸子，牲口喝掉一层抬头看看，人们再撒上一层……后来家里便不再养牲口了。

从2000年开始，一项旨在帮助西部贫困母亲、儿童及家庭的公益活动——“大地之爱·母亲水窖”正式启动后，喊叫水村喝水情况才慢慢好起来。

当时，政府给每户补贴了两吨水泥，村民投劳施工。轮到张建奇家修建水窖的时候，他父亲和建窖的工人便一块在院子里选地址，选址地的硬度要达到标准，选不好很容易塌陷。

建水窖对于张建奇一家来说是件大事，40岁的张建奇自然也不会闲着，跟着工人在院里选了块地方，软硬刚好合适，挖了个3米深的大坑。为了防止水渗漏到地下，要在坑底、坑周砌5厘米厚的砖墙，此外，还要再刷一层水泥当作防护层。

张建奇很心急，恨不得几分钟就把这水窖给修好。他嫌工人砌得太慢，自己便跳下坑去，也拿着铲子开始砌墙。由于从来没干过这活，手上功夫也不过关，一不小心，铲子铲到了手上，鲜红的血流了出来。尽管这样，他还是低头赶着手上的活。

张建奇家院子的北面是放杂物的房子，南面是住房，收集雨水的管子一端接在北面的屋檐上，另一端接在水窖里。同时，在水窖下面还安装了一个水泵，抽水的管子一端接在水泵上，另一端接在南面房子里的水缸里，用水的时候，只要按一下开关，水窖的水就会被抽出来。

经过一番忙碌，集雨的水窖终于建成了。每到雨季，落在屋顶和院里的雨水，就乖乖地灌满了窖池，窖池能蓄 20 方水，足够张建奇一家 6 口吃一年，利用水窖富余的水量，浇灌菜园子，园子里种了甘蓝、西红柿、黄瓜、辣椒等，全家吃菜都不用买了。

如今在喊叫水村，几乎家家都有集雨的水窖，除非遇上全年不下雨的极端气候，一般情况下，乡亲们都不用为吃水问题发愁。窖水已经成为当地农民的主要饮用水源，水窖的建设使得村里人彻底告别了祖祖辈辈吃苦咸水的历史，困扰喊叫水的饮水难题，竟被小小的集雨水窖破解了。

3

人缺水，喊叫水村的庄稼更缺水，村子里家家户户都靠水窖收集的那点雨水过日子，村民的饮用水都这么紧张，更别说灌溉庄稼了。

因为没有水，种其他庄稼根本不能存活，只能种硒砂瓜，因此，硒砂瓜产业也成了村子里唯一的支柱产业。2014 年以前，为了灌溉瓜田，村民也只是担着水桶装着咸的泉水去浇地，用咸水浇地不仅成片死苗，瓜也长不大，最重也就 15 斤。

因为缺水，张建奇家硒砂瓜的种植面积一直徘徊在四五十亩，加上长势不好，每年的收益也不多，日子过得很清贫。

2014 年年底，从自治区地矿局调来的赵书记来到喊叫水后就不一样了，他为村民“喊”来了清冽的黄河水，壮大了村里的硒砂瓜产业。

赵书记刚来到喊叫水的第一天，就被这里的缺水情况震惊了，为了改变这种情况，赵书记就开始东奔西跑地为村子争取水权，从各方争取到 200 余万元配套资金，为村子修建了 3 个总容量为

7.8万立方米的蓄水池。为方便拉水卡车进入田地，更是争取到40万元项目资金修了两条石子路。

因为引来了甘甜的黄河水，村里的硒砂瓜种植面积从两万亩扩大到2.6万亩，瓜田的产量也增长明显，最大的瓜重达35斤，村子里更是出现了百万元的种植大户，原先在外打工的年轻人也纷纷返乡。

张建奇的儿子毕业后在上海工作了3年，自从得知2015年引来了黄河水后，就迅速返乡回家种植硒砂瓜，硒砂瓜的种植面积一下子扩大到100亩。

在喊叫水社区门口，就有一个大的蓄水池，四四方方的蓄水池四周用铁网围着，清冽的黄河水静静地躺在水池中，来来往往的村民经过这里的时候都会驻足停留。

“我们全村人都指望着引来的这点黄河水生活，如果没有这些水我们都无法生存，更别提致富了。不夸张地说，谁能引来水，谁就是村子里的大恩人。”

遇上干旱年，水窖里的水根本不够用，蓄水池的黄河水只能用于灌溉，现在用饮用水还得到30公里以外的长山头的深井里买水。每次买水时都要雇上一辆大车，一大桶能盛五六方水，300块钱，来回的运费是100多元钱，每次拉一趟水，要花400块。张建奇家里人多，拉一趟水两个多月水就用没了。

有一次，张建奇带着小孙子去中宁县城里走亲戚。小孙子看到阿姨从水龙头里接水直接喝，很是神奇：“姨，水咋就直接喝了呢？”

“自来水很干净，又装了净水过滤机，不用烧就可以直接喝了。”

小孙子转过头：“爷爷，咱家啥时候能来自来水呀？”

“快了，快了，9月份来了自来水后，咱家也装一个……”

潘　宁|整理

# 匠心独运

## 一器一物皆是情

## 耍鹞子成了记忆中的事，但父亲那一声声吆喝却久久回荡在耳边

一只训练有素的鹞子，看守千亩的庄稼绰绰有余。在二牛抬杠的原始农耕时代，驯养鹞子看守庄稼不为雀害，而在日新月异的今天，古老的耍（驯养）鹞子的技艺濒临失传。多少年后，只有在记忆里才能拼凑出关于鹞子的故事。

1

鹞鹰，一种凶猛的鸟儿，样子像鹰，但比鹰小，背灰褐色，腹白色带赤褐色，捕食小鸟，北方叫鹞子。我与这种动物的初识还得“归功”于父亲。

父亲是村上“学习窑”里的一名老师，“学习窑”就是供本村农民晚上学习扫盲用的。虽然叫“学习窑”，实际上却是坐北朝南的四间瓦房，靠西边的三间当教室，东面一间隔开做老师的办公室。老师也只有一位，就是父亲。

父亲的基础知识相当扎实，尤其是小学一二年级教得尤为好，同时他也十分严厉。有一次，父亲在检查课文的背诵情况时，其他同学都背得不错，只有我姐支支吾吾地背不下来，当时父亲就生气了，当场给了姐姐一个嘴巴子，令在场的同学们心惊胆战，从此再没有人敢背不出课文。后来，村里的好多哥哥姐姐都考上了大学。

在我们村里，父亲除了教书教得好以外，还有一个特殊的技艺令我们这些小孩子羡慕不已，那就是耍鹞子。

1965 年的海原县三河镇是个靠天吃饭的地方，当时生产队种的糜子和谷子特别多，整个河滩地全是糜子和谷子，倘若遇到天灾的话，村里人便以糜子为食度过饥年。

每逢饥年，人和动物的生存都成了问题，就出现了动物跟人抢食的局面。麻雀胆大，有人的地方就有它的身影，而且偷吃成性，有“会飞的老鼠”之称。每到秋天成熟的时节，村里人都在田里赶活，即便忙到晚上也不回家，因为到了白天，麻雀就成群搭伙地飞到地里糟蹋粮食。父亲母亲要很晚才能从生产队回来，那时候，我觉得麻雀是最可恨的动物。

为了保护粮食不受到“戕害”，在糜子将成熟未收割之时，我们都要和麻雀“抢粮食”。与麻雀争抢收成的方式有多种，生产队里会派社员在庄稼地里扎稻草人。找两根棍子绑成十字架，用绳子把破旧的衣服缠在十字架的横木上，给十字架的顶端戴上帽子，稻草人的脸部用一些杂草填充，竖着的十字架部分也绑上一些杂草之类的东西，一个活生生的稻草人就成了，然后把它插在糜子地里，让麻雀误以为是活人站在庄稼地里，也就不敢来啄食了。

可麻雀也机灵得很，时间一长，它们便也识破了人们的把戏，再也不会认为那里是活人了，就放心大胆地在谷穗上饱餐起来。更有胆子大的麻雀站在稻草人的肩膀上，叽叽喳喳叫个不停，似乎在向村民耀武扬威哩!

眼看着庄稼地被糟蹋得不成样子了，生产队的队长也是急在心头。

“要想治麻雀,还得是找它的天敌来,以毒攻毒,以鸟治鸟。老栓给他儿子留了一门耍鹞子的好手艺,当时这孩子是不愿意靠近这玩意的,心中总是惧怕。后来一来二去,跟鹞子才‘培养’出了感情,倒是也练就了耍鹞子的好本事,他儿子就是在‘学习窑’的教书匠。”

经过村里老人的点拨,生产队的队长找到了父亲,让父亲开始用鹞子来看护田地,后来父亲不再教书,担负起了守田的责任。

2

在三河镇方圆的十里八村,父亲的鹞子耍得好是出了名的。那时候村里有人耍鹞子,放出去就叫不来回了,但在我的印象中,父亲很少有过这样的经历。

父亲训练鹞子很有一套，因而鹞子到了他的手里便能得心应手、收放自如。每年秋天,粮食成熟时,生产队也都会花钱从贩卖鹰和鹞子的人手里买几只来看护庄稼。

有一年春天,为了节省这笔开支,生产队派人到外地去打(下网捕捉)鹞子。

我第一次打鹞子,是和父亲一起去的。那时候,我很好奇父亲是怎么一步步将这“野物”给驯化的。可是父亲总觉着这东西危险,怕万一伤了我,他无法给母亲交差,但总归是拗不过我,才有了我和鹞子的初次见面。

那天我们起得很早,要在村东头的杏树园子里下网,打鹞子的网有好几张,将四面围起来,上方有机关开口,形成长、宽有四五米的网笼子。网笼中间的地上放置装着麻雀的鸟笼子,麻雀在里面飞上飞下，吸引着天上飞过的鹞子，就等着它们来自投罗网，成为人们的战利品。

父亲打回来的鹞子有两种，本地称为“隼儿子”和“板雄子”。“板雄子”体形较大，羽毛上有花斑，给人以稳健大方的感觉，只要驯养有方，皆可通人性，能很好地护卫粮田。“隼儿子”体形较小，颜色漆黑，灵活敏捷，但胆小暴躁，不易驯养。正因为这样，父亲一般是禁止我接近窑里看鹞子的，怕我被鹞子伤着，但我总像个跟屁虫一样偷偷地跟在他后面。

我随父亲一直等到下午五点多，望眼欲穿，就是不见鹞子的影子，一连好几天都是这种情况。

“这得等到啥时候？”我有点不耐烦。

“耐得住性子就成！”父亲蹲在杏园里，眼神笃定，好像是算准了鹞子可以进网一样。果然，终于在第五天天黑收网时，从树丛中突然飞出一道“闪电”直扑在网里，我跟在父亲身后，兴奋地跳了起来：“进了，进了，逮住了！”

看见它的一瞬间我还是被震慑了。它那双圆圆的红底中带着金色双环的眼睛狠狠地盯着我，伸出铁钩似的爪子，很生气地扑棱着翅膀，想要挣脱网子的束缚。我愣在原地，被这有劲的家伙吓住了，没敢过去帮父亲解网，呆呆地看父亲把鹞子装进布袋，直到父亲收好网说：“这鹞子不错，看这圆溜溜的眼睛，透着一股灵劲。”我才回过神来。

打完鹞子，接下来就是“熬”鹞子了，这是个十分残酷的过程，一般都需要三四天。父亲会用绳子把它的腿拴在架子上，“熬”就是不让鹞子睡觉，不停地逗弄着让它活动来消耗体力，等到鹞子精疲力尽，实在“熬”不住了，就会“低头”开始吃剥好的麻雀和黄鼠肉。说白了，“熬”鹞子也是熬人，父亲这几天一定会在窑里待着，像是在和它比赛一样，互相耗着对方。

一直等到解开鹞子腿上的绳子,它能飞到父亲手上吃食,那这只鹞子就算是“熬熟”了。

3

村里人只要听说我家的鹞子“熬”成了,便会纷纷来家里,请父亲带着鹞子去地里赶麻雀。这时父亲会变得特别忙碌,他常常架着他的鹞子来往于生产队的糜子地和谷子地之间,呼唤鹞子的“啊——噗嗷”的声音此起彼伏,弥漫在村里的田间地头,那张弛有度、缓急有致的吆喝声就成了村庄里的主旋律。

每每这个时候,村里的小朋友们都会站在地垄上,目光追寻着父亲,看他怎么使唤鹞子,看鹞子怎么捉麻雀和兔子。

“你爸太厉害了,你瞅那鹞鹰速度太快了。”

“抓住了,抓住了……”

听着小朋友的呼喊,我的内心里充满了骄傲和自豪。看着天空中展翅翱翔的鹞鹰和在田间地头指挥的父亲,感觉父亲好像一个将军一样,有一种不将麻雀消灭干净决不罢休的英雄气概。

别看父亲这么使唤鹞子,他对鹞子却是非常喜爱,把它当婴儿一样倍加呵护,精心喂养。

忙活了一天后,父亲回到家,自己还没来得及喝上一口水,定先会将心爱的鹞子拴在鹞子架上喂食。而那鹞子架也做得非常精巧,左右两端都有铁制的转环,鹞子拴在那个转环上,一飞起来就会上下翻腾,绕着那木杆子一圈一圈地转,鹞子尾巴上系的小铜铃便也哗楞楞地响个不停。父亲就会将其重新安置到架子上,脸上显出无尽爱怜的神情。

打鹞子一般是在春季候鸟回归之际,捕获的鹞子经过一个夏天的驯养和训练,到了秋天就派上了用场。但当秋粮收割完毕,拉上场晒碾的时候,鹞子便完成了它们的使命,要放归山林去了。

这时候，是父亲最为伤心的时候。经过夏秋两季的驯养，父亲已与他所钟爱的鹞子建起了深厚的情谊。

“爸，要不就别放了，咱屋里暖和，可以过冬。”看着父亲黯然神伤的模样，我有点心疼。

“啥都有个自然规律，得让它走，拦不住的。”

父亲专门挑了一个好天气放它走，可它却在被放掉后又回来了。为了让它走，父亲不断地加大距离，从 10 里、20 里一直到百里，从三河镇放到海原，又从海原放到固原。它还是不走，不是落到我家，就是落在我家的地头上。

“走吧，走吧，别回来了……”在它最后一次回来的时候，父亲看着鹞子说了说话，而它好像听懂了似的，在院子上空不停地盘旋，向那高空中飞去，再没回来。

我一直想不明白为什么非要放它走，父亲是如此地喜爱鹞子。现在想来，父亲早就懂得，鹞子终归要回归自然，自私地占有反而会害了它。而且在那物质匮乏的年代，冬天缺少喂养鹞子的肉食(没有麻雀)。一年里，人们吃肉也只是逢年过节那数得着的几顿，哪有多余的肉来喂养鹞子呢！

1981 年，宁夏实行了农村土地承包责任制，土地承包到了农民个人的手中，生产队也不复存在。但是父亲要鹞子的习惯依然保持了很多年，那已然不是为了生产队的护田责任，而是他每年春天必定要做的事了。

慢慢地，随着我年龄的增长，父亲也须发花白，也变得温和可亲。而要鹞子这种既耗体力又损精力的活，在母亲的一再阻止下，他也彻底“金盆洗手”不做了。后来的几年里，只要到春天，他就会去杏园里待一会儿，估计在等鹞子吧。

偶尔听到村里有年轻人在耍鹞子，他便骑自行车赶过去。进行指导，过一把瘾，以至于后来年轻人每年打鹞子都要喊上父亲做他的“技术指导”。每次回到家，父亲言语中全是鹞子长、鹞子短的，精神头足了好多。

这样的日子并没有持续多久。2010年，父亲因病去世，而我又将家搬到了县城里，城里的春天是没有鹞子的。从那时候起，我再也没见到耍鹞子的人，而父亲“啊——噗嗷”耍鹞子的吆喝声却久久回荡在耳边……

潘　宁|整理

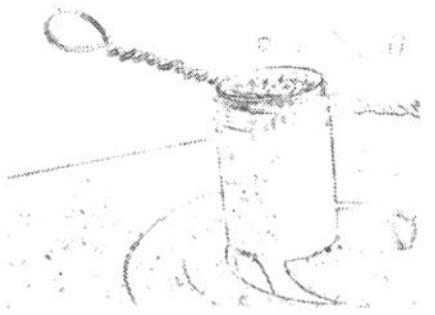

# 爷爷的清苦人生浓缩成一杯罐罐茶，在我的记忆中历久弥新

一个土炉子，一只铁罐罐，一撮粗茶叶，围坐在炉火旁，将黑铁罐里的茶熬个十来分钟，直到浓酽至极，而后一口口呷着，这应该是爷爷一天中最惬意放松的时刻了。

1

彭阳县李岔村，处在山沟沟里，丘陵沟壑就像老人脸上的褶皱一样纵横交错。一年难得下几次雨，极干旱时，地里皴裂的痕迹如小孩子大张的嘴一样，总是咧着。

那时十里八村都缺水，植被极差，烧火的柴火也稀缺。我家住在半山上，那时还没有自来水，因为村脚下的沟里有一眼沙泉，无论是风调雨顺之年，还是干旱灾荒之岁，都能靠着这汪泉水度日。

我从小是跟着爷爷长大的,在村里,老一辈人都爱喝罐罐茶。在那个贫瘠又闭塞的山沟沟里,每日来一口罐罐茶,是乡亲唯一的悠闲时光。

春困秋乏,春天的早晨本来是可以睡懒觉的,可我总是被烟呛醒,每每都是不情愿地从被窝里探出头,看着软软的、淡淡的炉烟在屋檐下载歌载舞,黄泥小炉里的火苗扭来扭去,一副跃跃欲试的样子,我就知道一定又是爷爷起了个大早,下地做了一件几乎关乎他一整天精神的事。

爷爷的一天,从熬罐罐茶开始。

庄稼人是没有多余的钱来专门买茶具的,只是把装饮料或罐头的铁质圆筒去掉盖,在上面缠上一圈铁丝,在一端绑上一根十来公分的铁丝做成手柄,制作成简易又摔不烂的茶罐子来煮茶。

爷爷先把一只黑乎乎的铁罐罐放在炉火中烤热,然后随手从厚实的砖茶上费劲地掰下一大块放进铁罐罐里,倒进半瓢水,水要没过茶块儿,他一手抓住罐子的长柄,一手拿着一根筷子,不停地搅拌着翻滚的茶水,每一罐茶都要熬煮很长时间。

爷爷熬罐罐茶很有耐心,古铜色的脸膛上藏着的小眼睛像两颗精瘦的豌豆,聚精会神地盯着茶罐罐。其实,那时候喝罐罐茶所放的茶叶大都是块状的粗茶。因为经济条件差,庄稼人买来喝的都是很劣质的茶叶,根本没有特别的香味,花时间熬煮,无非就是让茶水浓一点、苦一点罢了。茶块慢慢受热“苏醒”,舒展成一簇簇,然后被底下沸腾的水顶得不停地翻着跟头儿,一汪清洌洌的水就这样被煮成了黑褐色。

茶煮好后,爷爷从罐柄上抓起铁罐,倒进茶盅里一点点,再倒回去煮一小会,叫“回茶”,然后再往罐罐里倒水继续煮茶,等到第二遍沸腾后,才倒进茶盅里喝。酱红的茶水,酷似红葡萄酒,但颜色还要深一点。

"早茶"除了这浓郁的茶水，当然还要配上烤的两面焦黄的黑面馍馍。爷爷撕扯下一块馍馍心满意足地嚼着它们，啜饮着他的罐罐茶，发出"吧唧吧唧"的声音，一口下去，眉宇立时舒展开来，看似浑身舒坦。

这满足的声音，总是能"勾引"我下炕。

"赶紧过来，香滴得很！"我摇晃着脑袋走过去，被爷爷抱在怀里，坐在炉火旁，也吧唧着小嘴开始享受这一顿"好东西"。

熬茶的当儿，爷爷会捧起比我年龄大很多的老烟斗，再卷一棒旱烟，如此吞云吐雾，直至一罐茶喝"败"后(茶叶没苦味了)，方赶起牲口扛起犁，干活去了。

2

炎热的夏天总是让人热得发躁，我刚进家门就把书包往炕上一扔，急慌慌地在家里找凉水喝。刚从水缸里舀了一瓢水准备喝时，爷爷就将我手中的瓢夺走了："再渴也不能喝凉水，这水又冰心又闹肚子！"

爷爷说完话，便从火炉上拿了一杯凉好的罐罐茶给我。我接过来就一口闷进了肚子里，喝完一杯又倒了一杯，仰着脖子灌下去，没过一会儿，就开始头晕目眩，等我醒来的时候已经是晚上了。

"这罐罐(茶)就不能这么喝，劲大得很，喝'醉'了吧。"爷爷看着睡眼惺忪的我说道。

从我"喝醉"的那次以后，爷爷很少再让我喝浓茶。每每馋瘾上来时，我就会端着小茶缸等待，等到爷爷将罐罐茶喝得快败时，他才会将茶水倒进我的杯子里。每次我都会迫不及待端着茶缸，使劲吹上几口，让茶水稍微凉一点，然后美美地吮吸起来。那种淡淡的苦味的确让人感到惬意不少。看着爷爷悠闲、满足的喝茶神态，我曾不只一次地问过他，为什么如此爱喝茶？每次爷爷都摸着我的头笑着说："这茶好处多得很，不但提神，还有许多说不出的好处呢，等你长大了就知道了。"

爷爷不愿意多说，每次都这么"敷衍"我。有一次，趁着父亲在田里休息的空当，我忍不住开口："爸，为啥我爷那么爱喝这种茶，我听人家说老喝浓茶对身体不好！"

父亲倚在田垄后的大树下，给我讲起了过去的故事。

1958年，村里一下子遇到大饥荒，家家户户都没了余粮，爷爷家的情况更是糟糕。乡亲们饿得漫山遍野地搜寻吃的，野菜、树叶、草根很快就被搜罗干净了。

"那时我还太小，只知道你爷爷每天都要喝茶，每次我们在吃饭的时候，他都在喝茶。潜意识我就以为他喝茶是在吃饭。"父亲说道。

虽没有粮食吃但也得干活，爷爷天没亮就点火生炉子，一个人在炕头边默默地喝起茶来。因家境贫寒吃不饱饭，爷爷便以茶代饭，以苦涩的浓茶充饥。后来，父亲才知道爷爷不是爱喝浓茶，而是因为浓茶刺激胃而没有了食欲，能够将中午的粮食节省下来。

这是我12岁那年暑假第一次听到爷爷和罐罐茶的故事，也终于明白了爷爷为什么每次都欲言又止。喝了这么多年，爷爷喝罐罐茶早已成了习惯，戒不掉，也放不下。

3

2008年，我要去固原市上高中，爷爷给了我几百块钱，让我很是激动。但很快弟弟妹妹们告诉我，爷爷将他随身的老烟斗卖给邻村一个收老物件的人。

我很是恼火，埋怨他："爷，你为啥要卖了呢？再说几百块钱也干不了啥事么，这个老烟斗好歹都陪了你一辈子了……”

看着心爱的孙子喋喋不休，爷爷眼泛泪花，一句话也没说。爷爷要强了一辈子，当时父亲供我们兄弟姊妹几个读书，经济已很紧张。我考上高中的时候，家里正处困难时期，爷爷是想帮衬着父亲，生活上的困境让爷爷干着急却又无可奈何，所以才行此下策。

每每思及于此，我总是心生愧疚，为自己的少不更事，更为自己误解爷爷的一片苦心而难过。

上高中后，我在学校住校，一个月才能回一次家，每次回到家里，总感觉爷爷老了一些。每天，他还是雷打不动地早起熬罐罐茶，只是没了老烟斗的相伴。与以往不同的是，爷爷更愿意将小火炉放在家门口熬罐罐茶。

“他叔，喝了没？过来喝上一罐，我熬的够味得很！”每每有乡亲们路过我家门口时，他总是很热情地邀请着人家过来喝茶，我一走出家门就会看到爷爷奶奶们围坐在一起话家长里短。

起初，我以为是爷爷爱热闹，后来才知道他是心疼我学习累，怕熬茶动静大，吵得我睡不着。从此以后只要放假回家，我必然会陪着爷爷喝上一会儿罐罐茶，给他讲讲学校里的趣事。我以为这样的时光会一直持续，可令我没想到的是，2009 年的冬天，爷爷突发疾病，永远离开了我们。父亲为了能让故去的爷爷喝上罐罐茶，在他的坟头摆满了各式各样的纸糊茶具，当点燃坟前的纸火时，一股股悲伤涌上我的心头……

后来，随着父亲的辛劳打拼，家里的光景也越过越好。2015 年，我们全家搬到了银川。因为路途遥远，我们很少回李岔村了，父亲却延续了爷爷每天喝罐罐茶的习惯。可无论父亲怎么熬煮，都失了爷爷当年的那种味道。

随着年龄的不断增长，我才真正懂得熬罐罐茶的内涵。一个

"熬"字,含着多少不为人知的故事,人们将生活的艰辛、不快全熬进去,熬着熬着,浓茶开始慢慢变淡,哧溜一下咽进去的时候,将郁结在心里的烦闷长长吐出来,所有的不快也悄悄地淡去,那种味道却留在舌尖。对我而言,爷爷就像一杯熬得浓浓的罐罐茶,在我里心从未淡去。

潘　宁|整理

## 过时又“沉重”的提花毛毯，沉的是分量，重的是情谊

20世纪50年代到90年代，宁夏的织毯业进入高速发展期。银川市毛纺厂生产的“滩羊毛”6502纯毛提花毛毯一夜成名，成为当时畅销海内外的爆款产品。时至今日，它依然是我家的珍藏品。

1

“丫丫，你把这个毯子铺在下面，暖和得很。”

“妈，这花色也忒丑了，改天去东方红的楼上买一条好看的呗。”女儿边收拾旧毛毯边吐槽。

“不行，这是你姥姥当年厂里生产的呢，质量特别好。”我坚持得有些偏执，女儿不情愿地铺在床上。

对我来说，这不单是一条毛毯，这条毛毯里藏着母亲那些年的流金岁月。

20世纪50年代，银川毛纺织厂建成投产，在投产的第一年就生产出了宁夏第一代机械化毛纺织产品。毛纺厂建成之初,虽然以生产毛呢为主,但已有小规模的毛毯生产。

当时厂里有两台生产毛毯的提花机,1954 年，全年生产出了 4 种花色的 700 余条“滩羊牌”6502 纯毛提花毛毯。这条型号为“6502”的“滩羊牌”提花毛毯一经问世,便成为市面上的爆款产品。

母亲是在 1982 年嫁给父亲的,那个年代结婚的标配不是“车子、房子、票子”,除了收音机、缝纫机、手表、自行车这四大件以外,当时最流行的是再外加一条 6502 纯毛提花毛毯。

当时这毛毯在市场上很紧俏,常常断货。爷爷奶奶为了能把儿媳妇娶回家,可是下了一番功夫。当时一条 6502 纯毛提花毛毯的零售价是 49 元,可就算是有钱买也没有货。

于是，爷爷奶奶辗转委托了很多人才联系上银川市毛纺厂的职工,让人家向厂里“谎称”是自己弟弟要结婚,急需毛毯。过了很长的时间,厂里的领导才批了申请的条子,批了一条毛毯。

作为彩礼，母亲的这条纯毛提花毛毯是绿色的，重量有 2.8 公斤,绿色的底面上铺展着洁白的花朵图案,毛毯的两侧有丝质的绿色包边,整条毯子显得大方又雅致。商标缝在毛毯的一角,商标的左上角有一枚椭圆形绿色衬底,上印有一个白色的滩羊图案。

在居中的位置上,是“银川毛纺织厂”的字样及拼音,右下角是“宁夏回族自治区”字样。整条毛毯看上去色泽鲜艳,摸上去也十分舒适。

母亲算是她们姐妹几个当中嫁得最好的一个，因为在当时，年轻人结婚,滩羊牌毛毯是“标配”,如果没有,是很遗憾的事。

2

母亲在婚后的第二年进入了毛纺厂上班，厂子里的生产线是

24 小时连轴转的，毛纺厂在 50 年代初期毛毯年产量就达到 18489 条，并且每年的产量都在增加，几乎 80%的 6502 纯毛水纹提花毛毯都出口国外，工人们即使加班加点，依然满足不了订单的需求。

厂里繁重的工作让母亲自顾不暇，而我的出生无疑给母亲增添了很多负担。为了让我及时吃上奶，母亲每天要骑着自行车往返于厂里、家里至少四趟。晚上回到家，刚一进家门就开始忙起来，不仅要洗尿布、脏衣服，更要把家收拾干净。听父亲说，母亲那几年总是睡得很晚，第二天又起得很早。

晚上，母亲刚睡下，又被邻居阿姨叫醒了。“淑珍，你赶紧起，你们车间的机器出问题了，厂里让回去一趟呢。”

“好，我马上去。”母亲立马从床上翻起来，急忙往厂里赶。

为了保证厂里能正常运转，机器什么时间坏，工人都要无条件地赶到厂里，就算是半夜也得爬起来去修好。当时厂里和母亲一样无暇顾及孩子的人非常多，因此，毛纺厂还专门建立了一所幼儿园，方便厂里的员工照顾孩子。

直到我上小学的时候，这样的忙碌的日子才渐渐好转。尽管如此，母亲还是会经常加班。

“你今天下午放学直接来厂里吃饭，今晚又要加班。”母亲在我临出门上学的时候说了一嘴。

“知道啦……”

下午刚放学，我背着书包一溜烟就跑出了教室，一路上蹦蹦跳跳地来到了毛纺厂。隔着老远的距离，我就看见母亲在织毛毯上的花纹图案，虽然 6502 纯毛水纹提花毛毯有 4 种花色：绿色、橘黄色、紫色、橘红色，可毛毯上的花纹图案一度得靠手工操作，这种制作方法起初是从苏联引进的，沿用了相当长的时间，既费时又费力。

“你自己先去食堂打饭吃，我把手上这点活干完。”母亲连眼皮都没抬一下，低着头一丝不苟地织着花纹。

每次看着毛毯胚子在母亲的巧手下织成了一条精美的毛毯，我就暗自在心里发誓长大以后也要做一名纺织工人。

3

20 世纪 80 年代中期以后，毛纺厂再次扩大生产规模，毛毯年产量达到了 30 余万条，产量跃居全国前列，6502 纯毛水纹提花毛毯除部分出口外，大量销往国内其他省市。到了末期，一条毛毯的出厂价已升至 180 元，市场零售价也达到了 224 元。

自 20 世纪 90 年代以来，同全国的情形一样，宁夏不少县市都建起了毛纺厂，因为生产能力过剩，毛呢、毛毯等产品出现了严重超储滞销的情况。

随着居民生活水平的提高和家居条件的改善，席梦思等床上用品的出现，使毛毯销售市场大幅缩水。与此同时，银川毛纺厂由于设备陈旧、工艺落后、产品单一、包袱沉重等原因，企业已无法继续生产。

2000 年的秋天，银川毛纺织厂宣布破产，该厂的拳头产品 6502 纯毛水纹提花毛毯的生产也随之成为了历史。而母亲也接到了下岗通知，忙了大半辈子的她一时间也不知道该去做什么。

“好好的厂子就这么倒闭了，当年的毛毯……”母亲在饭桌上又说起了毛纺厂的辉煌历史。

“妈，这都是过去式了，你得接受现实。”我没过脑子就从嘴里蹦出这句话。

就在母亲下岗后的第二年，我家在家门口开了一家商店，母亲又开始忙碌起来，每天进货、理货、卖货，母亲似乎又回到了当年在毛纺厂里那种使不完劲的情景。只是她再也没有在我面前提起毛纺厂里的事情和那些年 6502 纯毛提花毛毯的辉煌。

我工作后领到的第一份工资，就去新华百货老大楼里给母亲买了一床蚕丝被,想让她高兴高兴。

可是后来我发现,她一次也没有用过。每到秋冬时节,她一定会翻箱倒柜地翻出那条 6502 纯毛绿底白花的提花毛毯，将它压在棉被上面用来抵御风寒，就连中午午休的时候她也直接把毛毯盖在身上,天气晴朗的时候一定会把毛毯拿出去晒晒太阳。

有一次,我回家看到母亲正在小心翼翼地清扫这条毛毯,像是在擦拭一件宝贝一样。

“妈,不是给你买了蚕丝被了吗？你咋不用呀？”

“那个太轻了,盖着空荡荡的,不踏实,还是咱这土毯子好,虽然笨重,可是盖着既踏实又舒服。”母亲也学会了自嘲。

我没有再埋怨母亲,工作之后的我渐渐地理解了她,我知道她是放不下那段在毛纺厂里忙碌而又美好的回忆，虽然工作辛苦但内心却很骄傲。

后来,我坐月子的时候,母亲为了不让我受一点风寒,把这条厚重的毛毯拿给了我,如今我把它铺在女儿的床上,虽然它样式过时,又很笨重,但承载了母亲和我满满的回忆和爱。

潘　宁|整理

# 一家三代人把情思注进口弦，只为储存在心头的诗和远方……

口弦，是我国传统的民间乐器，最早可追溯至汉朝。那时候，我国的口弦艺术在口簧出现以来，音域调试和表达艺术都有很大的变化，用口弦的人越来越多。

姥姥说，以前口弦主要是妇女们用来对话和交流的方式，在一些落后的地区，大多数的妇女沿用着最古老的方式，来表达她们的思想和情感。

1

我的童年是在姥姥家度过的。姥姥经常说，她是属于宁夏的，也是在宁夏，她才有可能跟一生钟爱的口弦结下不解之缘。

姥姥出生在一个艺术世家，从小耳濡目染，不仅能表演能唱歌，还能填词作曲，很小就被歌舞剧院选中当演员,经过多年的努力,在当地也小有名气。

不知道什么原因,1958年,日子过得还算滋润的姥姥和姥爷舍弃了东北老家的一切来到宁夏,支援大西北。当时姥姥被分配到了宁夏文工团,开始了在宁夏的艺术生涯。

姥姥热情细心,再加上天生的艺术气质和表演天分,久而久之,周围的同事与这位初来宁夏的二十出头的姑娘渐渐打成了一片。

"我听说,固原六盘山地区,可是蕴藏着咱们宁夏丰富的民间文化资源呢,你去那边估计这些东西更多。"当地的同事看着姥姥每天捣鼓些民间的小玩意,又给她支了一招。

姥姥从小就喜欢收集一些当地民间艺术资源,这一听,眼睛里立刻绽放出光芒。

"不过,你也别高兴太早了,去那边很苦的。"尽管同事又泼了一碗冷水,但依然没有挡住姥姥追求艺术的心。

想要在民间收集和学习乐器,并不是那么简单。那时候,六盘山区用得最多的乐器便是口弦了。除了口弦本身,想要知道怎么样用口弦来对话和唱歌,就必须跟当地人打成一片,才能逐渐了解口弦的秘密。

使人没有想到的是,这个被别人不看好的地方,竟为姥姥的艺术生命不断注入着新的活力。艺术出身的姥姥,来到六盘山区并没有丝毫不适,反而为了学习技艺与当地的村民同吃同住同劳动,听他们漫"花儿"弹口弦。

姥姥学习用的口弦是当地人送给她的,那是用竹子做成的,大约有10厘米长,中间刻成浅槽,槽底的竹片拉成簧牙,两边精美的花纹配上两端流苏配饰,就像一件精致的工艺品。因此,姥姥对口弦更加爱不释手了。

姥姥曾说,有一次,她在山区一个小村庄里和农民一起打麦场,有一个姑娘拿着口弦弹了起来,这时候,四周的姑娘一块儿跟着附和。可是,随着美妙的弦声一波波涌来,姥姥正沉浸其中时,对面的姑娘却涨红了脸,突然停了下来,围着麦垛,追着一群姑娘打。姥姥愣住了,看这周围一群群姑娘你追我赶,不知所以然。

"大嫂,这是咋回事啊?"姥姥站在一边,问旁边的一位大嫂。

可是,大嫂却笑而不语,任凭姑娘们打着笑着闹着。

后来才知道,原来是大家在跟这个相了亲的姑娘逗笑。从这个时候起,这神奇的小口弦就拴住了姥姥的心。

从那时候起,姥姥在工作之余,不仅下乡到宁夏各个地区寻找民间艺人,跟随他们学习口弦的制作、演奏和弹唱,还教会了当时年仅五岁的母亲唱口弦。

2

"吹奏时左手握住竹片的一端,另一端放在口边,让呼吸的气流鼓动簧片,同时右手指配合轻轻弹动竹片,随着气流的变化和指头的弹动,才会发出优美动听的曲调。"姥姥耐心地教着母亲,虽然对姥姥来说,方法浅显易懂,但对母亲却难如登天。

那时候,随着姥姥制作口弦的技艺越来越精湛,家里不同音阶、不同样式的口弦也越来越多,每次母亲因为练习不小心弄坏口弦,都会被姥姥呵斥一番。一次、两次、三次,经过无数次的练习,母亲逐渐掌握了口弦技巧,也能够弹出简单的曲子来。随着年龄的增长,母亲已经逐渐继承了姥姥传授的弹奏、弹唱技艺和传统制作技艺。

1976年,母亲被分配到银川铁路局工作。可能是领导们不忍心埋没母亲的艺术天赋,母亲在铁路局工作不久,便被调到了宁夏群艺馆(现在的宁夏文化馆),成为非物质文化遗产服务中心的一名工作人员。

在工作中，母亲多次到民间的非物质文化遗产传承人家中，了解和记录民间技艺。使母亲印象最深刻的是，她在一位口弦传承人家中受到的启发和震撼，是她一辈子都忘不掉的。

深深的巷子一眼望不到头，泥泞的土路配上土黄色的坯房，让整个村子略显古朴气息。母亲和同事们往里走，看到一位年近花甲的老人坐在自家门口的石凳上，双臂有律动地摆动着，还时不时地传来“滴滴……哒……叮……”的声响，虽然声音很小，但是母亲一听便知道，这是口弦声。

越走越近，声音越来越清亮，走到老人家门口，母亲忍不住问道。

“您谈的是什么曲子啊？我怎么从来没有听过。”

“我这是随便弹的，也不是啥曲子，想到哪儿就弹到哪儿……”老人面色祥和，看着那么多人站在自家门口，稍显不自然。

“您能弹一首表达您这么多年婚姻幸福的曲子吗？”不知为什么，听到老人弹曲子，母亲就是想知道老人是怎么表达幸福的？

“每天都是这样平淡啊，幸福……”老人思索了一下，还是拿起身边那支小小的竹口弦弹了起来。

不知不觉，一曲完毕，周围的人都默默不语，而母亲却红了眼。

回到家中，口弦之声一直在母亲的耳边盘旋，母亲拿起手边的纸笔把脑中的音符一笔一画地记录下来。

从那之后，母亲便养成了一个习惯，只要遇到好听的声音，就把它所听到的记录下来，而记录最多的，是姥姥创作的口弦曲。

那时候，姥姥身体一天不如一天，退休后便在家专心创作。母亲的大部分时间，都和姥姥在一起，一方面方便照顾姥姥，另一方面和姥姥一起创作。

创作，对于口弦声音的要求也越来越高，许多超低音的部分，普通的竹口弦是无法达到的。

“把竹口口(竹口弦的别称)的簧换成铁的,能达到效果吗?”母亲提出了想法。

由于姥姥身体的原因,尝试制作就落到了母亲身上,母亲先做好竹口弦,把中间掏空,把磨好的薄铁片慢慢插入到竹口弦中,在口弦的周围刻上花色,既美观又实用。

虽然第一次没有发出声音,但是母亲并不放弃,终于在多次尝试之后,母亲制作了第一支铁口弦和竹口弦结合的口弦。

之后,母亲运用自己摸索出的口弦弹奏技巧,把原本只能作为特色音效的口弦,变成了能够完整演奏乐曲曲调的真正意义上的乐器。

3

我小时候很调皮,那时母亲和姥姥制作的口弦是不让我碰的,生怕我碰碎,我在上小学之前,只能远远听着母亲和姥姥研究口弦技艺,还时不时地传来一阵阵口弦声。

母亲除了制作竹铁口弦,还专门买了些打磨铁口弦的机器,制作体积更小的铁口弦。经过多年对口弦制作工艺的探索,她制作的竹口弦、铁口弦既保持了传统口弦的音色,又根据演奏实践经验和需要加以改进,使口弦获得了更加突出的完美音色。

那时候,我家不同长度、不同形状的铁口弦随处可见,我时不时地拿出一支弹一弹。母亲因工作忙,并没有多余的时间教我,我只能任自己随意发挥。

有一次,我觉得自己练习得不错的时候,就想拿着口弦到自己同学面前显摆。

“你知道这是啥吗”我把口弦从口袋里拿出来放到同学面前,骄傲地说道。

“这不就一个铁片吗?有啥特别的……”还没等我说完,同学跑出去和其他同学出去玩了，剩下我自己看着眼前小而黑的铁口弦，留下无尽的失落。

从那之后，仿佛有了阴影一般，我便不再主动练习口弦了，母亲常说，作为口弦的传承人，口弦技艺是我的使命和职责，必须把它学会。可能平时耳濡目染，再加上母亲闲暇时候的不停教导，我也能弹出几首姥姥创作的比较拿手的口弦曲目。

可能是兴趣使然，我总认为从小到大做一件事是非常乏味的，高考毕业后，我选择了美术专业，学习设计和绘画，而不再涉及音乐。不过，每年放假回家，看到母亲制作口弦，我也会跟着帮忙。

“这个好用是好用，就是太难看了，拿不出手。”对学习美术的我来说，母亲做的口弦的美感度让我开始怀疑。

“那你自己做个好看的。”

“做就做……”

为了证明自己，我开始画设计稿，买泥、模具、颜料，烤成哨子形状，做雕刻，终于在自己摸索几天后，制作出了第一支口弦，虽然没有弹响，但是给母亲的思维方式产生了很大影响。

2002 年，我大学二年级时，姥姥传出了病危的通知，我和母亲抛下一切回去照顾姥姥。

姥姥在临终前说，她的一辈子都投注在口弦上，不要到了我这一辈就失传了。并把多年来保存的各年代不同样式的口弦、手写本、手绘口弦图等众多回族民间艺术珍贵资料传给了母亲，而母亲又传给了我。

为了圆姥姥的遗愿，我大学毕业后，开了一家工作室，日常除了做些平面设计和视频剪辑的工作外，更多的时间，则用来制作和研究口弦。

这看似简单的乐器，制作起来实则不易。一支合格的口弦，从材料、粗磨、打簧、折弯、开槽、钳合、调音、精磨等，需要完成 20 多道工序，每道工序都决定了口弦的音色音质，必须精益求精。

我平时除了制作口弦，也会在学校给孩子们讲口弦课，还会把我制作的精美的口弦投放到旅游景区店铺内。也因为，我认识了我的妻子。

当时，有位文创公司的女孩找到我，对我制作的口弦非常感兴趣，她为我提出了一系列的创意构想。

"你可以把口弦制作成项链、耳环，甚至是U盘的样式，让它的价值发挥到最大化……"

女孩的构想让我思绪大开，我们你来我往，因口弦相遇，最后也因口弦相爱。如今，我和妻子一起制作的有创意的口弦，得到了人们广泛认可，多次在设计大赛中夺得奖项。我们用自己的方式，行进在远方的道路上。

我总认为每个人都应有一支口弦，藏着自己的诗和远方，而此时的我，真想回到过去，和姥姥一起探寻那个时代、那些年、那些人口弦中的秘密。

李　悦|整理

# 沙枣树下黄河边，他们愿意一辈子划着筏子数着弯

## 1

我家住在沙坡头村，这里依山傍水，但祖祖辈辈靠天吃饭，十种九不收。民国年间，土地被少数地主收走了，广大百姓失去了赖以生存的耕地，生计维艰。于是，大多数的老百姓只能“靠河吃水”。

生活在黄河岸边的村民，在黄河母亲的庇佑下发挥着聪明才智，而羊皮筏子就是无数智慧结晶中的一个。

我家祖辈也是以在黄河上赶羊皮筏子为生。父亲做羊皮筏子的手艺得到了爷爷的真传，更受到了十里八村的好评，每次只要是谁家要赶制新的羊皮筏子，一定会邀请父亲去帮忙。

有一次，邻居李叔家的羊皮筏子使用期也到了年限，请父亲过去帮忙重新做一个羊皮筏子。这次我和往常一样,跟在父亲身边打下手。

做羊皮筏子要选择当地三年以上的公山羊羊皮,这样的山羊皮质厚,有纤维,不易破。

刚一到李叔家,父亲便撸起袖子准备“大干一场”,和李叔一块儿在羊圈里挑选了一只健壮的山羊。

“亮子,你去把刀子用磨石磨磨,太老(钝)了。”

我磨好了刀,递给父亲,这时老山羊也被捆绑好了。只见父亲“轻而易举”地宰了羊,然后将头和四个蹄子割下来,在羊的后腿处用筷子捅一下,吹一下,让皮和肉分开来,再慢慢地将整张皮囫囵个儿褪下来,整张羊皮没有一点儿破损。

“你注意啊,吹气的时候,一定要拍打羊肚子,强制吹进气,皮肉可以更好地分离。”父亲不停地给我说道。

“这是在给儿子传手艺呢呀,就得这样,好东西可不能失传喽。亮子,你可得好好跟你爹学。”李叔说道。

我在旁边仔细地看着,发现父亲在选择开刀的地方十分讲究,先是在羊后腿羊毛最长的地方开刀,扒皮时一手抓着羊皮,一手握成拳头,使劲往下扒,大概十五分钟后,羊皮就扒好了,这时要立马把它放进密闭的袋子里封存晾晒。

晾晒两天后,打开袋子如果有了一股腐臭的味道说明可以拔毛了。夏季不好拔毛,有参差不齐的短毛需要锋利的刀子来剃。走刀是否顺利、羊皮能否完好无损就看刀子的锋利程度。

父亲在剃羊毛的时候格外细致,似乎在那一瞬间他身上粗犷的西北人的性格消失了,他先是给羊皮吹气,使皮胎膨胀,然后慢慢地在羊皮上剃着,像在雕刻一件精美的艺术品。

“剃毛是个细致活,刀要掌平,一定不能来回剃,否则会剃破羊皮的,那样前面的功夫都白费了。”我点点头。

剃完毛以后,羊皮筏子基本有了雏形,这时候要灌进去一些盐水，用来杀菌防腐；再灌一些我们当地产的胡麻油，父亲说这么做是为了堵塞住微张的毛孔，延长使用寿命。

紧接着，他把皮胎的头尾和四肢扎紧，经过晾晒的皮胎颜色黄褐透明，看上去像个鼓鼓的圆筒。

然后，用麻绳将坚硬的水曲柳木条捆一个方形的木框子，再横向绑上数根木条，把一只只羊皮胎顺次扎在木条下面，羊皮筏子就制成了。筏子一般要扎 14 个羊皮胎，分为 9 和 5，前面和后面各 5 个，中间 4 个，这样排列会更加稳当，寓意着九五之尊。

看着羊皮筏子新鲜出炉，我对父亲心生敬佩，心想如果有朝一日我也有父亲的手艺就好了。

“这不是着急的事，需要日积月累的功夫。”父亲像是有透视眼一样一下子看穿了我的心思。

我点了点头，默默地记下，这句话也伴随着我慢慢长大。

2

做筏需要手艺，做筏工更要遵守行内的规矩——讲信用。父亲是个好筏工，答应了人家的事从不食言。

沙坡头村地处黄河和沙漠的交接处，人们分别在黄河南、北傍水而居。我还记得小时候经常跟着父亲划着筏子到黄河里捕鱼。那时一网下去，运气好的时候也能打到二三十斤的黄河大鲤鱼，挣点“水钱”养家糊口。

除此之外，筏工们还会利用筏子载货拉人。河边的香山光秃秃的连草也不长，但是山底下有煤。父亲打小跟着爷爷做生意，抬着羊皮筏子跑水运，或是将香山的煤运往包头，或是渡人过河。

记得有一次，父亲刚从黄河边上赶筏回来，我已经做好了饭。看见父亲刚进门，便利索地将洋芋饭端上了桌。父亲一边磕着烟锅子一边望着天空。

“天气不好得很,等会还得出去一趟,河北有人叫筏子,急得很。”父亲皱了皱眉头。

我往外面看了看,天气阴沉沉的,湿漉漉的空气中夹杂着一股土腥味:“爸,看着要刮大风了,你别去了,出了危险咋闹?”

“恩”,父亲嘴上答应着,“不行,万一是有啥急事呢,不要给耽误了。”低头随便扒拉了几口饭,走出了家门。

我知道拗不过父亲,但又生怕他吃不饱,赶忙包了几个热乎乎的洋芋蛋,刚准备出门的时候,豆大的雨点像断了线的珠子从天上“砸”了下来。

我愈发担心了,便想追上父亲,可是当我跑到河边后,父亲已经扛着羊皮筏子下了河。此时,天空的乌云似千军万马般压过来了,倾盆大雨直泻而下,河水浑得发黑,浪声喧嚣得骇人。

“爸,你别去呀,太危险了。”我扯着嗓子朝父亲大喊着,任凭雨水滑过脸颊。

我站在河边,看着父亲撑着筏子往对面赶去,河中央锯齿般的大浪将筏子一下子推出去很远。父亲这些年赶筏,身体亏损得十分厉害,我担心他抗不过这样的大雨,害怕因为天黑,他会触礁。

我越想越焦急,眼睛直勾勾地盯着筏子远去的方向,全身早已淋成了落汤鸡。

忘了自己是怎么回的家,一个人坐在院子里发呆,等着父亲回家。

一分钟,两分钟……黑暗已经吞噬了整个村庄。雨停了,四周寂静得可怕,偶尔从村子里传来几声狗吠。

“亮,你这个娃,咋不在屋里头坐着,淋雨淋出病了。”听到熟悉的声音,我打了个寒战,一下子扑到父亲怀里,抽泣起来。

“没事,没事,你爹我是老手了,这点子小雨小浪能把我咋样。答应人家了,就得做到,咱做筏工的也没有食言的道理,让我娃担心了。”

就这样几十年如一日，父亲每天都出筏，而我偶尔也跟着他一块儿跑水运、做生意。

3

20世纪90年代，水利工程开始兴建，黄河的水情不像从前那样险恶，皮筏只能顺流而下，不能逆流而上，水流速度也大不如从前，再加上交通运输多样化，很多筏工也渐渐“消失”，羊皮筏子这种交通工具也逐渐被淘汰。

尽管如此，父亲仍然每天日出而作，日落而息。说是要划着羊皮筏子去黄河里捕鱼，实则是想去黄河上“遛遛弯”。我心里清楚，父亲是放不下这羊皮筏子。

这样的日子没过多久，村里传来了要发展黄河旅游的好消息，羊皮筏子也被列为黄河文化重要的一部分，还要被保存下来。

后来，村上成立了为游客提供乘坐羊皮筏子的服务小组，挑选了适龄的年轻筏工，而我很荣幸地成为了其中一名。因为父亲从小对我的严格要求，我的赶筏技术也是一等一的好，在景区里我成为了评分最高的筏工。

“儿子，赶筏的时候一定要注意游客的安全，控制好方向……”每次出门工作时，父亲总是不忘叮嘱我两句。偶尔他也会来到黄河边，看着我迎来送往着一波波乘客，我知道那是父亲舍不得这羊皮筏子，更是不放心我。

羊皮筏子这种古老的渡河工具，很少有人知道它的制作工艺和历史传说。而来景区观光的年轻游客们更是好奇，看见羊皮筏子总要尝试一下，亲自体验“黄河第一漂”的魅力和刺激。只要他们坐上羊皮筏子，都会问我很多问题。

“师傅，你给我们介绍介绍这羊皮筏子呗！”

“这羊皮筏子至今有2000多年的历史,在西汉时期就有了,当时把羊皮吹成口袋,是被用来当作盛酒、水、粮食的容器。后来有一次,牧民在迁移搬家的过程中,装粮食的羊皮口袋不小心掉进了河里,才发现羊皮口袋不但不沉水,而且浮力很大。在时间的推移下,聪明的人们发明了‘革船’——排子。在汉唐时期,演变成了如今的羊皮筏子。后来,将制作羊皮筏子的手工艺传承了下来。”我像当年父亲给我讲故事那样,跟游客们娓娓道来。

坐在羊皮筏子上,低头就能看到黄河水从皮筏子的空当中悠悠穿过。或许我们在黄河的波涛中随波逐流,只是抱着一份游离的心境,倾听大漠与黄河的浪漫柔情。殊不知,曾经演绎着古人怎样与环境抗争的奇迹。古老的技艺穿越千年,依旧延续着它的价值。

潘　宁|整理

# 秦腔“纠缠”了我一辈子，停不下也放不下

秦腔是黄土高坡上长出的一朵苦花，很苦很苦，却只能长在这里，而且只适合这里的人。只要你在黄土里长大，你就一辈子离不了秦腔，你迟早还是要回到秦腔里去。

1

秦腔形成于秦，精进于汉，昌明于唐，完整于元，成熟于明，广播于清，几经衍变，蔚为大观，是相当古老的剧种，堪称中国戏曲的鼻祖。

传说天水有个古迹叫牧马滩，是当年秦朝放牧的地方，也是为宫廷选择良马的御所。有个天水的送马人叫禺餮，他把说唱民间小调和故事情节的艺人带到了当时的国都咸阳，为秦穆公演唱。秦穆公听了很喜欢。禺餮为了迎合圣意，便极力推行这种曲调,逐渐就形成了秦腔。

宁夏秦腔属于“西秦腔”,更多地结合了宁夏独特的地理环境和民风民俗,在道白、剧目内容及整体艺术风格方面,都具有宁夏特色,成为独具宁夏味儿的秦腔,逐渐成为宁夏地区首要的地方剧种,广为传播。

母亲很喜欢秦腔,几乎是爱到了骨头里。

1979 年 10 月,那年我 17 岁,正赶上固原市泾源县秦腔艺术团全区招生,母亲顿时觉得似乎可以为我找到一辈子的好归宿,非拉着我去报名。其实我内心很是不情愿,我欣赏不来那从嗓子里吼出来的唱腔,感觉能把人耳朵震聋。

报名的人很多,通过面试的就有 200 多人。经过一系列的考核,包括我在内的 23 人最终进入了剧团。母亲为了感谢考前教了我八句《三滴血》的老师,忍痛花了 10 元的肉票给老师送了一只老母鸡。

刚进入剧团, 第一件事就是跟随老师学习基本功。同批学员里,我的年龄偏大,身体僵硬,下腰、劈叉、压腿这些动作对于我来说简直是噩梦。

老师为了让我尽快练好劈叉,就把我的腿固定在床的两端,一练就是一天。到了晚上睡觉也还需保持同样的姿势,每次都是练着就睡着了,醒来后还是原来的姿势。

好不容易劈叉练好了,我又开始练习拿大顶。

我们通常都是早上四点半起床练习,我和小青一块儿排练,小青和我同时进的剧团,比我小四岁,是一个固原女孩。

一天早晨,刚练不到 10 分钟,小青就因为胳膊打弯,摔了下来,“咔”一声崴了脚脖子。教练过来看了一眼,就通知家人把她带回去疗养了。

我们抽出休息的时间,到小青家去看望她,她的脚踝快好了,但不想再回剧团了,任凭家人怎么苦口婆心地劝都于事无补。当着我们的面,小青母亲放了狠话。

"你这娃,一点苦都吃不得,能成得了啥大事?"

"不好好跟着师傅学戏,干脆找个婆家把你嫁了算了!"

拗不过家里人的执着,小青在家又安逸了几天,最终回到了剧团。

小青后来也没再从事秦腔的工作, 也许那个时候她也没有真正喜欢上秦腔,只是在家人的"胁迫"下才不得已学的吧,只是她比我们"幸运",她早早就成了家。

我们从基本动作开始练起,除了劈叉和拿大顶,最煎熬的还有练眼神。

一身之戏在于脸,一脸之戏在于眼,师傅对我们的要求极其严格,点着一根香,那么小的火星子,一盯就是半个小时还不能眨眼,只要眨眼,必会挨师傅的打。我们每个人都是忍着眼泪,受着煎熬。

无数次夜里,全身疼得睡不着的时候,心里总会埋怨母亲,为什么狠心把我推进"火坑",受这份苦,心里也不止一次地盼望着那个缥缈的出头之日。

三年的磨炼,从身段到唱腔,我总算是出师了,终于可以登台了,连着三场戏,《穆桂英》《五郎出家》《三滴血》,我铆足了劲唱到口干舌燥、筋疲力尽,脚下满是观众扔的红绸。我知道那是他们对我最大的肯定,那一刻,仿佛三年所受的苦一下子就淡了,也散了。

2

20 世纪 80 年代中期,剧团开始自负盈亏,到处寻找演出机会。就在这关口,团里接到了通知,去甘肃天水开始为期 77 天的演出,终于有钱挣了,大家兴高采烈地出发,前往甘肃天水。

我们在天水梁山村落了脚。村里的住宿条件极差,一排土坯房,颤颤巍巍的,似乎一阵风就会被刮倒,床是两块板子拼成的,没有窗户。

头一晚就这么凑合着过了。第二天一早,我们就检查道具,搬锣鼓上台。吹、拉、弹、奏,翻、打、念、唱,提袍甩袖、吹胡瞪眼,村里简陋的戏台子被我们渲染成了天地大梨园。

无论戏唱得怎么样,台下都会坐得满满的:一群群抽烟袋的老头,一个个趴满戏台角的孩子,场面相当热闹,台上一个后空翻,台下一片叫好声。

有的孩子,从家里偷了红薯、土豆在火堆里煨熟后,跑到后台送给我们,而他们只是想看一看五彩斑斓的戏服。唱到三更鸡叫,月儿偏西,我们都散了,孩子们却还围着火堆弯腰踢腿,学着一招一式。

演出到了第 42 天的时候,梁山村开始下起了瓢泼大雨。一路泥泞不堪,我们冒着雨,好不容易挪回了住的地方。

半夜里,一声闷雷炸醒了睡梦中的我。突然,南边的这堵墙发出“咔嚓咔嚓”的声音,我意识到不对劲,一个激灵跳起来,大喊:“快起,快点起来,房子要塌了!”大家抓起衣服迅速往外跑,刚跑出来,就听见身后“轰隆”一声,南墙轰然倒塌,屋子里瞬间成了一片废墟。我傻傻地站在废墟前,过了好长时间,才深深地吐了一口气,瘫坐在地上。

“我要回家!我不唱了,钱也不要了,啥都不要了!”不知道是谁哭喊了一句,引得众人哭声一片。

我们被赶来的村民带到家中,我倒在土炕上,脑子里一遍又一遍回放着房屋倒塌的情景,不禁浑身发抖。为了唱戏,命险些丢了,我在坚持什么?也许该回家另谋个出路了……

房东端来一碗热水,看着我喝下去,开口说道:“娃呀,吓着了吧?我们这山沟沟里太穷了,好不容易盼到你们过来唱戏,结果还碰上了这样的事儿,让你们受苦了!”我低着头,说不出一句话。

后来房东告诉我们,那天晚上,村长把剧团的人都安排好。就带着一帮村民冒着大雨, 用手把我们的戏服和道具从废墟里扒了出来。村长说,戏服是唱戏人的命,不能丢。

最终我们谁都没有离开,大家收拾好行头,唱了整整 77 天。

秦腔苦,唱戏的人在戏一样的日子里感受苦乐。生活在这片土地上的人,他们更苦,他们唯一能苦中作乐的,似乎只有秦腔。

过了很多年,我一直都忘不了在天水的日子,忘不了在眼前坍塌的废墟,那个贫瘠的村子,还有那些质朴坚强的乡亲。

3

1990 年,剧团几乎已经接不到演出了,领导想尽了办法,还是没能挺过去,最终解散了。

从剧团出来,我想歇一歇,就天天在家带孩子、洗衣、做饭,这一歇就是七年。

1997 年的一天,女儿不小心打开了音响的开关。“一床破絮像渔网,寒风刺骨苦难当……”《洪湖赤卫队》的选段《娘的眼泪》响了起来,熟悉的腔调飘进了耳朵里,我的眼泪随着那种久违一下子涌了出来,当时心中只有一个念头:我还要上舞台接着唱秦腔。

经朋友介绍,我到了泾源县文化馆,我的工作是到各乡镇、各单位去编排节目,可是比起当老师,我更想自己站在舞台上唱。

一次,有个乡镇请我们过去演出,我带着戏班子过去。原定的 13 人,集合的时候只到了 12 人,乡镇那边催得急,我们就直奔了过去,乡长知道我们缺了人,十分着急。

“今天《铡美案》还能唱吗?”

“能,我唱!”

放下东西,我就开始上妆,扮行头,看着镜子里的自己,终于能上去唱一嗓子了。

刚一听到叮叮咣咣的敲打声,我就起了势出场,背身掩面,碎步前移,水上漂一样到戏台子中央。开场一声高唱后,台下叫好声不断。那一刻我知道,七年了,我终于回来了。

“小冯呀,真是屈了才了,你这么会唱,以后接着上台唱!”从那以后,只要逮到上台的机会,我是半分也不肯放过的。

4

2012年，我从文化馆退休，跟着孩子到了银川。有一天，闲来无事去社区逛，听到了社区活动室里有人在唱秦腔，一字一板的腔调彻底勾起了我心中的“戏虫”，我也在下面大声唱了起来。这一唱不要紧，引起了社区主任的关注，邀请我加入了秦韵乐艺术团，从此以后我开始给艺术团热爱秦腔的老伙伴们做起了指导。

“注意表情，眼神要有戏，告诉观众戏里的故事。手势翘起来，碎步退场……”“对了，对了，就是要那种凄苦的表情，都吃不上饭了，脸上怎么还能出现笑意呢。我们再走一遍，来，碎步走着。”

每周三和周五的早上八点，我都会给大伙讲戏、练段式，也会编一些节目。到了重要节日，社区有文艺演出，我都和老伙伴们在小区里唱一段秦腔。

我把那时候师傅的严厉用到了艺术团里，从基本功到身段，再到唱腔，我指导起来从不松懈。

2014年，艺术团被评为银川市“五星级团队”，这成了我最骄傲的事。

如今，无论我手头在做什么事，总是喜欢哼几句秦腔，外孙女放假回来在客厅看动画片，我在厨房忙着给她做好吃的，嘴里哼唱着《三滴血》选段：“弟弟呀，窗前把书念；姐姐呀昂，一旁把线穿。母亲机杼声不断，一家辛勤非等闲。姐弟呀，二人同做伴天伦之乐乐无边。可叹娘屋啊难久站，出嫁便要离家园……”

“姥姥，你别唱了，跟哭似的，一点儿也不好听，天天就听你在这儿唱，你要唱到啥时候去？”

我笑了笑，回道：“姥姥被秦腔‘纠缠’了一辈子，停不下也放不下了……”

潘　宁｜整理

# 别人眼里洒脱的擀毡人：我和我的手艺一样落寞

擀毡，是一门古老的民间技艺，已经有着上千年的历史。擀毡的人叫毡人。在20世纪80—90年代，擀毡是很流行的，家中毡子的张数，代表着自家经济状况，那是财富的象征。

1

打开落锁已久的木门，抚摸着我的家伙什儿，嗅着空气中积淀已久的羊毛味道，脑海中浮现师傅的话。

记得师傅曾经说过，擀毡技艺是从蒙古游牧部落传入的，当时蒙古族居住毡堡、用毡作褥，一些居民就向蒙古族学习了擀毡技艺，从那时起，“毡匠”这个工种便在北方地区逐渐兴起，师傅的手艺是从我师爷那儿学来的。

弹羊毛时“嘭嘭嘭”的声音有节奏地回响在作坊里，扬起阵阵灰尘，夹杂着空气中羊毛的味道，让我仿佛又回到了那些年。

俗语说，会一门手艺，能养活老婆孩子。20世纪70年代，因为家境贫穷，再加上家中兄弟多，初中毕业的我，没办法继续接受教育就在家务农，可是种地挣不了几个钱，我开始想去学个手艺。

在那个年代，工匠是很吃香的。一次我和哥哥去邻村赶麦场收割麦子，中午休息时，在一家马姓的人家里目睹了毡匠擀毡的情景，羊毛在他手里上下翻飞，那飘逸的手法让我不舍得挪开目光。我站在旁边痴痴地看着，那一瞬间我感觉自己爱上了这门手艺。

当天割完麦子回到家后，我和父亲说了想去学习擀毡技艺的事情，没想到父亲二话不说就答应了。第二天一早，我简单收拾了几件行李，奔向了那户马姓人家，再次看到了那位毡人。

我站在门口默默地看着，不敢走进去，那毡人抬头看见了我，亮开嗓子冲着我说：“看够了吗？是想进来，还是要走？”

我红着脸，壮着胆子走了进去，刚迈进门，毡人就接过了我手上的东西，就这样，我留了下来正式开始了我的学艺生活，每天不停地撕羊毛、洗羊毛，我开始了和羊毛打交道的生活。

2

擀毡是制作羊毛毡工艺的统称，是件辛苦事。一般来说，要经过弹毛、铺毛、喷水、卷毡、捆毡、洗毡、擀毡、晒毡等工序，这些缺一不可，每个工序都用手工操作完成。

“选择羊毛时，要择出黑羊毛和不干净的杂羊毛，一定得看仔细了。”师傅一次次地叮嘱我。

弹毛既是苦力活，又是技术活。毡匠手里拿着一张长约七尺的弹毛弓，弹毛时左右开弓、上下翻飞，大弓的声音如琴似弦。毡房尘土飞扬，板结的羊毛一根根松开、一根根飞起，羊毛一遍遍地被弹打，直到柔软得像那飘飞的柳絮。弹毛是第一道重要的基本功，弹不好毛，擀出的毡自然也好不了。

等到满屋子的尘土和毛絮落定，羊毛里的脏东西也就差不多弹干净了，再晒干之后，放在木制的案上过秤，计划做毡的尺寸。然后擀毡进入铺毛的工序，此时竹帘和打毛用的工具就派上了用场。铺毛时，要把如纸一样薄的羊毛层层叠叠铺匀，铺满在竹帘上，铺毛时要不停地洒水，水不能洒得太湿也不能太干，要掌握好干湿度。铺好后用工具把羊毛打理平整，然后卷起竹帘，用绳子捆紧浇上热水，踩于脚下两头来回滚动。大概来回滚动 40 分钟，直到羊毛充分粘合后拉展四角，再压边子。由于边子比较薄，薄厚不均的地方还要精心再加工，然后将初成的毡第二次放入竹帘中，再来回滚动 40 分钟左右。洗毡就需要洗三个小时，每一小时放一次水，要清洗很多次，目的是彻底将羊毛里的杂质洗干净，毛毡也就结实了。

"擀毡时要一个环节接一个环节进行，必须环环相接，不能中途停止，停了质量就差。"每次师傅在看到我累得想偷懒时，就又开始了他耳提面命式的教导。

俗话说："毡匠三件宝——弹弓、竹帘、沙柳条。"这些繁琐的工序全都是通过这三大件工具来实现的。这些工具虽然简单，但在这些复杂的制毡工序中，尤以弹、洗、糅边技术性最强，尤其是最后一道工序揉弄毡边最为讲究。因为参差不齐的毡边不能用剪刀裁齐，只能靠手工糅弄。没有丰富经验和高超手艺的人，是做不出笔直带棱毡边的。因此，有谚语说"擀毡把式高不高，就看最后一道道"。

"一根好毡，铺二三十年没问题，即使铺的时间长了，毡磨薄了，中间都不会开洞。"其实，干这一行也是个良心活，毡匠有没有用心擀毡、毡的质量好不好，前期可能看不出来，但是铺的时间长了所有问题就都会显现，用师傅的话说"我们可不能干那些事后让人告状的活，让别人戳脊梁骨”。

随着时间的流逝，我渐渐学会了各种擀毡的技术，如何选择羊毛、如何擀、如何保证质量，都心中有数，而且学会了春毛擀毡技术。学艺的日子里，我不仅学到了擀毡的真本领，而且深得师傅的喜欢。

“师傅老了擀不动毡了，再过几年这些就都是你的了。”师傅不止一次地看着他的擀毡家伙什儿说道。

没过多久，真的像师傅说的那样，我得到了他的家伙什儿，弹毛弓，还有擀毡的竹帘。师傅正式退休了，让女儿把自己接回了家。

我告别了师傅，带着擀毡的工具，回到了家乡，开始了自己的擀毡生涯，而这一干就是几十年。

3

回乡后，我和哥哥开始走村串户，到处揽工。主家雇毡匠是管吃管住的，工钱一般以毛的重量计算，每斤羊毛四毛钱，毡的款式也有大小之分。

擀毡的活儿得两人干，我们兄弟俩合作，我负责技术活，哥哥负责打下手，我和哥哥每天早上六点就要开始忙活，到次日凌晨才能睡觉，可即便这样一天最多也只能擀两条毡，挣10块钱。

那时在村里，家家户户的炕上都铺毛毡。炕上的毛毡，冬季隔热保暖，夏季可以防潮，加之其耐磨性好，因此很多人都将毛毡视为家庭的必备物品，几乎家家户户都会请毡匠擀毡。

擀毡的工钱逐渐涨到了每斤两元，我们哥俩越干越出名，十里八村的乡亲都知道我们的活好，只要听到我们兄弟的吆喝声，人们便你争我抢地叫我们上门去擀毡。后来，我在村里盖了一间小屋，成立了擀毡手工作坊，人们开始上门来找我们擀毡，从那时开始，擀毡变成了我们家两代人谋生的营生。

20世纪90年代的时候,因为手艺好,我们每月赚的钱比村里其他人都多,日子过得让全村人都羡慕不已。1998年,大儿子建立了属于自己的擀毡手工作坊,购买了擀毡的机器,专营毛毡加工。我把自己经营了近20年的擀毡小屋上了锁,到儿子的作坊专心辅佐他,做既要手艺又不怎么费力的铺毛、喷水、卷毡、捆毡连等活,可惜好景并不长。

由于十里八村养羊的人越来越少,用来擀毡的羊毛开始稀缺起来,大多数从事擀毡的艺人们都转了行。儿子的作坊越来越艰难,终于支撑不下去,关闭了,只留下了我的那间擀毡小屋。

社会发展了,人们富裕了,生活方式也发生了变化,就算是在农村,铺毡的人也少了,而城里的人大都用上了毛毯、地毯,毡基本被淘汰,擀毡这门手艺也渐渐地被更多的人遗忘。现代技术以及机械的应用对传统手艺产生了巨大冲击,某些手艺即将成为历史,在历史的长河里,那些曾经饱含深情的匠人们,他们的作品也成了陈列在各处参展的展览品。

50多年里,经我的手擀制的毛毡铺在了万万千千个农户家中的炕上。曾经的风光,让一代代擀毡人托起了温暖、恬静、宽厚的家,开启了属于那个时代独有的一份绚丽。但如今,在这个喧嚣的城市里,在鸡鸣狗吠的村庄里,擀毡小屋却显得那么的落寞冷清、格格不入。

王　芳|整理

# 在她们的世界里，剪纸不只是一门技艺

剪纸，是常见的一门民间艺术。一片片红纸带着庄稼人的希望、向往、赤诚以及内心世界，飘荡在乡间、城市的每一个角落。于是，那张红纸再不是一张普通的纸了，仿佛是一只只灵动的女性的手，抚摸着观赏者的心。

1

在宁夏的乡间，到了农历新年，许多手巧的妇女都会剪个窗花增添喜气。不过，她们中的大多数人手再巧，也只是在村里至多是乡里被人传颂。

我的母亲就有着一双巧手，剪纸、刺绣、裁缝什么都难不倒她，而最为拿手的当属剪纸。在母亲的影响下，我也走上了一把剪刀、一张纸的人生之路。

1960 年，我出生在宁夏海原县兴仁镇这片贫瘠的土地上。有人说“山沟沟里出凤凰”，而我也许就是从宁夏那个偏僻的山沟沟里飞出来的人们口中所说的“凤凰”，我的剪纸越剪动静越大。

自幼喜爱剪纸的我，六岁开始便拿起了剪刀，而从拿起的那一刻开始就从未曾放下。

那时，母亲给别人剪纸时我就像个小猫一样在旁边趴着，乖乖地守着母亲，母亲把剪刀放下，我就拿起来。我每剪一个母亲就鼓励一个：“剪得太好了，不错。”就是在这样的鼓励声中，我的胆子也渐渐地大了起来。

记得有一次，母亲怕我被剪刀扎伤，便把剪刀藏在了窑洞里的柜子顶上。当清晨阳光照进来的时候，那把剪刀就发出明晃晃的光，仿佛在告诉我它的存在。我让妹妹蹲下来给我做人梯，然后我踩着她的肩膀扶着窗框站上去，当我拿到剪刀偷着乐的时候，一个不慎，剪刀掉下去扎在了妹妹的脚上。当然，少不了父母的一顿痛骂，虽然心有愧疚，但是依然没有影响到我学习剪纸的热情。

初学时，没有样品，我就把家里能找到的香烟盒、报纸上的图案、照片剪下来，贴在墙上仔细看，后来开始从碗、筷、水桶、铁锹等简单的器物剪起，蝴蝶采花、大公鸡叫鸣等复杂的花样也越来越熟练地从我的剪刀下诞生。

上学读书后，母亲为我缝制的布袋子书包里，总会放着一把用布包裹好的剪刀，每天剪刀随着我上下学，与我形影不离，那时候似乎看着剪刀都能让我乐好久。

那个特殊的年代，墙上处处贴着宣传标语，红纸、绿纸、黄纸，色彩很是丰富，隔几天就换一次。那时候纸对我来说是十分宝贵的，每次更换标语的时候都是我最开心、收获最大的时候。我把墙上替下的标语纸小心翼翼地折好，放进书包里，每次都那么一厚沓，母亲缝的布袋子被塞得满满的，我把它们带回家。那时候的自己脑海里没有任何概念,想到什么剪什么,想怎么剪就怎么剪。

也就是在这个时候,我的处女作《蛙》问世了。记得那个时候母亲还问我:“你这剪的是什么啊?”我说:“这是蛙啊。”记忆中每到下雨的时候,屋子后面是一个沙堆,沙堆过去后便是一条河,下雨后河水上涨,很长时间才能渐渐退去。每到这时,水里的青蛙便整天地呱呱叫。那时候,我天不怕地不怕,抓青蛙玩更是不在话下,也因此有了《蛙》的创作灵感,而且剪出的是一只大青蛙,肚子里还有一只小青蛙。母亲看不懂,当时的我也没概念,只是脑海中一闪便剪了出来,直到自己长大懂事后才知道,青蛙怀孕是怎么回事。

2

1979 年,高考落榜后,我回到了乡村。那个时候我一度认为余生将在结婚、生子、务农这条轨道上持续下去。但没想到,上帝在为我关上一扇门的同时却为我打开了一扇窗。

1992 年,为了生计,家里在兴仁开了一个饭馆,为了让小饭馆更富有特色,我想到了用剪纸来装饰饭馆。我把自己的剪纸作品贴得饭馆里到处都是。食客们看了,交口称赞,这给了我莫大的鼓励。来吃饭的食客也增加了许多,我每天都会给自己定目标,每天都得剪纸,剪不出来连饭都不想吃。五年的时间里,以自己的小饭馆为蓝本剪出了《饭馆春风》,还剪出了《西游记》《水浒传》《红楼梦》《三国演义》四大名著中所有的人物。与此同时,我也开始了我的肖像剪纸。

那时,每天来吃饭的客人都是我的剪纸对象。客人来饭馆吃饭,我不好意思坐在人家对面剪,只能偷偷地坐在侧面剪,这也锻炼了我的侧面肖像剪纸,也为后来的正面人物肖像剪纸奠定了一定的基础。

与此同时,我也开始把剪纸投稿,让其见报,我的艺术成绩也引起了区内外专业人士的关注。

1993年,我作为宁夏民间艺术团成员赴日本文化交流。那时城里人流行大波浪头发和裙子,我回来时就弄了一个大波浪头发,买了裙子。那时候,在整个镇子上,我是唯一一个穿裙子、烫大波浪头发的人,那时候也不知哪儿来的勇气,在那个偏远的小镇上如此这般地穿着。

也许正是因为我的大胆、敢于尝试、不拘一格才让我的剪纸作品也有了自己的风格,有了自己的灵魂。

3

1996年,由于向远导演的《这女人这辈子》电影在镇北堡西部影视城开拍,因为剧中的女主人公灵凤有一手漂亮的剪纸手艺,机缘巧合下,有人向于导推荐了我,而我也就应邀参与了电影里那些剪纸插图的制作,于导需要什么样子我就给他剪成什么样子。当时在片场,那些人都追过来看我剪纸,演员都没人看了,而且还时不时地发出类似于“到底是怎么做到的”之类的惊呼声。

电影拍完后,我的几百个剪纸图案留在了影视城,说来也巧,正是因为它们,我的剪纸迎来了真正的春天。

当西部影视城张贤亮先生发现那些剪纸后,也觉得特别新奇。1997年,张贤亮邀请我去给西部影视城剪纸,还专门给我开设工作室。在接受了张贤亮先生的邀请后,我便果断地把饭馆盘了出去,带着孩子匆匆去了影视城。

我的工作室外挂了一张牌子,写着“西北第一剪”。这个牌子对于我来说,有压力也有动力,而这张牌子一立就是20多年。

那时的影视城很荒凉,风沙漫天。白天送孩子上学都是用绳子把孩子一个接一个地链着,就怕孩子摔倒了或者乱跑,走在路上都看不清楚前面的路面;晚上回来,呼呼的风声,听着都让人害怕,桌子上不管怎么收拾都是一层层土,看不着本来的颜色。

那时的艰苦是自己选择的,不管怎样都没有理由再放弃,只能坚持,而这一坚持就是 20 多年。现在,我已经达到了以艺养艺的程度,孩子们的大学也是我靠剪纸供出来的,三个女儿都选择了艺术专业。

“心里怎么想就怎么剪,剪纸是脱稿剪纸。”见过我剪纸时样子的人也都知道这一点。在宁夏回族自治区 50 岁生日的时候,一副 50 米的长卷,我用剪纸剪出了 50 年来宁夏人民日新月异的生活。一枝梅花上站着一只喜鹊便是“喜上眉梢”,一张张完整的纸在剪刀下剪出了不一样的情感,剪出了不一样的人生。

时至今日,手头上剪过的人物肖像已有 10 万余张,而那些民俗、风景、纪念剪纸、影视作品中的剪纸,我早已记不清剪过多少。

4

“您要怎么剪呢?”

“我没学过专业美术美工,每次用剪刀来直接作画。”

“那要是人物肖像呢?”

“剪个人物肖像嘛,坐在那儿我就可以剪了。”

每当客人找上门来剪纸时,都会好奇地问要怎么剪,而我每天也只能重复这些同样的对话。

20 多年,带着一把剪刀一张纸,我几乎走遍了世界的每一个角落,通过剪纸传递着宁夏的热情,传递着中国的文化。也许走出去我们的语言不通,但是剪纸是相通的,他们看完我的剪纸后竖起大拇指,那是他们对我们文化的赞扬。

也许那一刻我才明白了,当剪刀和纸在你的心目中发生关系的时候,你用心剪出来的图案就叫剪纸,所以心画就是笔画,心通、心狠则剪刀准、手稳。

从我奶奶开始，我们家就有剪纸的历史了，奶奶心灵手巧，妈妈更不用说了，到我这儿，也可以算是第三代了，就是这样代代人相传，剪纸技艺才这样绚丽多彩。

三代人，一把剪刀、一张纸，剪出了宁夏的山山水水、花花草草、民俗民风，剪出了对山河的爱恋、对宁夏的赤诚，剪出了美好生活，剪出了幸福人生。生活也许原本就是这样不需要太多的修饰，只要你保持初心。

我出生在农村，不管走到哪儿、不管剪纸变成什么，那份农民的赤诚和真诚永远不变，我一直都是用心作画、用剪作笔。也许以后，人们会把剪纸技巧编成一首诗或者一首歌，但对于我来说，在剪纸的路上，我就是一个探索者，每一天都是一个新起点。

我在剪纸，好奇的人们在看我的手，他们看的是新奇，而我剪的是情怀。

王　芳|整理

# 闫家砚：一方砚台　一个规矩　一种传承

1

2009年8月底的一天，虽已立秋，但秋老虎依然咄咄逼人，酷热难耐。银川文化城大理石的地板被晒得滚烫，四周看不见一个人。

我在店里擦拭着柜台以及其他摆件。

忽然一阵凉风吹来，推门而入进来一个人，手拿公文包，西裤笔挺，皮鞋锃亮。我意识到生意来了，顿时眼睛一亮。

“老板，需要个什么？砚台、刻章、屏风、挂件，都有，看您是自己用，还是送人？”

他没有理我，自顾自地看了一周，最终眼神落到一进门的这个柜台上，俯身去看。

“这个卧牛砚，怎么卖？”

能叫得上这方砚名字的人，不用看就知道是识货的。出于礼貌,我答道:“这方砚,只做观赏用,不卖。”

“为什么不卖?说实话,我是慕名而来的,我知道这方砚是你们闫家砚最具代表性的作品,我就看上这方砚了。”

“这是我父亲的遗作,你要是喜欢,我可以再给你按照那个样式再做一个。”

他顿了顿没有说话,胳膊往回收了一下,把手包往紧夹了夹。

“好的,一个月后我来取。”

按照那个浙江老板的要求,我答应给他重新雕刻一方卧牛砚。现在想起来,也许那个时候,我不单单是为了重视这笔生意,也许更想雕刻出一方超越父亲的砚台。从选料开始,每一个环节都是我亲自操办,选一块好的石料是雕刻的关键。

第二天起个大早,经过七个小时的跋涉,我来到笔架山选料。笔架山是贺兰山前的一个险峰,距银川市 30 多公里,沿着崎岖的山路向西攀登,穿过浓密的丛林和雾气环绕的山峰,就可到达位于海拔 2600 余米的小口子沟的源头,这就是贺兰石的产地。

笔架山因盛产贺兰石而出名,清乾隆年间,笔架山前沟为贺兰石的主要开采地;清末转移到了后沟,那儿有更优异的石层,现在还可以在这里见到旧时采石矿的遗迹。再后来,就转移到了现在这个地方,这里石质更优,蕴量丰富,但由于有限的贺兰石资源,现在的开采由贺兰石管理部门统一开采,只有在这儿,才能获得一块优质的贺兰石原料。

拿到石料,就进入了制砚的工序。回想父亲的制砚过程,根据材料的大小、纹理,观其质、量其彩,反复揣摩,直到感觉脑海里有了一个成熟的构思,制砚方才开始。

打磨是一个细腻而又烦躁的工作,把原材料打磨得摸起来像宝宝的肌肤一样细腻,我才心满意足,光这个过程就花了三天的时间。接下来进入到真正的雕刻阶段。

我拿到的贺兰石原料是一块具有深紫、豆绿两种颜色的上乘石材,在切割的时候多次临时改变设计方案,才将意想不到的状况处理得恰如其分,使两种颜色形成的图案看起来美观协调。

按照卧牛砚的纹样,我撬出轮廓层理,当我再想精雕细琢,砚成方休时,却发现,任凭我怎样的构思,均达不到父亲的高度。我只能硬着头皮给浙江老板打电话,请他另觅他处。

2

柜台上,父亲雕刻的卧牛砚安静地摆放着,我反复端详,重温父亲教我学艺的那个年代。

1973 年,21 岁的我从二建公司调入了银川市工艺美术厂当学徒,父亲是那儿的技术负责人,手把手传授我闫家砚的雕刻技艺。

父亲的那个年代,从事砚台雕刻的人,文化水平偏低,没有美术基础和审美功底,但是老实、淳朴、忠厚的本性,在他们对待工作的态度上表现得淋漓尽致,他们具有那个年代普通匠人的优秀品质,采料、打磨、制作等各个环节都精益求精,雕刻出的砚台,销量也不错,而且口碑好,回头客很多,单靠着制作砚台这一种手艺,就能在那个时代养活着一大家子人。

那时候的父亲很严厉,我们父子间感情的表达总是很直接,没有反抗,只有遵从,父亲端坐在上位,看着我们行跪拜之礼,慈祥而又肃穆。

父亲跟我讲过,闫家制砚已经有 100 多年的历史。清光绪年间,我的曾祖父辗转从湖北来到宁夏,那个年代时局不稳,清朝廷摇摇欲坠,而爷爷家的生活岌岌可危。迫于生计,曾祖父便把之前的制砚手艺重新拾了起来,在他老人家的严加管教下,我祖父兄弟俩进步很快,制砚技艺高超,砚台刻得好,人称为“闫砚台”。

到了我父亲和叔叔这一代，他们算是“闫家砚”的第三代传承人，依靠着这个手艺养活着全家20多口人。每当父亲制砚时，我便饶有兴致地在一旁观看。

记忆中，父亲的刻刀箱里总是放满了长短不一、尺寸各有大小的不同刀具，镌刻着我儿时敲敲打打的刻刀世界。小小尺台之上，刀尖流转，刚柔相济、层次分明，方寸之间的精雕细琢，是对大自然馈赠的神奇幻化。小时候，父亲的刻刀就像画笔一样，化腐朽为神奇，变玉石为英华，但每当他的手摸到我脸上的时候，我分明感觉到的是刺啦啦的疼。

一方砚台就是一个故事，砚如人生。

“做砚台，就像做人一样，砚如其人，来不得半点虚假，更不能投机取巧，老老实实做事，本本分分做人。”

我学习制作砚台是从刻一枚方章开始的。小小方章我打磨了有半个月之余，在父亲眼里仍是不合格，做了看、看了改，改了再做。就在这简单的方寸之间，切切割割，磨磨打打，在成功做出一枚方章的同时，也打磨了我的性子。

许多年后，当我作为老师给学生们讲授制砚技艺时，也是从打磨一枚方章开始。看似简单，却是让他们先学会沉心定气，静下心来钻研制砚技艺。我始终告诉我的学生，要永远保持着一个制砚匠人的初衷，不掺假、不投机取巧，在简约之中寻求意境，于古朴的造型中展现含蓄典雅的风格。

3

浙江老板没有得到他心仪的卧牛砚，但我似乎从父亲的卧牛砚里读懂了些许深意。父亲将闫家砚的技艺传授给了我，而我要通过不断的钻研，将这种技艺传承并发展下去。我开始从中国历史文化、古典文学、唐诗宋词中寻找灵感，希望突破传统雕刻风格，拓宽表现题材,兼具美学和文学内涵,让闫家砚更富诗情画意,更具新意美感。

2012 年,经过不断的技艺创新和完善,闫家砚被评为国家级非物质文化遗产,我有幸成为这个项目的国家级代表性传承人,这意味着,闫家砚不仅是闫家的,也是全社会的。在聊以慰藉的同时,我深感责任重大,父辈们为人处世的朴实、谦虚和对待技艺的认真执着,使我始终保持着一个匠人的初心。

“爸,听说最近我们文化园里又有几家砚坊开不下去了,要往出盘。”

“嗯,我知道呢。放心,闫家砚传承了百年,技艺是经得起时间考验的。”

“爸,我决定要跟你学习雕刻闫家砚了,这门技艺不能丢!”

“你能这样想太好了,爸希望你青出于蓝而胜于蓝,让更多的人了解闫家砚。”

父亲的素描画像依旧挂在墙上,“这做砚台呀,就像做人一样,砚如其人,来不得半点虚假,更不能投机取巧,老老实实做事,本本分分做人”。我清楚地记得父亲的言传身教,我用手抚摸着儿子的脸,不知他是否也觉得那是一种刺啦啦的疼。

马　瑞|整理

# 冬日里，我的安全感就是一缸暖老温贫的腌咸菜

1

从小时候起，冬天到来的讯息对我来说不是第一场大雪，而是家家户户囤积在院墙下的大白菜和韭菜。母亲常说，家有腌菜，寒冬不慌。冬天的腌菜和春节的饺子一样，是温暖我冬日味蕾的回忆。

每年深秋初冬时节，母亲都会领着我下地搬白菜、割韭菜，早早为过冬的腌菜做准备。母亲在平板三轮车上放上铲子和麻绳，我帮着母亲将板车推到田垄旁。清晨的菜园里，菜叶上还残留着露珠，母亲常说：“割菜不要伤到菜根，冬天地上的部分虽然枯死，但是根只是在土里睡着了，等到来年开春大地解冻后，咱家的菜园里又是一片绿油地了。”

我跟在母亲身后，踩着母亲的脚印下地。只见母亲一手拿着铲子，一手抓上一把韭菜，半弯着腰，对准韭菜茎上三厘米左右处，一铲子割下去，动作干脆利索，我一边想着母亲的叮嘱，一边学着母亲的模样割菜，努力跟上母亲的进度。腌菜除了需要割上几垄韭菜，腌大白菜也是一道重头戏。我双手用力将白菜连根拔起，新鲜水灵的白菜根部还连带出潮湿的深色泥土块儿。等太阳出来了，我和母亲也差不多将菜收割好，我小跑着将地里收好的菜一趟趟地搬运到板车上，随母亲满载而归。

从地里运来的大白菜整整齐齐地垒在院子里，洗菜捡菜的时候，母亲总会给我们兄弟姐妹每人分上一把。“看谁的菜洗捡得最干净，先完成的检查过关就可以出去玩去了。”母亲一声令下，我便铆足了劲儿开始干活，除了心里对自己那一把菜的小小责任感，私心里想着赶快完成就可以和小伙伴撒开丫子漫山遍野地玩。

我们将大白菜和韭菜外层泛黄的、腐坏的叶子摘掉，韭菜缝隙间的泥土洗干净，平摊晾晒在木板上，白菜叶被一层层地剥下来，菜帮子、菜叶子也过水洗净，整整齐齐地晾晒在木架上、窗台外，等到菜叶的水分蒸发了、晒蔫了，便可以开缸腌制。

开缸腌菜的头天，父亲照例会从集市上买四五包盐，还会将腌菜缸刷洗得干干净净。“金霞，去厨房拿刷把来。”听见父亲一声喊，我飞快地把工具递到父亲手上，听着刷把刷缸的沙沙声，我便知道不久之后就能吃到酸辣可口的腌菜了。第二天天一亮，“金霞，起床了，快去帮着给菜撒盐了”。母亲说着拉开窗帘，我麻溜儿地穿好衣服冲到院子里。

母亲先在缸底撒上一层盐，然后把菜叶整齐地放上一层，再把盐均匀地撒在菜上，再放一层菜，就这样一层层地将菜垒起来。奶奶说咸菜腌的过程有很多讲究：“这配料得撒均匀了，等菜腌出菜汁，菜汁把菜浸泡住，这缸菜全都出味儿了，这功夫才算没有白费。咱们街坊都腌菜，但一家是一家的味儿，配料稍有不同，这味道也会不一样。”

腌菜缸放在家里的库房，母亲说腌咸菜要放在冷热湿度合适的地方。太冷咸菜会结冰，寒冬腊月里菜缸也会冻裂；太热也不行，咸菜发黑、发酸、发臭，易腐坏。咸菜被白化，上面会浮上一层白沫子。还有盐量也得把握好。盐少腌菜容易坏；盐多了口感不好，齁的舌头、嗓子疼，除非过水才能就饭吃。刚放上菜的头三五天，母亲每天都会掀开咸菜的缸盖，用压在菜上的石头一天三按，把满缸的菜压得瓷瓷实实，然后就静静地等着咸菜出缸的那一天。

2

等到立冬前，我们家的第一缸腌菜差不多就腌好了，我和弟弟围着腌菜缸，等父亲把缸上压着的大石块搬下来，掀开被塑料布围得严严实实的缸盖，用筷子蘸上菜汁，嘬一下筷头尝尝咸淡。如果腌得好，父亲便会扯着嗓门喊一句："咸菜好嘞。"母亲总会笑眯眯地将夹上来的第一盘咸菜分给我和弟弟吃。

在我的家乡，黄米黏饭酸白菜是家家户户冬日必不可少的饭。咸菜腌好后，母亲一定会给我们做上一顿黄米黏饭，黄米和大米放在一起蒸，等七八分熟后开始使劲搅拌，搅拌得均匀软糯，嚼起来黏黏的。俗话讲，"黏饭若要好，三百六十搅"。只有搅拌得好，这黄米黏饭才软糯劲道。

黄米黏饭做好后，全家人围坐在一起，母亲用搌布围住热气腾腾的饭锅说道："都别动啊，锅还烫着呢。"然后小心翼翼地将一锅黄米黏饭放在炕桌中间。热气腾腾的哈气呼在脸上，我们不由地感叹上一句："哇……真香。"再端上一盘咸菜。我喜欢将咸菜拌在饭里，米香菜汁浓，老远就闻到香味，吃一口黄米黏饭，全身上下都是热乎乎儿的。

咸菜除了家常吃，碰上逢年过节、婚丧嫁娶，也是必不可少的食物。上中学时，邻居马婶家娶媳妇，马婶一口气腌了整整五缸咸菜,韭菜、白菜、黄瓜、豆角、花盖、沙葱、西红柿……满满地放在咸菜缸里,配上红椒、青椒、小米椒好些配料,满院子的烟火气看着格外喜庆。马婶站在院子里乐呵呵地说:“娃娃娶媳妇了,得把乡里乡亲的招待好,大家一起热闹闹的,牛羊肉管够,咸菜咱也顿顿都有!”

来马婶家帮忙的很多,每天放学我也会去帮忙,人来人往间,咸菜一缸缸见底。我和马婶的女儿凤珍既是发小也是同学,“金霞,今天给你留了一大盘腌沙葱和腌西红柿,再不吃可就没有了”。凤珍知道我最喜欢吃腌沙葱和腌西红柿,每次都特意给我留上些。

“凤珍你知道吗,我听奶奶说,以前沙葱很贵,腌的也少,都是山里来亲戚的时候给带上一些。如果谁家种好了也会给左邻右舍分上点。黄米黏饭也珍贵得很,饭里面会掺上荞麦面或包谷面。”我俩边吃边说着自己知道的咸菜故事。

母亲腌的咸菜口味清淡爽利, 很有口碑。有时家里做黄米黏饭,母亲便会叫上左邻右舍来家里吃饭。“三嫂,大老远就闻到香味了,我就是冲着您这一口咸菜来的。”邻居马婶爽朗的声音从院门口传来,母亲便起身迎客。马婶也会领着新媳妇来家里做客,新媳妇心灵手巧,除了针线做得好,咸菜也腌得好,新媳妇是用烫菜来腌咸菜,菜洗干净后过上一遍花椒水再腌,酸辣可口,口感极好。母亲说,嫁人前也得让我学会腌一手的好咸菜。

3

我在离家比较远的镇里读高中, 每隔近一个月才能回家吃上母亲做的饭菜。一进家门就像是一头饿狼似的,经常是母亲刚把咸菜捞出来,转身去盛饭的工夫,我已经将面前的小盘咸菜吃完了。“别着急啊,又没人跟你抢,饭还没有盛上来。”母亲说道。“妈,我坐大巴路上晕车,吃饭前得吃碗咸菜才行,先开开胃。”我笑着跟母亲撒娇。后来，母亲便常常将咸菜和着米饭一起炒，做成酸菜炒饭，不仅开胃还顶饿。每次返校，母亲也会用调料玻璃瓶装上一罐咸菜让我带到学校。在外吃饭的时候夹上一筷子咸菜，都是亲切温暖的味道。我还把母亲的咸菜分给同学，听着同学都夸咸菜好吃，我心里也会油然而生一种满足和自豪感。

生活条件变好，咸菜不仅是冬天才吃，腌好后放进冰箱，一年四季都可以吃上腌咸菜。夏天摘枸杞的时候，母亲和邻里的叔伯姑婶们也会常带酸菜炒饭。母亲每天早上先将酸菜和米饭炒好，放在不锈钢的餐盒中，天气炎热，干完地里的活，吃起来开胃不腻。大伙还会相互品尝，谁家的咸菜偏酸，谁家喜欢吃辣子多的咸菜，各式各样的口味也是生活的百态。

现在腌菜的种类越来越多，但是家里腌的咸菜量却越来越少，以前家里种菜的地后来种上了玉米和小麦，只留下门前院子里的一小块菜地。每年腌菜的时候，便从菜市场买些现成的蔬菜，兄弟姐妹都离家求学、工作，母亲的咸菜也渐渐变成餐桌上的调味品，但偶尔回家的时候，母亲还是会像上学时那样，给我们每人塞上几罐玻璃瓶装的咸菜。

"今年第一缸咸菜你们是吃不了了，盐量放的少了，没多久就臭了，也不知道是不是老了，口味不准了。哎，白白浪费了一缸菜。"前年回家的时候，母亲有些懊恼地说。

"妈，我们不在家，您就别辛苦费劲做了，现在想吃哪里都能买到，您有时间多休息休息。"我宽慰母亲。

"现在吃啥都能买的上了，但是腌菜的手艺不能丢。以前生活条件不好，一年下来基本维持温饱，等到了冬天，不光粮食紧缺，菜样更是稀少。下地干活出力大，咸菜盐分足，大家吃饱了才有力气干活，冬天里也才能有菜下饭。"母亲看着腌坏的菜说。

"那今年咱们重新腌，我还给您打下手，保证腌的跟以前一个味儿!”我挽着母亲说。我陪着母亲从菜市场买来白菜、韭菜、萝卜、西红柿、豆角、芹菜……去泥洗净、晾晒切腌。

第二缸咸菜腌制成，我开缸挑起一片咸菜，放在嘴里砸吧砸吧,还是小时候的味道。

我盛起一碗咸菜,在咸菜上撒上辣椒面,浇上一勺熟油,空气里冒着呛鼻的香,在炒锅里倒上胡麻油,油热七八分后放进葱丝姜末,再加上米饭,认真翻炒,我也给母亲做成了一顿酸菜炒饭。

“以后要是等到牙口咬不动的一天,含一口咸菜在嘴里尝尝味道也是好的。”母亲看着我做好的酸菜炒饭说道。

“妈,等我老了,也跟您想的一样。”我笑着挽紧了母亲。

万　圆|整理

# 谁要去城里，<br>我就留在通贵做豆腐

在银川，一碟小菜、一个鸡蛋、一碗拉面是早餐的标配，如若在拉面里加上豆腐，那更是别有一番滋味了。可要说银川哪里的豆腐最好吃、最有特色，那必定是通贵老豆腐。

通贵乡通西村，东靠黄河，是历史悠久的引黄灌区之一。在长流不息的黄河边，村民们靠手指和豆子间的合作，构建起了一条制作老豆腐的流水线。

1

通贵乡南北被黄河贯穿，世世代代受黄河水滋养的通贵人练就了做豆腐的好手艺。我家世代住在通贵乡通西村，从什么时候开始做豆腐，就连奶奶也说不清楚了。

我家老房子的院子里有一座石磨，不知用了多少年，奶奶是做豆腐的好手，从她手里做出来的豆腐鲜嫩香浓，时常有人提着一袋子黄豆到我家来，放下几毛钱，请奶奶帮忙做豆腐。就这样一传十十传百，老房子成了远近闻名的豆腐坊。

做豆腐的第一道工序是"破豆子"，接着簸去豆皮，再将黄豆泡在瓦盆中泡上一整夜，第二天一大早，豆子变得黄澄澄、鼓囊囊的。

那时我只有五六岁，总是喜欢跟在奶奶的身后，甩也甩不掉。奶奶大清早便起来磨豆子，我听见磨盘转动的声音，也赶忙从炕上爬起来，搬上小板凳，坐在奶奶旁边。奶奶右手紧握磨把，左手拿着一把勺子，舀着豆瓣不紧不慢地倒入石磨眼儿。石磨"吱吱呀呀"地转动着，雪白的豆浆从两扇磨盘间一滴一滴地掉入盆子里，散发出浓郁的豆腥味。

"还早呢！再去睡会儿，豆腐做得了炖了给你吃！"磨豆子的确是件漫长而单调的事，我靠在奶奶身上直打哈欠。奶奶的手冰凉冰凉的，在我额头上轻轻一拍，催促着我赶快去睡觉。

一个回笼觉睡起来，已经到了点豆腐的工序了。母亲在一旁打下手，奶奶匆匆擦把汗，稍松一口气，舀了一大勺浆水，放进煮沸的豆汤里来回游动，一瞬间，锅中便浮起了豆花，随着时间的推移，豆花越来越多，像翻卷的浪花，慢慢变得稠厚而涌起。奶奶的大勺子仿佛拥有神奇的魔力，仅十几分钟时间，就将一锅豆汤变成了豆花。

我在一旁高兴得直拍手，可奶奶却没工夫理我。她把"磨豆腐"用的大盆收拾干净，盆里铺上大大的粗纱布，把锅中的豆花连汤全部舀入大盆，然后迅速用纱布严密地包裹起来，放进长方形的模子里，上面放上重物压实，豆浆一点点从纱布的孔眼中流出来。

奶奶总算有了休息的工夫，她摸了摸我的头，笑着说："别着急，再等一会儿豆腐就做得啦！"

灶膛里的炭火还在噼啪作响，厨房里弥漫着醉人的豆香，来取豆腐的人已经站在了门外。那样的早晨真是温暖而美好。

一个小时过后，豆腐终于做好了。打开纱布，热腾腾的豆腐顿时呈现在眼前。奶奶用刀把豆腐切成几个四五寸见方的豆腐块，白嫩新鲜的豆腐微微震颤着，散发着香气，勾得我直流口水。

奶奶切了一小块豆腐塞进我嘴里："尝一尝，好吃不好吃？小心烫嘴！"豆腐口感有些粗糙，豆香浓郁。

"没什么味道呀……"我皱了皱眉。

奶奶笑着说："你小着哩！就能吃出个酸甜。"

2

奶奶的好手艺传到了父亲手上，家里的石磨由一个增加到了好几个，父亲请了工人又砌了一个灶台，置上了一口大铁锅。豆腐作坊的规模扩大了，可是家里的生活依然清贫，父亲和母亲每天天不亮就起床开始忙活，母亲磨豆子、煮豆浆，父亲把做好的豆腐挑在肩上，赶去县城早市上贩卖。

我家的豆腐在集市上总是最受欢迎，父亲同通南村的老马一起出摊卖豆腐，可是每天都是父亲最先卖完回来。

奶奶已经开始预备午饭了，老马挑着担子进了我家的院子，坐在门口"咕咚咕咚"喝了一大缸子茶水，皱着眉头说："你们家豆腐咋做的嘛，怎么味道就不一样呢？"

奶奶笑着回答："都吃黄河水，哪有啥不一样啊！"

可是没过多久，通西村的豆腐竟真的开始远近闻名了，从贺兰县城来了几个人，拉了一车村里的井水运回去做豆腐，可是第一天还能做出来，第二天却无论如何"点"不出老豆腐了。

年复一年，无论春秋冬夏，我家豆腐坊的灶火一直都燃烧着，院子里的石磨也一天都不停歇地转动，父亲的腰被沉重的扁担越压越弯,母亲每晚都因为肩背疼痛睡不着觉。父亲母亲用卖豆腐赚来的钱把我和哥哥抚养长大，哥哥成绩好，高中毕业后考上了大学,可是高昂的学费却让我们一家人犯了难。为了能让哥哥安心上学,我主动提出回家帮父亲做豆腐。

“不行,我不能让你也吃这个苦！”父亲的态度十分坚决。

奶奶握住我的手,叹口气道:“吃豆腐的人安于清贫,做豆腐的人活得清苦。”

我最终听从了父亲的劝阻,背上行囊去银川打工,留下父亲和母亲守着家里的豆腐作坊,继续忙碌着。我用攒下的钱给父亲买了辆三轮车,从此,父亲再也不用挑着担子进城卖豆腐了。

3

日子不紧不慢地过着,我家的豆腐在集市上依旧卖得最好,可是家里的经济状况却怎么也得不到改善。随着生产的工业化,豆腐的制作也开始慢慢走向了机械化,手工制作豆腐的周期长,保鲜期短,这让我家的豆腐作坊受到了极大的冲击。

我劝父亲尝试引入机械化生产，可是却被父亲严词拒绝了：“机器做出来的豆腐,怎么能比得上人做的好吃?这豆腐的香、筋道全在于手上的分寸和人的良心！”

一年春天,我和朋友在银川聚餐,餐桌上摆着一盘精致的烧豆腐,朋友夹了一块填在嘴里,皱了皱眉头,说:“要说豆腐,还是通贵的老豆腐好吃,纯手工的,闻上去有股烟熏味儿,可是吃到嘴里,那叫一个有嚼头,香得很呢！可是通贵老豆腐太难吃到了。”

朋友的话让我顿时一愣，原来手工老豆腐竟然拥有这样的魅力。第二天一早,我收拾行囊回了家,下定决心和父亲一起把豆腐坊更好地做下去。我和父亲把家里的石磨全部换成了机械磨豆机,为了开拓市场,我跑遍了贺兰县城的大小餐馆和菜场,推销我家的手工豆腐,又马不停蹄地将市场逐渐扩大到了银川、石嘴山以及内蒙古各地。

每年一到10月下旬,银川平原上的庄稼地褪尽绿色之时,就到了大量制作豆腐的时节。我和父亲每天都在和时间赛跑,希望在有限的时间里做出更多的豆腐。因为手工制作的豆腐不易长时间储存,每天早上不到5点,我就要开着车,将刚刚加工出来的热腾腾的、最新鲜的豆腐运送到银川北环蔬菜果品综合批发市场,那里豆制品区里的20多家店铺卖的都是我家的豆腐。

“明天多送来几块,卖得太快了!”豆制品店老板说。

“手工做的,哪能供那么多呀,做多了放不住!”我笑着回答,接着急忙赶赴下一家店送货。

父亲坚持不在豆腐里添加任何防腐剂和食品添加剂,即使制作出来的豆腐数量有限、赚钱不多,也坚持少量、原汁原味的纯手工生产。这些坚持,不仅打造出了独特的豆腐风味,也让通贵老豆腐得到了非同一般的口碑与信誉。

如今,我们家的日子仍旧过得平平淡淡。奶奶总说,做豆腐的人一辈子清贫,可我却觉得,能把这门营生做成艺术,是我一辈子都愿意做的事。

关瑞瑞|整理

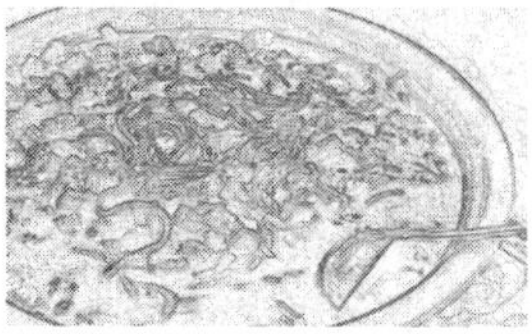

# 风雨 37 年，在她眼里，蒿子面不只是一门营生

“今天得重新擦洗‘家伙事’了，准备蒿子面的比赛，得好好加油才行……”

“今天早上要去朱营市场采购，得亏起得早，要不然新鲜的菜就没了。”

“今天从北京来了一个学手艺的孩子，踏实认真，是个好苗子，我得好好教她。”

“……”

于振玲的微信朋友圈，图文并茂地记录着她做蒿子面，在店里卖面、教做蒿子面的繁忙日常。

1

于振玲是中宁县蒿子面非物质文化遗产的第五代传承人，多年来，她仍然保留制作蒿子面的传统习俗，在中宁县 2011 年举办的首届蒿子面厨艺大赛中一举夺魁，被中宁县确定为中宁民间蒿子面制作技艺传承人。

“别看我平常是个火急火燎的性子,可一拿起擀面杖和面刀,我就能‘入定’。”站在制作室的方桌前,于振玲将案板上擀好的面张子撒上玉米粉,折成一沓,码好,然后屏气凝神,只见手中的面刀在方寸之间游刃有余地落下。“眼要准,手要稳,切出来的面条才能根根细如线,才不会断了。”

1967 年出生的于振玲,做蒿子面的经历不短,如今已是第 37 个年头。

于振玲打小爱吃蒿子面,也喜欢自己琢磨。小时候玩过家家都在做“蒿子面”,树底下揪几根草当面,招呼小伙伴一起“吃”。

13 岁的时候,有一天放学回来,于振玲趴在门边上,第一次全神贯注地看母亲做蒿子面。大大的眼睛盯着母亲,从和面到在案板上擀出 5 米多宽的面张子,只见面张在母亲手上翻飞,就那么随意地一折,手起刀落,掌间竟“铛铛铛”地切出一根根细如线的面条。

从此以后她就越发想自己学了，可真正第一次上手也还是为母亲分担。

人家都说穷人家的孩子早当家。每年放暑假的日子也是村里的农忙时节,有时候父母为了赶地里的活,经常吃不上一口热饭。又一个炎炎夏日,父母不在家去“打场”了,心里惦念着父母早上就吃了一点干粮,现在还在地里忙活,于是她就学着母亲的模样,和面的时候放了点蒿子粉，第一次做也不知道软硬。在醒面的过程中,去自家的菜园子里摘了豆角,挖了萝卜、土豆……洗好、切好放一边。擀面的时候,由于没有撒玉米粉粘了一擀杖,她又重新抹下来,揉成团重新擀,终于擀好了,刀太大,拿不稳,面也切得参差不齐,凑凑活活做好饭,盛好了就往地里走去。

“老童,赶忙来,吃饭来,丫头给做了蒿子面。”母亲高兴地朝在远处田垄上还在忙活的父亲喊道。

“哎哟,俺们丫头长大了嘛,都能做饭了。好吃呢,比你妈做得都好吃,汤也好喝。就是这个土豆丁丁切得跟指头蛋蛋一样大。哈哈!”父亲来不及擦掉额头的汗,端起碗“呼噜呼噜”地吃起来。

“丫头,好呢嘛,妈回去再给你讲讲蒿子面的门道,做得多了,慢慢就切得好了。味道好得很,妈不用愁了。”

自那日起,执起的切面刀就再也放不下了。

逢上个下雨天,母亲不去地里,就在家给于振玲传授蒿子面的“秘技”。如果说上等的蒿子粉是做蒿子面的灵魂,那么作料就是它的嫁衣。

“丫头,这个和面、擀面和切面,不是一天就能练成的,想要切得细,那就得经常练,啥东西都是熟能生巧的。妈今天就给你说说咋配菜。菜其实没有固定的搭配,根据自己喜欢的口味来搭就行。如果要搭豆腐的话,最好是先把豆腐过油,这样更香。土豆、豆角是必搭的。无论搭什么菜,都得先炒一下,炒出香味来,颜色也要搭得好看。要不然咋说色香味俱全呢!这些都做好了,一碗蒿子面也就齐活了。”母亲一边说,一边切着面,切到一半后,把刀递给振玲,让她接着切。

“刚开始不要图快,慢慢来,先学会走再跑。手按住面,按过的地方有印子,可以根据手印子来把面切均匀。”

“丫头子聪明得很,一点就通了嘛。去喊你爹吃面。”虽然手上工夫还是欠缺,但是在母亲的指导下已经进步很大了。后来村里谁家过事,母亲都带着于振玲,让她尝试自己动手做蒿子面。

实践出真知,经过长时间的细心琢磨和实践,于振玲终于掌握了蒿子面制作的全部工序,并能独立完成蒿子面的擀制和烹调。

2

1984年，于振玲高中毕业后进了原中宁县三零四铝厂当了一名工人。在此期间，她并没有撂荒自己的蒿子面手艺，而是精益求精，力求将蒿子面的技艺充分发挥。街坊邻居和工友们都知道她有精湛的蒿子面制作手艺，每每谁家有个红白喜事，都会请于振玲前去帮忙制作蒿子面用以招待宾客。于是，于振玲制作蒿子面的名声越传越广。

2001年于振玲下岗了，一时间也乱了阵脚，不知道该去干点啥，“你不要愁，活人还能让尿憋死了，实在不行了，不是还有手艺呢吗？还有我呢。”丈夫童军宽慰着她。

后来，在和家人商定后，于振玲走上了自主创业的道路。刚开始，由于手头资金有限，她只好在家制作好蒿子面后，再到街面上摆地摊卖面。可是当时的中宁县没有摆摊卖面的，于振玲天天擀面，天天剩面。窘迫的现实超出了她的意料，然而，屋漏偏逢连夜雨，就在这时，老天爷又跟她开了一个巨大的玩笑。她被查出得了癌症——肋骨血性积液。她不得不撤了小摊，做了开胸手术。

身体养好后，于振玲又摆起了小摊，先是送别人面条，后来越来越多的人认可了她的蒿子面，等到积累了一些资金，她和丈夫便在县城开了一家蒿子面馆。

食客们嘴里清淡简单的蒿子面，制作起来可不轻松。蒿子面里最重要的原料自然是蒿子粉。选蒿子粉，于振玲很讲究，她喜欢用沙蒿梁山区的蒿子粉，与面粉混合后，呈现清亮的豆绿色，吃起来口腔里会弥漫淡淡的碱味儿。蒿子面要提前和好，“醒”上一夜后的蒿子面才容易擀。

擀面的活既费力又需要技巧，每次擀面的时候，于振玲都会想起母亲给她说的话：不能使蛮劲，用巧劲才能擀薄擀均匀。于振玲往往和丈夫轮换着擀，才能将一张蒿子面擀得又大又薄。之后的刀工，也要求极高，不仅要求切得匀，还得切得细。

蒿子面地道不地道，臊子汤汁也很重要。

于振玲店里的臊子汤分三种：大肉、羊肉、素菜。豆腐、豆角、土豆切丁油炸，青萝卜、肉丁入锅大火炒，依次加入豆腐、豆角、土豆、西红柿，一起熬制。待各种食材相互混合入味后，加入热水做汤即可。出锅的蒿子面，舀上两勺臊子汤，抓上几片既提香又提色的香菜，一碗蒿子面就可以端到你眼前了。

于振玲的蒿子面是纯手工制作，而且面粉、蒿面子、蓬灰等原料地道讲究，掺配比例合理，经过了和面、揉面、醒面、擀面、晾面、叠面、切面、放面等八道工序，浇汤所用的臊子也经过选、洗、切、淘、炒五道工序，再经过煮面、捞面、过面、盛面、浇臊子五道工序后，一碗正宗的蒿子面就做好了，很多人都慕名到她的小饭馆吃面。

3

"丫头子，你不要嫌妈唠叨，咱开店做面就要纯手工，东西要买好的，量也要给够，别人来吃饭，就吃的是地地道道的手工蒿子面。别听旁人的话，买啥和面机、压面机呢，那做出来的面能对路吗？做生意要本本分分！"于振玲回家看母亲，72岁的老母亲在她耳边絮叨。

于振玲深知母亲的心，也深知蒿子面被食客们津津乐道的所在，纯手工制作，食材安全绿色就足够。所以，即使有心疼他们的食客建议他们购置和面机、压面机，但她依然坚持起早贪黑，在三寸锅台上，本本分分做着蒿子面。

多年来，尽管顾客日益增多，但她制作的蒿子面味道却丝毫未减。随着于振玲制作蒿子面的名声远播，很多人主动到她家里拜师学艺。

她的徒弟里有一个从北京来的孩子，是个"90"后，正是放荡不羁爱自由的年龄,可这孩子却格外得踏实认真,光是分辨蒿子籽的好坏就琢磨了好久。憨憨的脸上总是挂着微笑,像初冬的阳光一样,简单美好。于振玲没有因为徒弟年龄小而放松要求,而是更加严格,面切的不够细,要加练40分钟。

2015年4月初,当于振玲依旧在家忙得不亦乐乎的时候,接到了毛里求斯第八届唐人街美食文化节的邀请函。她并没有多么兴奋,反而内心十分纠结:外国人估计都不爱吃这一口,去了国外,店里头咋办呢?

辗转考虑后,她还是和宁夏艺术小组的其他五名艺人登上了去毛里求斯的飞机。美食文化节共举办了两场展演,展演时间确定在当地时间下午六点至晚上十点,原计划是在一家餐馆举行,将做好的蒿子面让过往的客人免费品尝。但出乎意料,爱吃蒿子面的外国人大大超出了她的想象。

从于振玲着手准备制作蒿子面开始,她的周围便聚集了不少客人,用吃惊的眼神看着她擀面、切面。虽语言不通,却都纷纷竖起大拇指称赞。

聚集围观的人越来越多,举办方临时决定将展演挪到了广场上,搭建帐篷进行。等到第一碗色香味俱全的蒿子面呈现在众人面前时,人群瞬间便拥挤在展演台前,都想先吃为快。

由于吃面的人太多,两天时间里,于振玲做了近60斤生蒿子面,每天都要卖掉近200碗,即便这样,很多人仍然排着长队等候品尝。

最让于振玲感动的是:当地一位白发苍苍的华人特地在展演结束后找到于振玲,握住她的手说:“能不能多待两天,在这儿开一家蒿子面馆吧。我妈妈在我小的时候做过这种面,这种味道让我想起了她。可是她很早之前就离开了我……”老人眼里噙满了泪水。

于振玲深深地感受到了华人对祖国的眷恋和情感。她当时就下定决心，一定要将蒿子面这个非物质文化遗产传承下去，让更多的人品尝到。

回国刚下飞机，于振玲的电话就接二连三地响个不停，都是等着购买她蒿子面的顾客打来的。

除了在店里忙，于振玲还要中午回家照顾女儿的吃喝。

“长脖子雁，扯红线，一扯扯到中宁县。中宁县不一般，丫头都会擀长面，擀的面薄扇扇，切的面细线线，下到锅里嘟噜噜转，捞到碗里一根线，公一碗，婆一碗，女婿子不在藏一碗……”

“童童，你知道你唱得是啥歌谣吗？”

“关于蒿子面的歌呀。妈，等我长大了也要做给你吃。”

“好，等我们家童童长大了，妈妈教你……”

潘　宁｜整理

# 梦里的姥姥，
# 和一同远去的荞麦面搅团

每一个人，都会有心灵一隅的温暖和难忘。总会有一些人一些事，一直在岁月和心灵的屏幕里上演着。姥姥给我做的那一顿搅团，像岁月里的风铃一样回响在我记忆的深处。

1

"玥，领完通知书了，收拾收拾，我们回姥姥家过年了。"我前脚还没进家门，母亲就开口说道。

我把手里的书包撂在地上，径直到小卧室和衣躺在床上，"就不能不去嘛……"我躺在床上纹丝不动，小声嘟囔着。

"没得商量，过年必须去，不能留你一个人在家里。"母亲下了死命令。最终，我不情愿地跟着母亲前往回姥姥家的路上。

姥姥家在彭阳县的山区里，那是个下了车徒步翻过像牛屎饼一样的大山才能望见的小山坳，人们除了种土豆最喜欢的就是打搅团。娶的媳妇儿贤惠不贤惠，就看打的搅团光不光。好搅团用勺子舀起来一倒，滑溜溜一条线；不好的提起来总有疙瘩啪叽、啪叽掉回锅里。

将提前调好的酸辣汁浇在搅团上，用筷子扒进嘴里，吃搅团是那里的庄稼人最舒坦的一餐，可是我却极其讨厌这种黏糊糊的食物。

母亲带着我，翻山越岭地来到姥姥家，姥姥早早地就坐在村口的大石头上等着，看见我们后，她上前紧紧地拉着我的手。

“玥，长这么高了呀，等不了多久就要超过姥姥了。”姥姥笑呵呵地说着。

“妈，咱今天中午吃搅团吧！”母亲看着姥姥，像个孩子一样撒娇。

“等会儿你弟弟一家也来，难得都回来了，搅团是一定少不了的。”姥姥高兴地和母亲聊着天。

放下手里的东西，母亲和姥姥一块进了厨房，而我拿着干树枝在鸡圈外逗着小鸡，无聊的我转身进了厨房。“妈，就不能换个其他吃的吗？这个搅团有啥好吃的。”

母亲在厨房里，手里搅面糊的擀杖顿时停了，但热火上的搅团不等人，不断泛起大颗黏稠的气泡并迅速破裂，崩出的热搅团烫了她的手腕子，她这才赶紧回过神又搅了起来。

“玥，团圆就要吃搅团，搅团是好饭。”在一旁做调料汁的姥姥抢先开了口。

我没再说什么，好不容易挨到中午吃饭的时间，舅舅一家刚好回来，一大家子人围坐在炕桌前，中间摆着一大盆搅团，周边放着调好的酸辣汁。姥姥用勺子底部蘸着调料汁在搅团上压出一个碗状的凹槽，再把做好的酸辣汁盛在里面。桌上还摆了一些韭菜、萝卜之类的配菜，这些是搭配着搅团一起吃的。

除了这一套复杂的工序，吃搅团的过程更是讲究。姥姥是长辈，自然由她先动筷子。只见姥姥先用筷子轻敲了一下盘子，然后夹起一小块搅团，蘸了蘸调料汁，紧接着在头上绕了一圈，寓意吃的是缠头饭、团圆饭。随后，大家纷纷效仿姥姥也动筷子吃了起来。我极不情愿地动了筷子，心想不过是一锅稠稠的面糊糊，吃进嘴里就是一股子杂粮的味道，寡淡的味道到底有啥可吃的，不明白姥姥这代人为什么喜欢吃这玩意！

2

村里山上的沟渠像是被西北风吹裂的大口子，窗外寒风呼呼呼地刮着，我躲在炕头，根本不愿意下炕。

“姥姥，为啥你们都那么爱吃搅团呢？”我还是问出了心中的疑问。

姥姥在炕上盘着腿给我讲起了过去的故事。

姥爷五岁就没了爹，他的母亲将他一手带大，那年头除了饥饿贫穷，最大的敌人就是土匪。只要土匪一来，村子常常被洗劫一空，男女老少就要躲进村里提前修好的地窖里，挨饿受冻是常有的事情。等灾乱过后回到家，粮食、家当大都所剩无几，村里的老百姓只能收拾破箩烂罐，扫扫席炕继续活着。

常年受到土匪的扰乱，村民家口粮一直不济，姥爷家情况更是严重。那个年代搅团是平常想都不敢想的好饭，只有在每年的年三十，村民们才会打上一次搅团。那时打搅团的面多是用高粱面和黑面掺成的杂粮，浇上一勺酸菜汤就能美美地吃一碗，一年来的凄惶和惊恐便暂时抛到脑后去了。

后来情况渐渐稳定，不用再躲土匪，乡民们终于可以安居，收成好的日子也能吃到搅团了。

可是到了三年困难时期，1958年，村里的粮食都被收到了集体食堂，一下子遇到大饥荒，家家都没了余粮，饿得乡亲们满山遍野地搜寻吃的，野菜、树叶、草根很快就被搜罗干净了。后来连榆树皮、苞谷芯子也被磨成粉充饥，但很快连这些东西都没有了。姥爷、姥姥共生养了 5 个孩子，眼瞅着家里揭不开锅，一向教导女儿"要饭不上娘家门"的姥姥，带着几个孩子回了娘家。

姥姥娘家是川地，生活要好很多。姥姥一去就提出借粮，可当时娘家的日子也不好过。她见兄弟们面露难色，便将手里的孩子塞给大哥，说："他爹是单传，老太太好不容易守寡把他爹养大，现在快饿死了，这些都是我生的，现在养不起了，宁可饿死我和娃，也不能把他爹饿死，要不然我没脸下去见老太太。"

家里人实在没办法，就给姥姥借了点苞谷面，姥姥小心翼翼地将粮食裹在大花头巾里，领着孩子们回家了。姥姥每天只是将一点点面搅和着其他能充饥的东西做成一家人的活命饭。

人多粮少，这样的饭也只能让孩子们尝尝粮味。姥爷有一天上工实在饿得不行了，趁姥姥不在家，打了一顿搅团，姥姥知道后伤心得号啕大哭，姥爷则默默地蹲在门边抹眼泪。第二天他们继续上工，日子还得继续过下去。

我第一次听说这个故事的时候觉得姥爷真的太自私，但后来慢慢也想开了，那时候家里孩子们还小，壮劳力也就姥爷一个，他每天在生产队拼死拼活地挣工分，工分是一家人口粮的保证，每天高强度的体力劳动，姥爷可能真饿急了。

3

"玥玥，现在日子好了，你又还小，根本想象不到那个年代能吃上一顿搅团是多么幸福的事情。"在一旁听故事的母亲对我说道。我眨着眼睛看着母亲，没有说话。那个年代生活的艰辛，我真是无法感同身受。

正准备睡觉的时候，我扭过头对姥姥说："姥，你明天给我做一顿搅团吧，我想吃。"

“好呀，明天一早就起来给你做。”

第二天一早，我揉着惺忪的眼睛，发现姥姥和母亲已经起来了，正在厨房里忙活着。我迅速地穿好衣服，钻进了厨房。正好赶着姥姥往锅里下荞麦面，只见姥姥一边下面一边用擀面杖在锅里不停地搅动。

“姥，你盖上锅盖就行了呗，干啥一定要搅？”

“不搅哪能叫搅团，这做搅团一是靠搅的功夫，二靠火候的把握，往锅里下面时要用大火，面全部下到锅里搅成均匀的糊状后，就得改用小火了，感觉搅团六七成熟后就可以不再搅动，再往锅里添少量的水，盖上锅盖焖上七八分钟就好了。”姥姥嘴里给我说着做搅团的秘诀，手上还不停地搅动着。

看着姥姥做搅团费劲的样子，我自告奋勇地要调汁，按照姥姥的指令，在一个空碗里倒上少量的凉开水，放了些醋、盐、胡麻油和葱花。终于做好了，我学着姥姥的模样，浇上酸辣汁迫不及待地吃了起来。不知道是因为自己也参与制作的缘故还是姥姥讲故事的原因，我突然觉得搅团没那么难吃了，有一种说不清楚的感觉涌上心头。

相聚的日子总是有限，不知不觉我和母亲也已经在姥姥家待了小半个月，我要回城里准备上课了。我们依依不舍地告别了姥姥，坐上了回家的车。

自从我上了初中后，繁重的学习任务使我回姥姥家的机会变得屈指可数，后来我考大学又考到了哈尔滨，四年的大学生活里我只是跟姥姥打打电话，很少有时间回彭阳看她。只有过年才会和母亲一块回去看望姥姥，每次回去她都会做上一大盆搅团让我吃个尽兴。

转眼间，毕业后的我和谈了五年的男朋友结婚了，定居在银川。忙碌的工作和鸡毛蒜皮的家务事压得我喘不上气。

2015 年过年放假的前一周，接到要值班的通知，我只能打电话给姥姥，告诉她过年暂时不回去了，等放长假的时候再回家看她。电话那头，姥姥只是传来一声重重的叹息。

腊月二十八的时候，舅舅突然打来电话，声音有些低沉，说希望我们还是回家过年，“玥玥，你姥姥很想你，你和小鹏一块回来，她现在身体不太好”。放下电话，我和同事调了班。第二天，我和爱人匆匆就往家赶。

六个小时的车程，29号下午我们赶到了家。刚看到姥姥的时候，我的心颤了一下，严重的腰疾让她根本直不起腰来，姥姥好像一下子矮小了很多。

姥姥见我们回来，高兴地笑着合不拢嘴，嚷嚷着要去厨房给我做搅团，大家顾着她的腰疾都不让她做，但是姥姥坚决不同意。她说，过年不吃搅团那还叫过年吗？团圆就得吃搅团。后来，还是坚持亲自为我做了搅团。我不放心她的腰，一直在厨房里陪着她，她忍着疼站在锅灶边搅着面糊，可能是因为太疼，额头上渗出了汗珠。半个多小时后才做好。

姥姥很享受儿孙们往嘴里扒拉搅团的情景，她盘腿坐在炕沿上，认真地将碗底粘着的搅团用筷子头刮起来拨进嘴里，最后倒进一口开水涮涮碗喝下。看着儿孙们高兴的模样，她露出了满意慈祥的笑容。

这一次我们没待几天就返回了银川，让我没有想到的是，在我们返回银川的一个月后，姥姥突发脑梗永远地离开了我们。

2016年大年初二，我回娘家。晚上，我们吃了一桌没有搅团的团圆饭，姥姥不在了，母亲几乎不再做搅团，再也没有人给我讲关于搅团的故事，没有人大清早地给我做地道的荞麦面搅团了。

那晚，我梦见了姥姥，她站在炕沿边上，轻轻地拍着我：“玥玥，醒了吗？姥姥给你做了一大盆荞麦面搅团，赶紧起来吃吧，快吃，要不就没了……”

我哭着醒过来，泪水打湿了枕巾，我想姥姥，想那一碗荞麦面搅团。

潘　宁｜整理

# 爷爷在中山北街种的国槐树，如今槐米味依然清香

银川是一座美丽的城，装扮这座城市，除了那些亮眼的花草以外，少不了各种各样的树木。虽然解放街东西大道上一株株怒放的金叶榆为这条老街平添了许多妩媚，北京路沿线被绒毛白蜡的落叶铺满，唐徕渠边上柳树摇曳，但是我却独爱家门口的那一棵国槐。

1

我家住在中山北街，门口有一棵国槐树，至今已有20多年历史。如今它清秀挺拔，青灰色的树干笔直挺立，疏密有致的枝条优柔地舒展，一阵风来，便向着蓝天白云招手示意，颇有刚柔相济的韵致。

碗口粗的国槐枝繁叶茂，遮天蔽日，浓浓的阴凉给夏季里的人们带来甘霖般的清爽。爷爷夏天不喜欢待在房间里吹空调，他更愿意和老街坊一起坐在国槐树荫下乘凉，或是谈天说地，玩牌下棋，或是倾听音乐，含饴弄小，享受着天伦之乐。

每每抬头看着它枝繁叶茂，树冠茂盛如伞，我都会想起20多年前，它还是一棵小树苗的样子。

那是晚春时节的一天，爷爷从外面带回两棵槐树苗，说是为了增加一些绿色，不让家门口那么光秃秃。爷爷在家门口两侧各栽了一棵国槐，清秀而纤弱的小树苗怯生生地站在我家门口。爷爷很细心地照料着它，隔三差五就要浇一次水，每次我都会端着满满一盆水去凑热闹。

“晓飞，你别瞎浇，我刚浇过了，水浇多了会伤树根的。”爷爷只要看见我浇树，一定会呵止我。

左边和右边两棵国槐树一样优柔纤弱，但是却又相映成趣，十分和谐。

有一次放学回到家，看到家里的院子里放着一盆水，我以为是爷爷晒的浇树水，想也没想就端出去了，到门外的槐树旁，一下子全倒进了左边小树苗的树坑里，没想到却闯了大祸。

“晓飞，你看到妈妈在院子腌鸡蛋的盐水了吗？”母亲从厨房出来询问着在院子里逗小狗的我。

“啊，那是盐水呀，我以为是浇树的水呢！全浇了国槐了。”

“哎呀，你这孩子，浇之前怎么都不问一下，你爷爷那么宝贝这两棵树，你可倒好，树肯定被你浇死了。”母亲斥责着我。

爷爷回到家，知道这件事后又气又急，围着小树苗转来转去地说：“完了完了，肯定挺不过来了，一盆浓盐水倒下去，这苗苗是死定了，你这个娃娃一天就不干好事嘛。”

“我又不知道，我也是好心呀。”怕爷爷生气，我只敢小声地嘀咕着。

后来的几天，为了弥补我的过错，我常常偷偷地给它浇水，希望能把盐分稀释一点，挽救一下糟糕的情况。然而情况并没有好转，一周之后，它的叶子开始失去了光泽，随后慢慢地掉落，断断续续的十几天里，叶子就掉光了，只剩下光秃秃的枝干。最后，左边的这棵槐树苗就彻底“暴毙”了。

爷爷把干枯的树苗挖掉扔了，看着空荡荡的树坑，常常叹息：“好好的一棵小树，硬是让你给齁死了，哎……”

每当这时，我心里都充满了愧疚，只希望右边的这棵槐树苗能茁壮成长。

2

时间总是在指缝间悄悄地溜走，不知不觉，右边的小树苗也长成了大国槐。入夏后，槐树会开出米黄色的碎花，一簇簇嫩黄的槐米拥挤着占满枝头，绿叶中斑斑嫩黄煞是好看。

除了好看以外，采摘下来的槐米晒干后还可以卖到商贩手中换些零花钱。

每年的六月底七月初，槐米悄悄地爬上国槐的枝头，我就拿着早已准备好的工具开始“抢收”槐米。

枝头较低的一些，爷爷站在树下用竹竿上的铁丝钩子钩住枝条，竹竿在手中用力一旋，就将带着密密麻麻槐米的树枝折断。高一些的枝头我则迅速爬到较粗的树枝上，一手环抱着树枝，一手用长把镰刀或是钩子将那些果实累累的枝头钩落。

只要一使劲，脚下的树枝就会不停地晃动，整个身子像是喝醉了酒不停地前仰后合，一不小心就会跌落下来，这也是爷爷最担心的。

“晓飞，你脚踩实了再去钩，手抓紧喽！”爷爷在树下千叮咛万嘱咐，生怕我摔下来。

“没事,爷爷,稳当得很,放心。”

槐米采摘后,把槐米粒从枝条上用手轻轻地剥下,趁着天气好的时候晒干,否则颜色就会发黑失去光泽。一般连续三天就晒干了,那绿绿的槐米粒被爷爷装进缝制的布袋里。

采摘两三次的量就可以装满布袋了,只要听到收槐米的叫喊声,我便提着袋子急匆匆地窜出家门。商贩总是看颜色、挑杂粒、摸水份,很是一本正经地给出级别和价格。我每次都站在商贩跟前,伸长脖子,瞪大眼睛盯着称,生怕人家称错斤两算错账。

令我最兴奋的就是商贩拿出提包给我们数钱,他一张张数着钱,而我直勾勾地盯着他手中的钱,直到确认钱数无误的时候才会递给爷爷。

当然,爷爷也会奖励我几块零花钱,拿到钱的那一刻起,我定会奔向新华街的书店,买上几本自己喜欢的连环画和一些新式文具,当然也少不了用迎宾楼的老冰棍来犒劳自己。

在国槐浓郁的林荫下,背靠着不知攀爬过多少次的树干,着迷地看着自己的画册,品尝自己的收获。

3

“晓飞,你听说了吗?北京路上栽了新的树种,特别好看。”同学大牛骑着自行车从我家门口经过时说道。还没等我反应过来,他就已经骑远了。

随着城市的发展和扩容,银川市的每条街道上都新栽种了不同的树,也陆续引进了一些名贵树种,尤其是在行政中心东西两侧大街,栽上了银杏、梓树、楸树等南方树种。

有一天,我骑车专门绕北京路走了一圈,果不其然,一路上两旁的紫叶李绚烂开放,我从车上下来,看到一朵朵白瓣红心的花朵,正缀满枝头,看起来好似一片红色的云彩降落于树间,特别惊艳!

夏日绿树浓荫之时，它们油亮的暗紫红色特别显眼，这是它最显著的标签，故以之命名。紫叶李最适合在晴天观赏，明媚的阳光会将花瓣点亮，整株花树如云似锦，灿若明霞。

我看得如痴如醉，心里想着：这么美的树，一定要带爷爷过来看看。

于是跳上车，我快速地蹬着脚蹬，恨不得一下子飞到家里去。刚到家门口，就发现爷爷正躺在国槐树下的躺椅上小憩，一手拿着蒲扇，一手端着紫砂壶，好不惬意！

阳光透过树枝缝隙洒下斑驳的影子，看着爷爷舒服的模样，小时候的场景涌上了我的心头。

原来，道路两旁的树再枝繁叶茂，也比不上自己家门口的这棵国槐。

如今，我已经是一个父亲了，爷爷也在我女儿豆豆两岁那年永远地离开了我们，而那棵国槐树依然伫立在我家门口。

植树节这天，女儿学校组织了一场“亲子植树活动”，我和妻子带着女儿在郊外一起种了一棵小槐树。纤弱的小树苗在微风中轻轻摆动，女儿拿着小喷壶不停地给小树苗喷水。

“豆豆，不能再浇水了，水浇多了会伤树根的。”这时我的耳边仿佛响起了30年前爷爷带我栽树时说的话，又闻到了槐米的清香……

潘　宁|整理

岁月留声

道不尽青春流年

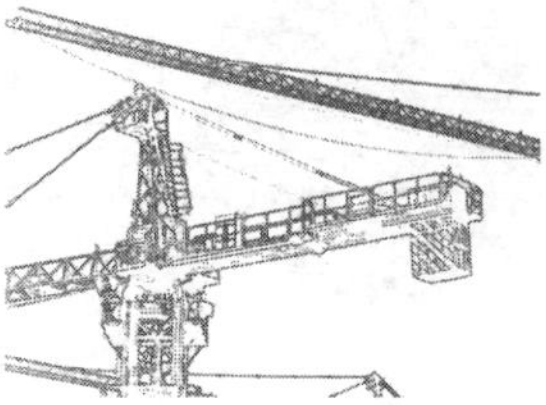

# 搭乘时代的列车，我在宁夏的生活，惊艳了无数人的目光

20世纪六七十年代，在我的老家甘肃定西，这个世界级的贫困县，经常闹灾荒，粮食产量又低，根本吃不饱饭。春节过后，很长一个阶段，整个村子都是光秃秃的，到了四五月份，能吃的绿色都被村民连根吃了，实在饥饿难挡，就把树皮扒拉下来，拿刀把表面粗的地方削掉，把里面细的部分一层一层撕下来，全部剪碎，放到锅里炒一炒，用石磨碾碎，这样反复操作，弄成粉末状，拌糊糊吃……

1

我出生在1965年，家里七个孩子，我是老大，在那个年代，能吃饱饭是最大的奢望。由于家里孩子多，收入微薄，我不得不放弃上学，只能选择外出谋生。

1979年，流浪了一年后，随着隆隆的火车声响，我来到了宁夏一个叫平罗的地方，并被火车站广播员老姜收留，带回了他的家。

老姜他们村叫大兴墩，远远地看去，房屋都破旧不堪，一排排的毛坯房，甚至连墙面都没抹平，有些房屋外连泥皮也没有，全成了麻雀的窝。但是走进老姜家，屋内却又是另外一副模样，家里平整的墙面用报纸糊上，顶棚也用花格纸吊的，显得整洁干净。

一年多的流浪，走了很多地方，在那个一穷二白的年代，吃一顿白面条，是我想都不敢想的事情，而我到老姜家的第一顿饭就是白面条，这让当时的我欢心不已。

老姜的妻子身怀六甲，家里的老人又生病，生产队分给他们家的几头骡子没人照料。我便被安排喂养骡子，那时候，意识里根本没有打工的概念，更别提工资了，只要能吃上一顿饱饭，就已经很知足了。

每天日出而作，日落而息，对于年轻气盛的我来说，着实无聊，到了晚上，只能和姜老爹聊聊天。姜老爹家里装有电灯，这个东西对我来说既新鲜又神秘，在我流浪过的很多地方和定西老家，晚上点的都是煤油灯或者蜡烛（我的老家一直到90年代末才有电灯），只有城里才有电。姜老爹通过床边拉盒上的灯绳来控制电灯，轻轻一拉，屋里的灯就亮了起来，再一拉就灭了。

我从来没有接触过电灯，根本搞不清楚其中的原理，便忍不住想尝试一下。趁姜老爹熟睡之际，试着去拉灯绳，不知是劲使大了还是绳子脆弱，灯绳被我拉断了，姜老爹发现后，也没有埋怨我，他只是拧掉拉盒的盖子，用手一拨，灯就又亮了起来。

第二天又忍不住自己研究起来，我也学着姜老爹用手拨，不想却被电击中了，尝试了好几次，每次都被电击，直到后来才知道，原来姜老爹是用绝缘的塑料拉盒盖拨的。

那个年代,村里没有什么娱乐活动,只有公社放映队下来放电影。充满着英雄主义的武打片,引领着整个村子的潮流,受到不少像我一样的小伙伴们追捧,特别是《少林寺》的上映,一下子勾起了我的武侠情结,一心想着去少林寺当和尚学武功。

那时候,意识里根本不知道少林寺在什么地方,只想着四川有个峨眉山。带着念想跟着火车,辗转来到了四川。这时,我才明白,并非有山的地方就是少林寺,我来到的只是一个叫二郎庙的地方。由于年纪小,寺庙不收留我,没办法,只能又开始流浪。那一年,从南到北,我几乎走遍了全国各地,没有吃过一顿饱饭,更别提白面饭了,多少次饥寒交迫,不禁想起在平罗的惬意生活。当时心里只有一个想法,那就是回到宁夏,回到那个有热腾腾白面饭的地方。

2

等我第二次来到宁夏,已经到了 1981 年的 9 月或 10 月份,在银川火车站下的车,第一站便来到了新城。

那时候新城附近全是平房或者土坯房, 最高的一栋楼是电影院对面的两层百货大楼,整个新城街上都是石子路,所有街道都没有下水道,大雨过后整个街道都是水,远看像一条小溪。

早晨六点多,冷空气直接钻到我瘦小的身体里,因为穿得少,不免有些冷意。

我迷迷糊糊走到了新城中街,也就是今天的福州街,站在三岔路口却不知该走哪一条,路口拐弯处,卖早点摊贩的叫卖声不绝于耳。我走到卖油条的摊点前烤炉火取暖, 不曾想在吹风机的带动下,被喷出的火焰烧了个正着,弄得满脸是灰。卖油条的老汉觉得过意不去,便把炸坏了的半根油条给我吃,大早晨又冷又饿,也顾不上那么多,拿起来就吃。远处一位小哥开着拖拉机停到了卖油条的摊位前。

“哥,你这个车要到哪里去啊”我好奇地问道。

“我到贺兰”,小哥操着一口浓重的宁夏方言,边吃边回答。

“河南?”宁夏怎么会跟河南离得很近呢?我心里默默嘀咕的同时,小哥正准备起身走呢,我怕小哥不拉我,只好趴在拖拉机的后拖斗上,跟着拖拉机在县城转了几圈后,便辗转到了贺兰县雄英村。那时候的贺兰县,几乎都是平房和毛坯房,就算在县城也很难见到高楼,只有主街道上一条柏油路,村子里房子挨着房子,机缘巧合下,我来到了王树仁的家里,也是在他家,我的未来人生和价值观发生了翻天覆地的变化。

1981 年,宁夏开始实施包产到户。当时,贺兰县的鱼资源非常丰富,乡下的河沟里随处可见。王树仁抓住了这一商机,在村头挖鱼塘,那时候根本不用刻意种鱼苗,便有大量自然生长的鱼。养鱼成功后,王树仁便开始包工程,他们家兄弟六个,都是包工头。他是家里的老三,所以人们都叫他王老三,他也是贺兰县第一个挖鱼塘的人。

“你每天就到鱼塘帮忙看鱼吧!”王老三说。

“鱼塘蚊子太多了,我不去。”鱼塘周边的环境我早已熟知,晚上蚊子犹如猛兽一般,不乐意去,王老三也没办法,便安排我在家打草、打杂,有时候拉驴车,把草拉到鱼塘喂鱼。

那时候,农村没有娱乐活动,村里街坊邻居喜欢聚堆瞎聊,他们对我流浪的所见所闻很感兴趣。我将去过的地方和宁夏作比较,尤其是农村,很少有像宁夏农村一样吃白面、大米的。老乡们很自豪地表示,宁夏有黄河水灌溉着,能流到每家的田间地头,农村每年的收成都不错,吃饭不成问题,而且顿顿可以吃鱼,早就奔小康了。

王老三每次吃饭,都会叮嘱妻子,“给这嘎子弄个大老碗(最大的碗)”,热腾腾的面条在碗里跳跃,桌子上放着各种调料和香油,按照自己的口味调和。那个年代，一斤香油好几块钱，在我流浪过的地方和定西老家，别说吃香油，有时候能吃上植物油、麻子油都已经很满足了，而在宁夏，香油随便吃，这让我很是惊奇。

3

人可能就是这样，吃不饱的时候，生活所有的重心都是为了吃饱饭；能吃饱的时候，又将生活的重心转移他处。

日复一日的单调生活，对年少的我来说是一种煎熬。我一心想要去尝试更新鲜的事物。

那时候，改革开放的春风已经吹到每家每户，王老三兄弟几个都忙着包工程，为了来往运输方便，买了一辆旧手扶拖拉机，又请了军马场的一位老司机来开。这辆手扶拖拉机因为破旧，零件三天两头坏，老头懒得动手，而我对机器特别感兴趣，捣鼓捣鼓就能上路了。

起初，无论手扶拖拉机坏到哪里，王老三都要喊我过去修，当时我年纪小，脑子活，学得快，老司机离开之后，我就上手开了起来。

那时候，王老三在新城的水利工程队包工程，因为白天交警队查车，没有证件是禁止开车进城的。因此我每天白天睡觉，晚上便开着手扶拖拉机从贺兰县拉些麦草、檩条到新城。

在王老三家待了近两年，彼此之间也都熟络了，我有幸接触了建筑工程。那时候，工地上的工种分为大工和小工，小工一天工资一块二，大工三块钱，我年轻力壮，又踏实肯干，仅仅几个月时间，便学会了大工和瓦工的技术。后来，我又从王老三的工地转到王老六的工地，学校、餐厅、南门汽车站等工程我都干过。

1983 年，瓦工的工资长到了五六块钱一天，我每天骑着工地的自行车在新城的街上晃荡。那时候，摇滚音乐兴起，各种类型的电影遍布整个新城，邓丽君的歌更是红遍大街小巷，把年轻人的心都唱酥了。年轻男子都戴军帽，穿公安蓝的上衣；女子都穿喇叭裤，带纱巾，出门走到哪里都背个黄色挎包，这样的穿着走在街上觉得贼有面儿。

那时候，我离开了王家。在郊区银新建工队做瓦工，工地需要技术员，我便毛遂自荐。虽然建工队只负责学费，没有工资，也不管吃住，我还是义无反顾地去了。

“要不给你报个夜校吧，你去学，建工队的车子你骑上，学完你就回来。”建工队的领导跟我说道。

放线、识图、预算……学习了两个月，虽然只是皮毛，我好歹把技术员证考了下来。之后在建工队，我不仅当技术员也会做大工，第二年，我便升了副队长。

1992 年，在建筑工地上摸爬滚打好几年，我已经有了自己的建筑队，还接了兰州军区的工程。工地在新疆，对于那个时代的人来说，谁都不愿意去新疆那个“不毛之地”，更别提是挖石油管道了。从小的经历，让我养成了吃苦的习惯，胆子也大，做事情从不瞻前顾后。于是，我们去了新疆。

9 月，酷暑正烈，我去新疆考察。回到家后，脸上已经脱了一层皮，过火焰山时，鞋已经烫得不能穿，就连呼吸都烧嗓子。

从库尔勒到鄯善，几百公里荒无人烟，到了晚上，工程队没地方住，我带工人挖了地窝子，上面盖上帐篷。由于风大，帐篷只能用油桶拴着，有时遇到大风天气，甚至能把油桶和帐篷一起吹跑，等找到的时候，油桶已经刮到了几公里外的地方，更别说帐篷了。就这样，破山、挖渠、深埋……我带着几百人干了近一年的时间，终于把这项工程做完。都说付出就有回报，也因为这项工程，我捞到了人生第一桶金，一下子变成了“百万富翁”。

4

从新疆回来后，工程越来越少。1995 年我在糖厂干维修工程,机缘巧合,接触到了葡萄酒。

“有个葡萄酒工程要启动,但是没有资金,需要你先垫付着。”当时的企业厂长说。

我想着,反正挣了些钱,就先干着。于是我把钱全部投入到葡萄酒工程中,干了几百万的活,结果工程款却结不了,第一桶金就这样“挥霍”了,我也因此一穷二白。

可能从小的穷日子,让我养成了不骄不躁的性格,即便没有那么多钱,也没有丧失信心。在做葡萄酒工程时,我已经把葡萄的种植、葡萄酒生产、酿制的过程都掌握了。

2000 年,我陪朋友去北京开会,无聊之际,朋友给我找了听课学习的地方。其实,教授讲课我多半是听不太懂的,只记住了一句话:“现在建筑行业要转型,盖楼不能用卷扬机了,要垂直运输,要用塔吊。”

那个年代,银川最高的楼也就六层,而北京的高楼借助塔吊的力量已经有十几层那么高。北京的好多大工地都用塔吊,一个带轨道的、用撬杠翘着的、滚着走的神奇设备——红旗吊。

“要是我们宁夏的工地全部能用上跟北京一样的塔吊的话,宁夏的楼也能盖得和北京一样高。”我心里想着。

从北京回来后，我就开始到处走访，盘算着把塔吊引进到宁夏,最后在重庆找到了商家,我买了三台塔吊放在钢材市场。

那时候，我是第一个把塔吊引进宁夏并开设第一家塔吊租赁公司的人。为了推广塔吊的使用,找到建筑队,说服他们尝试着用塔吊,并且专门找厂家教授设备的使用方法。就这样,一方面租赁塔吊,另一方面彻底走进葡萄酒行业,专门做销售。

因为塔吊节省人力和工期，很多建筑队接受了这样一个新鲜事物，尽管每天租赁一台塔吊 300 元到 500 元，还是有很多人慢慢用起了塔吊。后来，我就引进了 60 台塔吊。2001 年，整个银川都在飞速发展，随着市场的不断活跃，银川开始有了十层以上的高楼和电梯。

与此同时，我投资的葡萄酒企业也进入了上升期。

宁夏特有的气温和土质，造就了葡萄的高产，加上我之前干工程时学习的技术，很快进入了葡萄酒行业。虽然当时的葡萄酒利润与租赁塔吊相比特别微薄，但我始终没有放弃。

贫穷到吃树皮的日子我尝过，食不果腹的时候我经历过，生意场上大风大浪我也见过，但是从来没想到病魔会降临到我的头上。人一生能够获得多么大的财富以及成就，跟自己受了多少苦有很大关系。从 2005 年开始，因为生了一场大病，我走遍了全国各大医院，酒庄以及家里的生意全部都交给了妻子儿子打理。一直在医院疗养的我，自从生病开始，心里也发生了翻天覆地的变化，以前多么重视的东西，到这时候都不值得一提。

2009 年，我的病好了，就下定决心去做一些有意义的事情。为了让有劳动能力的残疾人自食其力，我在吴忠建了一个酒庄，让他们做一些力所能及的活。之后，把所有破旧的塔吊当成废铁卖掉，让儿子全心全意发展酒庄生意，我自己则做一些慈善事业，并将其当成余生的重心。

人都说，经历过大风大浪的人才知道什么对自己是最重要的。宁夏，让流浪的我有了归宿；宁夏，让食不果腹的我吃饱了肚子；宁夏，让有着梦想的我得到了财富；宁夏，让外地的我在这个不算繁华的地方实现了自己的人生价值，并惊艳了无数人的目光……

李　悦|整理

## 在没有书信的今天，<br>我只能捧着集邮册怀念从前那个狂热年代

“小时候，乡愁是一枚小小的邮票，我在这头，母亲在那头……”每当念起这首诗，我总会想起家里的高低柜上摞着的厚厚的信件，那粘在信封上一枚枚的邮票里，画着花鸟虫鱼，藏着市井百态，铭记着沧桑岁月。

1

第一次见到邮票，是在银川的书店里，那时我还在上小学，印在书里各式各样的邮票，一下子吸引了我的目光。我成了书店的常客，常常跑去看关于邮票的书籍，直到打烊才依依不舍地离开。我一直想着，什么时候可以拥有一枚属于自己的邮票。

20 世纪 70 年代，通讯不发达，交流基本靠写信， 十一二岁的我跟着父亲去老邮电大楼寄信。

“这个楼是50年代苏联援建的,你看这个建筑……”父亲边走边给我讲。

走进邮局,寄信的窗口足有一人多高,我踮着脚才勉强看得到里面,我看着父亲把信装进信封封好,将邮票仔细地贴在方框里,边边角角贴严实,投进邮筒里,动作流畅,一气呵成。

自从知道老邮电大楼里面有各式各样的邮票后,我便成了邮局的常客,如果有新邮票,高高的窗口前便挤满了买邮票的人。

新邮票也不是天天都有的,最早在中心巷只有零星的几家邮摊,后来在湖滨西街上慢慢地形成规模。从市场上整盒买来的旧信封成了我集邮的主要来源。

我把这些旧信封拿回家,然后小心翼翼地把上面的邮票撕下来,夹在本子里,尽管已经非常小心,但是也常把邮票撕坏。信销票(信销票是在邮寄过程中,把附有邮政戳记的邮票,经过清洗和整理后所形成的一个集邮品种)虽是旧票,但同样也有品相的要求,好的信销票不能有缺齿、折痕、污染等问题,信销票的收藏价值便也随着品相的好坏而增减。

1979年,我已经上了高中,一次路过新华街东方红广场的邮局时,不由地喊上同学一起钻进了邮局:“走,去看看有什么新来的邮票。”

一进门吸引我的是一套以建设新宁夏、煤都新貌、塞北江南为主题的三枚宁夏特色邮票。主图上画着一位回族老人与两位年轻人,姑娘头扎方巾身着蒙古袍,男青年身着矿工衣衫,戴着安全帽,系着白毛巾,手里捧着奖状;第二张邮票展现的是采掘机正在采煤,远处是起伏的高山,寓意着宁夏的煤炭资源丰富,煤炭产业发达;最后一张描绘的是绿油油的田野和水电站,一幅塞外江南风景。

“小伙子,这是纪念咱们宁夏成立20周年发行的一套邮票,讲的是咱宁夏的故事！”邮递员说道。

我看着邮票画面上欣欣向荣的景象，心里的自豪感油然而起。

2

上大学时，集邮渐渐形成风潮，邮局常常会走进学校向同学们卖邮票，同时还普及邮票知识。“今天邮局来学校里卖邮票，说不定有我早就看上的方连，下午我有训练，记得先帮我去排队啊。”我冲着上铺一边喊一边抱起篮球跑出了宿舍。

那时学校每个月有31.5元的补贴，还有家里给的八块钱零用钱，我拿着积攒下来的钱，排着长长的队伍，只为了能够买上几张心仪的邮票。如果碰到没有课的时候，我就自己骑着车跑回家去蹭饭，拿着省下来的钱去邮政大厦买邮票，原来需要踮着脚才够到的窗口，现在也得弯着腰了。

随着年龄的增长，我慢慢地学会如何珍藏邮票。我再也不会像以前那样把邮票从信封上直接撕下来，我学会了先用清水将邮票泡上十几分钟，等胶融化后，用镊子将其一角轻轻地夹起来，晾晒在报纸上，然后用干净的棉球擦拭邮票上的灰尘，趁着微干带潮气的时候将它们夹进旧书里。

大学毕业后，我成为了一名老师，工作之余仍然抽出部分时间花在集邮上。有一天，我下班回到家，发现窗户大开，护栏也被撬动过，我的心里暗叫着不好，迅速跑到桌前拉开抽屉，发现里面早已空空如也。

看着眼前的景象，我第一时间报了警。“之前接到过作案手法类似的案件，我们会全力以赴的。不过您还是要做好心理准备，即使嫌疑人被抓到了，邮票也极有可能已经被转卖。”办案的民警对我说道。

就是这次失窃，让我丢失了之前珍藏的所有邮票，上千张，价值过万元。这其中就有被集邮爱好者们所广泛珍藏的猴票,还有自己最珍惜的三张宁夏风光邮票。

次日上班后,我便把所有工作集中在上午完成,下午请假前往湖滨市场的邮市去找寻丢失的邮票,一直蹲到天黑。我对自己鼓励道:“邮票出手的话,就会在邮市流通,总会有蛛丝马迹。”自那之后,我每天下班都穿梭在邮市。可是一个月过去了,还是一无所获,我从最开始的心急如焚变成了心灰意冷。从此以后,我发誓再也不碰邮票。

半年后,一次在吴忠出差完逛街时,我的脚步不由自主地停留在了一家集邮店的门口。站在门口的我看着从里面出来的那些脸上洋溢着笑容的人们,我在心里暗叹着自己何时可以找回当时的那份热情和他们脸上此时的微笑。

可是我嘴上虽说着再也不玩集邮,但心里终究还是不舍,不由自主地走进了邮市,看到好的邮票就整版买下来,把积攒的工资都换成了邮票,我也成了老邮迷口中的“邮傻子”。

3

新世纪通信越来越发达,书信交流渐渐地退出了大众生活,邮票的辉煌时代也渐渐远去,原来自发形成的邮摊也变成了门市,西塔边也建起了古玩城。

2001 年,我向学校申请开设集邮课,给学生讲授邮票知识,我认真地准备每一次的课件,带着各式各样的邮票走进课堂,想让课上内容变得有趣精彩。可是当我看到可以容纳 40 余人上课的场地只有十几人时,心里还是难免失落,也许孩子们并不了解邮票的魅力,我在心里安慰着自己。

“孩子们,感谢你们选择这门课,欢迎你们来……”狭小又空旷的教室中我开始了第一堂课。

可是这样的情况并没有好转，一学期下来最多的时候也只是20来人，我的信心也在一点点地消磨。在邮票的断层、课程信息不畅通等多种原因下，课程只开始了一个学期便“流产”了。

通信手段的日新月异，让邮票慢慢变成了老古董，虽然忍痛放弃了教学，但是我仍坚持向身边的人普及邮票知识。

2005年，机缘巧合下，一位集邮前辈鼓励并支持我重新开设集邮课程。吸取了上次的经验教训，前期对网上的集邮课程做了详细的安排，也不遗余力地向大家普及着集邮知识，宣传集邮文化。在我不断的努力下，有120余名学生报名学习，我看着不断上升的数字，心里是满满的激动与欣慰。重新开课的那天，教室里座无虚席。

我像五年前一样开始了我的开场白：“孩子们，感谢你们选择这门课，欢迎你们来，不是老师的课讲得有多好，是邮票的魅力太大了……”教室里掌声雷动。

为纪念宁夏回族自治区成立50周年，在2008年的时候，国家邮政局发行了三枚反映宁夏50年辉煌成就和人民安居乐业的邮票。听到了这一消息后，我第一时间赶到邮政大厦买下了这套具有特殊纪念意义的邮票。

我把这三枚邮票带到了教室，给学生们一张一张地展示讲解，告诉他们每一张邮票所展现的宁夏变迁与发展，就像30年前看到的纪念宁夏回族自治区成立20周年的那套邮票一样，一枚小小的邮票里记录着时代与生活的变迁。

我鼓励学生积极参加集邮大赛，通过邮票的组合再创新来讲述邮票背后的故事，通过这种方式，让邮票的价值重现光芒。如今，开放类的集邮作品越来越多，纪念章、军功章、明信片等都可以参与制作，邮品的整洁、邮品说明、邮品是否规范等都成为了制作邮品的硬性要求。

我常常对孩子们讲:“要用邮品来讲故事，一页邮品是微型小说,一框是中篇小说,更大的主题邮集是长篇小说,邮票不应该没落,邮票的故事永远也不会讲完……”

集邮课一直得以延续，每学期结束我都会给学生们布置一项作业,让他们给自己的父母写一封信。“现在的通信发达了,你们觉得写信是土老帽了,但是书信是我们中国人的传统,需要传承。”

第二天,我的案头放着厚厚一摞要寄往全国各地的书信,我在信封上认真地贴上邮票,盖上邮戳,装进书包,背到邮局,将一封封信件塞进邮筒,让邮票带着美好的故事传递到千家万户。

邮票自有灵气,它时刻牵引着我。我常常在他乡找寻邮局和邮市,找到了我便搓搓手坐在邮筒旁,向远方的亲人们写下一封又一封的信,送上美好的祝福……

万　圆|整理

# 在外漂泊的宁夏人：梦想还应在有臊子面和枸杞的地方开花

近在眼前的繁华，多少人为之着迷，可当真正走近后才发现，远过故乡的距离，不仅仅是掩藏乡音那么简单。在北京的七年，我披星戴月地奔波，只为心中的梦想，后来才发现，原来最适合梦想生根的地方，就是故乡。

1

1980年，我出生于宁夏，在这片黄土地上，度过了充满躁动的童年。而“北漂”这个词，在我十几岁的时候已听过了无数次，对于从来没有去过大城市的我，有着别样的诱惑。

2005年，从本地的大学毕业后，我带着父亲给我的1000元钱、几件衣服与一把枸杞，踏上了去北京的列车。

经过十几个小时的颠簸,火车终于到达北京站。北京的冬天与银川的不同,那是一种彻骨的冷,我站在出口,寒风顺着领口钻进身体的每个部位,让我忍不住打了个冷战,我紧了紧裹在身上的棉衣,一头扎入茫茫人海中。

北京,是我从小向往的城市,也是人才济济充满竞争的城市,而这样一座城市,对于初出茅庐的我来说,生存没想象中简单。

不知不觉,在北京已经五天了,我投了30多份简历,接到面试通知的却寥寥无几,仅有的几次面试机会,也因对方一句"回去等通知吧",变得虚无缥缈。

父亲给的钱一点点变少,我坐吃山空,只好一家公司挨着一家公司上门询问,可是结果并不尽如人意。每个夜晚一个人躺在合租房里,望着天花板,听着心跳声。

尽管很艰难,我依然没想过放弃,从小养成的倔强性格在那段时间里展现得淋漓尽致,我每天吃一顿饭,不停地面试。终于功夫不负有心人,我接到了上班的通知。

当天,我就把提前准备好的黑色西装和皮鞋拿出来,把皮鞋擦了又擦,想象着明天穿着新衣服上班的模样,不由得兴奋起来。第二天,我早早地起床,开始拾掇自己了。我有一个习惯,每天起床后必须洗头,可不巧的是,热水器坏了,可能是人逢喜事精神爽吧,即便是冬天的冷水也抵挡不住我上班的热情,一出门,头发就结成了冰晶,我便往上捋了捋,做了个造型,觉得也很摩登。

我应聘的公司是一家软件公司,领导在技术方面要求得极其严格。第一次出来工作,对于公司的各个方面都不是很熟悉,做错事更是家常便饭。

"小吕,项目要赶进度,你这样不行啊。"公司项目负责人每天像是催命符一样,一遍一遍提醒着我。

"我尽快赶出来。"虽然在学校技术知识掌握得不错,但是缺少工作经验，这样高强度的工作，我还是有些吃不消。

凌晨三点钟，我终于把项目赶出来，长长地松了口气，心想起码明天有个交代了，但是我却想错了。

“你写的什么？能看吗？不行就赶紧滚蛋。”领导狠狠地把文件扔到我跟前。

此时的我，愣在那里，这已经不知是多少次被骂了。到北京工作的这段时间，我每天凌晨一两点睡觉，早晨六点多起来，坐近两个小时的公交上班，作为异乡人，为了证明我能行，我拼命努力，结果换来的是别人的不认可。

又是晚上十点下班，从公司出来，感觉脑袋已经不是自己的了。心里的苦楚无处发泄，加上鼻炎犯了，我便习惯性地点一根香烟，一个人走在昏黄的路灯下，影子不断拉长。烟圈顺着寒冷的气流不断往上，而肚子却很不争气地发出“咕咕……”的声音。我叼着烟，掏了掏自己空瘪的口袋，一张公交卡，一张20元“大钞”，这是我全部的“财产”，令我没想到的是，如今竟然连吃饭都成了最大的难题。

蹲在路灯下，我一根烟接着一根烟，脑袋里一片空白，拿着电话，翻着通讯录，却不知该给谁打。

“我在这里迷茫，我在这里寻找，在这里失去，北京，北京……”

这时手机铃声突然响起，看到手机显示“妈妈”两个字，我却不知道该不该接，犹豫了好久，我还是忍不住接了。

“喂，鹏子，你好久没往家里打电话了，最近好不好？”母亲在电话那头问我。

“我在北京挺好的，我们老板人特别好，还给我们发奖金呢。”我尽量克制住哽咽的声音，表现得和平常一样。

寒暄了一番后，我挂掉了电话，回到宿舍，已经接近凌晨十二点，一个人躺在床上，看着床头那罐红彤彤的枸杞，眼泪瞬间决堤。

2

父亲常说："男人就要有男人的样子，咱们西北人，不能怂。"小时候我不知道"怂"是什么意思，而现在我知道，我不能怂，也不能认怂。

到北京的第二个年头，虽然现状依然没有根本改变，但我已渐渐适应了这里的工作环境，随着经验的慢慢增长，工作也渐渐步入正轨。

"丁零零……丁零零……"朦胧中，不知道是什么搅乱了我的思绪，我迷迷糊糊地睁开双眼，依旧是那个熟悉的办公室，可整个办公室早已空无一人。而我已经不知道有多少次，像这样在公司累到睡着了。

我听见桌上手机的闹铃声，才发现已经是晚上九点钟，这是我提醒自己吃晚饭的时间。

在宁夏老家时，母亲时常在家做臊子面。每次做面，母亲都会起个大早和面，等到中午，面团醒好后母亲才会下手擀面，再配上土豆、蒜薹、羊肉等材料，别提多美味了。每次母亲做臊子面，我都能吃上一大碗！

在离公司的不远处，有一家面馆，那是我最喜欢去的地方，每次下班，我都会在这里坐上一会儿，来上一碗臊子面。面馆的老板是陕北人，可能是陕西与宁夏离得近的缘故，老板做面的手艺很地道，很有宁夏的风味。

"小伙子，又来吃面啦！"老板很热情地招呼着。

"还是老样子，一大碗臊子面。"很快面就上来了。

"老板，这是宁夏的羊肉吧？"

"小伙子，行家呀，这是我专门托人从宁夏运来的羊肉，肉很劲道而且还没有膻味，顾客很喜欢。"老板说道。

“因为我是土生土长的宁夏人，宁夏羊肉的味道，我是再熟悉不过了。”不知为什么，提到这里，心里有些酸楚。吃完饭后，我没有像平常一样和老板热情道别，而是独自一人落寞地走出了餐厅。

通往宿舍的路，漫长而清冷，我不止一次想要找寻家的方向，却不知家在何方。

我来北京的第五个年头，经过不懈努力，我的工资从刚来的3000元涨到了7000元。起码，我不再会因为工作经验不足而遭人排挤，我也不再为吃饭而发愁。

在北京七年，父亲只来看过我一次。他来北京看我的时候，带了大包小包的家乡特产。

“知道你平时不好好吃饭，你妈专门嘱咐我要过来看看你。”父亲说道。

现在的我早已比父亲高了半个头，可是在父亲面前，我脱掉冰冷的外壳，还是那个长不大的孩子。父亲不放心母亲一人在家，在北京待了一天便要回去，我只带他去了北京天安门，拍了一张合照。

3

近在眼前的繁华，多少人为之着迷，可当真正走近后才发现，远过故乡的距离，不仅仅是掩藏乡音那么简单。

2012年，经过拼搏和努力，我已经是公司的主管了，月薪达到了1万元，住的地方也焕然一新，初步实现了当初的梦想。

由于工作忙的原因，公司附近的那家面馆我已经很久没有去过了，可等到我再去的时候面馆却变成了西餐厅。

“你知道这家面馆搬到哪儿去了吗？”我走进去问西餐厅的服务员。

“我听说，他们好像回陕北了，不在这干了！”服务员回答道。

回陕北……这三个字不停地在我脑中徘徊，同样是异乡人，他们在生意最红火的时候选择回故乡。而我呢，七年前，我孤身来到北京，七年后，我仍是独自一人，在北京这片梦想的土地上，落地、发芽，虽说小有成就，可是性格越磨越刚，笑容却越来越少，失去了最根本的东西，而现在，连一碗具有家乡风味的面都吃不到了……

晚上，我一个人躺在床上想着我那双鬓渐白的父母，回想起家乡的特产、每条熟悉的街道、还有那帮兄弟……我失眠了。

第二天，我向公司请了一个星期假，定了机票，飞回了伴我长大的那片热土。

银川，还是我记忆中的感觉和味道，不同的是，绿化越来越好，道路也比以前宽了两倍，随处可见的娱乐设施和生活超市，我最熟悉的湖滨街，到了晚上依然灯火辉煌。

“喂，阿辉，我在湖滨街，叫上兄弟们，晚上聚一下，八点准时啊。”回去当晚，我拨通了那个熟悉的电话。

阿辉是我的发小，小时候一起爬树抓知了、下河摸鱼的铁哥们。阿辉属于腼腆谨慎的人，每次我们兄弟几个干些调皮的事，他虽然害怕，但还是屁颠屁颠地跟在我们后面，之后便会露出各种各样的表情，逗得我们哈哈大笑。

等阿辉他们五个到达湖滨街，我已经在老地方等了。

“兄弟，啥也不说了，全在酒里。”没有多余的寒暄，我一饮而尽，眼泪在眼眶不停打转。七年里，即便是喝酒也都是在业务应酬中，七年过去了，我没有这么痛痛快快地喝过酒，没有这么肆意地和兄弟畅饮，没有这么舒适和惬意。

看着我这样，兄弟几个也一杯下肚。“看看我头上的疤，多少年了，还没下去！”杨蒙指着头，笑着说道。

“要不是当年打了一架，咱哥俩也不能这么好不是！”我们早已不是当初的少年，但那份从小玩到大的感情依然如旧。

整整一晚上,从鸡毛蒜皮的小事,到每个人的生活现状,我们边喝边聊,六个人喝了七扎 X5,依然没有尽兴,他们便陪着我逛遍熟悉的街道和巷子。

“还记得不,当年杨蒙在这里逗了一条狗,结果就被这条狗追了几条街呢……”阿辉说着,忍不住笑出声。

“我说鹏子,别回北京了呗,咱哥们弟兄在一起不好吗?现在的银川挺好发展的,父母年龄也大了,别在外面漂着啦,回来吧!”

“可不是嘛,北京有啥好,雾霾那么严重,咱大银川蓝天白云的,北京一年能看见几次?……”

兄弟们拍着我的肩膀,劝我回家,可我仍然不为所动,笑笑不语。“不是兄弟们不支持你往高处走,只是觉得你一个人在外,有个啥事是你一个人抗,回来了,天大的事咱兄弟们一起抗。”阿辉看出了我的犹豫,可他的几句话说到了我的心坎上。

是啊,这里是我的家,我的根,眼前的银川虽换了模样,但是这里的回忆,这里的味道,我却记得清清楚楚。我与其在北京小心谨慎地活着,不如在银川纵情高歌。

在家待了一个星期后,返回北京,阿辉去机场送我。

“你还回北京啊?”阿辉问我。

“回呀。”

听我这么说,阿辉眼里露出了一丝失望。我一把拉过阿辉抱住,说道:“我回北京辞职,顺便把行李拿回来,你就在家里好好等我,咱们大干一场!”

李　悦|整理

青年们要充分认识自
己所负的重任·祖国在
期待你们·人民在期待
你们·革命在期待你们。

# 前辈追忆高考：
# 青春最好的样子，就是意气风发参加高考的你

40年前，恢复高考的文件改变了成千上万人的命运；40年后，高考已然成为人们眼中的固定模式。高考是人生路上的一段行程，一种难得的磨砺，也是对自己人生所走过的一段路的总结，每一个人都曾是学生，每一个人都曾经历高考。每当回忆起自己的高考经历，心中都会充满自豪与幸福。我们都是充满梦想的人，我们都是敢于拼搏的人，青春最好的样子，就是意气风发参加高考的你。

1

“清晨迎着初升的太阳，我豪情满怀地走向公示招生办公室，当我路过鼓楼时，鼓楼的钟声恰巧敲响，八点，响了八声，我油然想起，毛主席说的我们就是八九点钟的太阳……”

1977年12月，高考语文试卷只有两道作文题，其中一道就是我写的——《当你报考大学的时候》，虽然已经过去40年，但那些场景仍在心头，擦不掉、抹不去。

十六七岁，花样般的年纪，未来对于当时的我来说，并没有特定的概念。1977年初，刚上高三的我被分派到中卫县(2004年改为市)城关镇的城关林场当知青。那时候，我跟来自各省市的30多名知青一样，每天跟十几个农民下乡种地，偶尔有空闲便跑到几公里以外的图书馆去借书。那个年代，书在乡下是极少见的，能每天坚持看书的除了我，便是刘凤茹。

刘凤茹是我的高中同学兼班长，同样是尖子生，同样下乡当知青。但是面对突如其来的高考，我们，却有着不同的命运。

1977年10月21日，恢复高考的消息像爆炸了一颗原子弹，震撼了整个中国大地，对于知青的我们，无疑是天大的好消息。

"选中专和技校稳妥些，也可以离开乡下，要是考大学考不上，可就得一辈子待在乡下了，你考虑好了吗？"我悄悄地问刘凤茹。

"你都不顾家里反对决定考了，我怎么可能输给你呢。"刘凤茹身上有股不服输的劲儿，只要是她决定的事，想方设法也要达到。

10月，离高考只剩一个多月的时间，每一天对于我们来说都是极其宝贵的。那时候，大部分的知青都得去田间劳作，谁也不敢提请假这回事，仿佛谁要是碰了那个"雷区"，就会被"炸上天"一样。

"考试也得经过我们的推荐，不推荐考上也是白搭。"领导的几句话又吓倒了一批人。

经过连续几天的"轰炸"后，我没辙了，便跑进领导的办公室。

"我在这里十年，也不过是种地，为国家做不出什么贡献，但是，多复习一天，我就有可能改变我一生的命运。"

那天傍晚，我一个人背着铺盖卷，手里拎着两个大包，就这么回家去复习了。一路的田间小道，我走了两个多小时，落日的余晖洒在百亩良田上,空旷而庄重,我忍不住眺望远方,却发现路却依旧漫长。

等刘凤茹的假期批了,已经是十天之后了。十天,我在家以每天一本书的速度复习着,加上以前的功底,我差不多已经把所有科目复习了一遍,而刘凤茹却刚刚开始。

高考的日子是漫长而煎熬的,12月的中卫更是冷得厉害。高考前天晚上整整一夜未眠,可我却精神头十足。

“有道20分的数学题,我不确定,心慌得厉害。”考完试的第二天,我找到刘凤茹诉苦道。

“哈哈,那道题我做出来啦。”当时刘凤茹一脸神奇的模样,仿佛只要考得比我好了,就能进重点大学一样。

中卫鼓楼最热闹的一次,莫过于高考放榜的日子,那可谓人山人海,万人空巷。

站在鼓楼下,远远望去,东墙上那一排排红色的榜单显得格外瞩目。我和刘凤茹挤过了一个又一个村民,才找到一个小小缝隙,穿插进去。

“我看到我的名字了,在前面,快看。”她兴奋地指着榜单上那属于她自己的“胜利”,可是我却惆怅了,因为从左到右整整看了两边还没有找到我的名字。

对于高考,虽然有些失误,但是不至于考不上,我始终怀疑他们是不是把我的卷子弄丢了。第二天一大早,我又来了一次,继续寻找我的名字,最终在右下角最后一排看到那三个大字,泪水夺眶而出。后来我才知道,原来榜单是按姓氏笔画来算的,而不是成绩的高低排序,更让我没想到的是,全班55名学生,考中5名,而我竟考了全县的第一名。

最终我按照父亲的建议报了医学专业,并成功地被中国医科大学录取,而刘凤茹就像人间蒸发了般,从此淡出了我的视野。

1997年的一次同学聚会上,我时隔20年第一次见到刘凤茹。她告诉我，当时总觉得自己考得比我高，报专业时，她选择了北京和上海，但没有录取。为了不让我有超越她的机会，她在家苦熬了三年无果，才接受了中卫铁路局的招工。

高考，一个相对公平的人才选拔制度，不知让多少人爱过它、恨过它，可是在中国腾飞的几十年里，却不得不承认高考使国家的教育有了跨时代的转变。无论是在高考的那些故事里，还是在包分配的年代里，时光带走的是岁月，带不走的是定格在我心中的那些高考记忆。

2

"当我们读小学的时候，读大学不要钱；我们要读大学的时候，读小学不要钱；我们还没能工作的时候，工作是包分配的；我们可以工作的时候，工作不包分配了；为什么不生在70年代呢？"每当公司员工在念叨这些时，我都会用自己的特殊经历来告诉他们：并不是所有的70后大学生都"包分配"。

"那会儿大家参加高考，都想着通过自己的努力考个好学校，毕业后就可以分配得好一些。"估计李然也和我一样存着这样的想法。

"我可羡慕那些可以进入银行工作的人，觉得在银行上班是很神圣的。"李然眉飞色舞地对我说着，仿佛他就是那个即将在银行上班的人。那时候在我们同学中，似乎只有分配到银行上班才是最体面、最有前途的。

从小学到高中，我们两个人都是两耳不闻窗外事，一心只读圣贤书，我们相信勤能补拙，也相信努力了就会有好结果，更相信可以通过高考的独木桥，寻一个好前程。

1995年，我参加了第一次高考，但是由于考试成绩并不理想，于是下定决心再次复读。听惯了别人通过高考改变命运，特别是李然，我从心底认定自己也可以。

终于，功夫不负有心人，1996年，我第二次参加高考，那一年我考上了位于银川市的宁夏银行学校,学习财会专业,终于圆了我的梦。

“你们有干部指标,毕业以后就是干部,不同于普通人。”入学时学生科科长的这句话,对我们的诱惑很大,也让我时至今日依然记忆犹新。

1997年,李然毕业了,如愿进入银行系统,我也打心眼里为他高兴,同时也憧憬着自己的未来。

1998年,是我从宁夏银行学校毕业的时候。当时学校里存在着两种情况,一种是面向社会招生的社招生,一种是定向招收的定向生,前者被称为高中班,后者被称为初中班。而我们在即将毕业的时候,却接到不包分配,实行自主择业的消息。

这一年,所有毕业生的人生都是昏暗的,到手的铁饭碗被生生打碎,梦想也一度变得支离破碎。

“你听说了吗?班里的李浩哭着回老家了,他家条件不好,不包分配,他只能回家种田,这几年大学算是白上了。还有张亮,据说他决定开水果摊,要不然不知道干啥。”舍友对我说着听不出喜悲的话。听到这话的那一刻,我自己都是蒙的,想不通的是我的干部指标就这样没了,干部身份也没了。只是一年的时间,我和李然就是天壤之别。

我不甘心。毕业后,因为哥哥在银川,我选择了留在银川,作出了再苦再累都不回老家的决定。

1998年的银川还是很落后的,那时拿手机的人都不多,我决定在银川打工。一年后,在一次公务员考试失利后,又选择了通信行业,开始做市场。

那个年代的人都能吃苦,没有家里的金钱支持,自己不主动去吃苦就有被饿死的可能。那时候,我主营业务是通信卡机,起初没有自行车的时候,就挨家挨户地上门介绍产品;有了自行车后,银川的每个大街小巷、各个商户门店,我几乎都去推销过IC卡机。那时因为很多人不了解，有的人会询问，有的人会买，还有的人问也不问、看也不看，就直接挥手示意走人，那种滋味至今都无法忘记。

慢慢地我开始单干，自己去给客户安装、调试卡机，在摸索的过程中，不断充实自己。那个时候想着，多接触一些也是好的。

从通信行业出来后，我又干起了音响行业。到目前为止，我通过自己的努力，在银川买了房、买了车，开起了自己的公司。

“在最适宜奋斗的日子里，别让自己过得太安逸”，不一定是时代造就人，关键是看如何抉择，那个年代包分配是好事，可是没包分配对我来说，未必是一件坏事。

不知道从什么时候开始，学校连年大规模地扩招，大学生像赶集一样，奔走在大大小小的招聘会现场，最终还是上演着“毕业即失业”的场景，许多“90 后”大学生更是感慨着“生不逢时”。

3

人总是有很多选择，有的人喜欢一件事，所以想要从事相关的行业，有的则只是为了一纸文凭。

从 1977 年恢复高考到我高考的 2016 年，已经 39 个年头。常有人开玩笑说“高考是最后一次不看脸的考试”，其实有时候想想虽然不想承认，但是细想之下确实如此。现实已然残酷，只有抓住高考的稻草了。

高考的改革力度越来越大，对于八九十年代的人来说，高考就意味着能上大学，然后可以有分配工作的机会，如果运气好，这可能是改变命运的事情。而对于我们这些新新人类来说，大学更多的是一个高等教育的代名词，它已经不再是工作，而是打开未来的敲门砖。

我的父母是地地道道的农民，他们一辈子都面朝黄土背朝天，在自己的一亩三分地上挥洒着自己的人生。1997 年我出生在中宁的一个小村庄，父母为了我的教育费尽了心思，让我住到银川表舅家。其实我不想去，因为不想离开父母，但听说表舅家有一对双胞胎表哥，这可乐坏了我，有人陪我玩了，于是我就在挣扎中，屁颠屁颠地去了表舅家。

学生时代总是愉快的，除了2016年的6月7号和8号，因为这两天高考。

报志愿的那天，我和表哥一起到学校填写志愿书。进入学校入眼的就是形形色色的准大学生，或开心或悲伤，但是每个人对大学的那份憧憬都写在脸上。来到教室看到大家都在兴致昂扬地谈论高考志愿的事情。

我凑到大廖的座位前，问大廖要报什么专业。

“还能报啥？继承家业，你也知道我爸妈开了一家公司，想要我和小廖一起学管理，然后回来继承公司。如果我不学这个的话，不被抽死才怪。”大廖说完脸上有些失落，和他一起长大，我知道他喜欢数学，一直都想当数学老师，但却迫于家庭的压力只能改学工商管理，心中多少有些不甘吧……

“那小廖呢？”我知道小廖不会那么容易认输，他的个性一直都是敢于斗争的那种。

“我是那么容易就低头的人吗？只是苦了大廖，他没法按照自己的兴趣来啦。”

小廖说完看着大廖，满脸愧疚，大廖却是一副淡然的表情，确实很像大廖的风格，总是让着我们这些小的。相比之下，我爸妈虽然在经济上给不了我优越，但是在学习上总是会给我最大的支持。每个月除去生活费还会多给我200块钱购买学习用具。其实他们压根不懂，学习用具并不需要这么多钱，但是却担心我钱不够。父母给我的钱，我总会省下来，回中卫的时候给他们买一些衣物或是一些吃的。

我还记得去学校报志愿的前一晚上，我给妈妈打电话，询问他们对我大学专业的意见，然而却听父母说道：“你的人生你自己负责,我们不参与你任何的决定,你头脑好,想得比我们这些乡下人远,只要你喜欢就好,你可以自己决定。”

其实听完父母的话说不感动是假的，我觉得他们不想给我太大的压力,整个高三,给我打电话的次数少得可怜,每次我打电话回家都催我快点挂电话去休息。

最后我选择报我喜欢的园林设计，说得文艺一些就是希望人们可以生活在山水之间。留在银川继续我的学业,每天上课就和打了鸡血一样,虽然课业繁重,但是对我来说却是乐趣无穷,只要一上课,我就会有各种的想法,一下课就拦着老师说想法。到了大一下学期,我的导师对我喜欢得不行,每次有项目,都会和我聊一下。

而大廖、小廖则选择了去南方,前段时间给大廖打电话询问近况的时候,大廖有些颓废,接电话也有气无力的。

“喂,我小廖,你就别问大廖了,你也知道的,他一点都不喜欢这个。到了大学虽然努力,但是兴趣不高,每次上课其实对他来说就是‘劳动改造’,有时候我一直在想,子承父业真的是应该的吗?他学这个专业就是为了我,因为我而舍弃了一辈子的梦想,到底值不值?”

“你别听小廖胡说,我在学校挺好的,也不至于是差生,二等奖学金还是有的,不像某些人,每天就知道乱跑,真的是在画画吗?”

听完大廖的调侃，我思考了很久，任何人都想主宰自己的人生，但有几个人可能真正地主宰自己的人生呢？家家有本难念的经,这事谁也说不准……

高考这条路你怎么走取决于你对未来的期盼程度，是勇往直前,还是失意消极,在那一刻,你都会经历命运的洗礼。你意气风发参加高考,那是青春日子里最美丽的记忆,而你,就是这部青春高考季的主角,最美的时光总是会存在脑海的深处,无需回忆,不会忘记。

王　芳　　李　悦　　杨　豪|整理

# 直到现在，
# 还有好多人羡慕我当初不远千里来宁夏

披星戴月地奔波，只为一扇窗。当迷失在路上，能够看见那灯光，不知不觉把他乡当作了故乡。从山西到宁夏，风雨20余载，我早已在这里落地生根。

1

20世纪80年代中期，我一个17岁的毛头小子，凭着初生牛犊不怕虎的心态，去了现在想起来都冷的东北。大兴安岭着火的那年，我在东北拉木材。

后来没多久回到家，到了成家的年龄，相亲遇上了现在的妻子，用一辆二八自行车就把她娶回了家。

我是一个不“安分”的主，总想着折腾折腾，而我的父母是地地道道的农民，家里并无什么资本，我想做生意只能白手起家。

由于钱不够,我在乡上信用社借了10万元,准备大干一场。我和妻子一块在家乡低价进了一车苹果,运往广州、海南等一些南方地区辗转售卖,以为可以赚个盆满钵满,结果事与愿违赶上了行情不好,再加上寒冷的天气影响,存不住货,只能忍痛廉价贱卖。可是年轻气盛的我不认这个邪,又继续拉了好几趟,没想到一趟比一趟的情况惨,最后把钱都赔了进去。

1994年,我28岁,负债10万。

转眼就到春节,为了不让家里老人担心,我和妻子打碎牙齿往肚里咽,借钱办了年货。

做生意的失败让我很受挫,整天闷闷不乐。

"没事,只要人在,总会好起来的",妻子安慰着我。

年过完后,我听村里人说,邻村有个算命算得特别准的神婆,我想去转转运,于是去了神婆那里。

说是神婆,其实就是一个走南闯北、见多识广的人,在她耐心的开导和分析下,我决定去西北发展。

2

1997年10月,我和妻子踏上了去宁夏的火车。

刚进中宁县城,眼前是一片荒凉,鼻子里闻到的都是泥土的气息,全县只有政府楼是唯一的一栋五层楼。

我和妻子租了房子,安顿下来,开始了"还债"的日子。没有本钱,就从最基础的开始做起,卖包子、卖饼子、摆夜市……每天在家里做好糖酥饼,在大盘子上码好,口袋里装着一沓塑料袋,就开始了一天的叫卖。

慢慢地,我也跑熟了中宁县的各个角落,知道哪里好卖东西。五岁的女儿一直在我们身边,经常抓着我的衣角,跟着我到处走,日子虽然过得苦，但也算踏实快乐。

后来，我攒了一些钱便又开始坐不住了，总想着要到银川去看看。偶然的机会，我在银川北环菜市场附近盘到了一家饭店。

开店容易守店难，每天早晨6点我和妻子就忙碌开了，擦桌子、收拾卫生、准备各种料……事无巨细地操心着这家店。

腊月将至，本想着关门回家过年，但是生意却异常火爆，由于员工都回家过年了，我和妻子只能早上4点起床，晚上要到11点才关门，有时候会更晚。

有一次，晚上的客人特别多，孩子也跟着干活，就在特别忙乱的情况下，有一桌客人吃完饭直接走了，我发现后既气愤又无奈。

“宝贝，你听话，在炉子边盯着点人。”

“嗯……”6岁的女儿点点头。

可是令我没想到的是由于这两天过于忙碌，女儿每天都跟着我们一起早起晚睡，她困得在炉子边上打起了盹，差点栽到了炉子里。幸亏顾客反应快，拉了一把女儿，只是烤焦了一些头发。当晚，我和妻子就决定关门回家过年。

就这样，我们全家同甘共苦度过了最艰难的日子，到了1999年，我连本带息地还清了债务。

3

还了账以后，家里的情况渐渐好了起来，可是我还是不死心，总想在有生之年再折腾一把。

因为身处宁夏，自然就知道了中宁的宝贝——枸杞，可是之前我也只是见过干的枸杞。

中宁的天总是瓦蓝瓦蓝的。有一次我开车去舟塔乡办事，透过车窗，看见了大片大片如柳的蔓条上，挂着成串的紫色花蕾，像锦带一样，有的上面挂满了玛瑙一样的红果果，煞是好看。我下了车跟地里的老乡招手。

“老乡,这是啥东西呀？咋种了这么多？”

“外地人吧,这就是枸杞子嘛,木(没)晒干之前就是这么个(这样),是不是打眼地很(好看)！”地里的农民笑着说。

我下了地,顺手抓起枸杞树的树枝,看见了绿叶里垂下来的颗颗红彤彤的果果,摘了一颗放到嘴里,“真甜呀！”我不禁赞叹到。

“嗯,可不是嘛,金豆豆,银豆豆,都不如阿门(我们)中宁的红豆豆,能生吃,能成干货,连这个嫩叶子都能泡茶哩,好得很。”老汉骄傲地向我“炫耀”。

“我要种枸杞！”一回到家,我迫不及待地告诉妻子,像个小孩发现了新的玩具一样激动。

可她却一脸怀疑和担心:“你又没有这方面的经验，你年轻的时候就不爱下地,这把年纪了想去种地,犯什么神经呢！咱现在开店就挺好的,你别再折腾了。”

她的一盆冷水并没有浇灭我想种地的热情，我放下店里的生意,一心扑到枸杞上。

说起种地,我还真是两眼一抹黑,只能通过看书查资料来研究枸杞、学着种枸杞。

人到中年,做事也不再像年轻时那么莽撞。虽说种地这个念头已经埋在心底,但是为了保险起见,我还是先去了解枸杞市场。

180、250、280……中宁人流传着关于枸杞属性密码一样的标记,我听到这些就犯迷糊,为了真正搞明白,我每天6点钟准时在枸杞交易市场上转悠,只要看见别人在看货,便凑上去听听,偷师学艺,也学着人家的样子,捧一把枸杞,在手掌上扒拉开,再抓起另一种货在手中做对比,从大小、颜色、形状、价格各方面来对比,并且默默记在心里。

3个月后,我决定小试牛刀,检验一下自己学习的成果。于是,我开车去黄营村农户家收货，跟农户谈好价钱后，我心里一阵窃喜，价格比市场上便宜很多，兴高采烈地拉货回来，就傻了眼。听说市场相同的货价格跌了将近3块，而我没赚反倒赔了钱。

市场上的“老油条”(枸杞商贩)在一旁嘲笑道：“你一个外地人，好好开饭店得了，这果子(枸杞)不是谁都能搞起来的……”

可是我像着了这红果果的魔一样，并没有因为赔钱就放弃，妻子也没有因为赔钱责备我，偷偷地把饭店挣的钱放在我的包里……

慢慢地，我也摸着了一些枸杞行业的门道，越做越顺。

4

2010年，我早已不满足小打小闹，在中宁承包土地100亩，投资40万，决定集中连片栽植枸杞。

到了地里就马不停蹄地干起来，平地整地，拿着锹哼哧哼哧地干着。除了平地，就是开渠子，要在栽苗之前把水渠给开好，保证枸杞树能喝上水，光是开渠子就用去了3天时间，手上磨起了水泡。回到地头的土房子里，用热水洗手时钻心地疼。尽管如此，我第二天还是早早去地里忙活着，挖坑、栽苗、淌水……大片的空地终于不空了，成片的枸杞苗，把这空地填充得满满当当。

时间总是会给人带来惊喜，小树苗在我的精心照顾下，发芽、长叶、结苞、开花，红果果挂满了枝头。

自从开始种地，150多斤的我瘦了20斤，整个人晒得黝黑黝黑的，白天带着80到100个人在地里干活，晚上都成宿成宿守在地里浇水。

我每天都会在田间地头来回转，时刻关注着地里一株株枸杞的生长情况，每一株枸杞都像是我的“孩子”一样，盼着它们开花结果，运往全国各地。

6月份，到了收货的季节，枸杞如同红玛瑙一样在枝头颤动，看得人心荡漾。

采摘是产业链中耗费人力成本最多的一环，枸杞采摘的时候，也正是麦收的时候，人力紧张，有时候采摘一公斤得一块五、两块钱，有时候这样的价钱都找不到人干活。这时候的我是最紧张的，生怕找不上人采摘，枸杞果烂在了树上。

天气好的时候，摘下来的枸杞会放在毡板上晾晒，我考虑到雨季的情况，便早早就在地头前的空地上搭了晾干房以防万一。

可是天有不测风云，有一年碰上了虫害，打药埋药都除不尽，导致长出来的叶子都皱皱巴巴蜷缩成一团，更别说是结出的果子了，果身被虫子咬得全是小窟窿，我看在眼里，急在心头。可是我还是决定摘下来，不能影响下一茬枸杞的生长，可是如果正常晾晒肯定成了"赔钱货"，也就等于白瞎了前面辛苦的日子。

"潘老弟，这也不是办法，用硫黄熏吧，有了颜色，价格自然就上去了。"隔壁同种枸杞的老王说道。

"说什么呢，硫黄对人身体有害，就是烂到地里，我也不干这亏良心的事。"

这一茬枸杞卖了很低的价钱，而隔壁老王因为熏了硫黄，价格自然很高，周围一块种地的茨农都纷纷效仿老王，没有赔钱，可我总觉得这东西不靠谱。后来我听说，他们的货没出市场就被工商局给查收了，不仅没挣钱，反而罚了两倍的钱。

人得活得正一点，就像这枸杞树一样，虽然生长在贫瘠的碱地上，却长出了全身的宝贝。这件事过后，我待在地里的时间就更长了，精心地照看着我的"红孩儿们"。

功夫不负有心人，由于引进的枸杞苗品质好、产量高、抗逆性强，种植的100亩枸杞，在我的辛勤劳作和精心呵护下喜获丰收。

到了收货的季节，站在地头看着一车车枸杞被拉回各个工厂加工,然后出售到全国各地,甚至远销国外,我就觉得心里美滋滋的。

如今,年过半百的我每年春节都会开着车带着一家子回乡省亲,而和我年龄相仿的乡亲们依然靠着种地维持着生计。

“老潘呀,还是你那个时候有眼光,跑到那么远的地方,现在啥都有了,孩子还都这么有出息!”

看着他们投来的羡慕眼光,只有我心里明白,在宁夏奋斗的20多年里是多么的艰辛和不容易,现在想想,一切都值了。

潘　宁|整理

# 那山那人那村庄，初见与离别，西海固最不缺的就是淳朴

生在江南，长在湖南，一直以来，我都是个任性和爱玩儿的人，看过了锦绣江南烟雨飘，这一次，我来领略西北风沙战狼嚎。远行，并不是因为什么欲望，也并非因为什么诱惑，只是在某个时间、在某个地方，我聆听到了自己内心深处的声音。

1

支教这件事，从刚看到宣传资料到决定去做，我只用了一分钟时间。第二天一早，我便向公司提交了辞职申请，开始着手做离家半年的准备。

2月，长沙春寒料峭，出发前一星期，我才把要远赴千里之外到宁夏支教的事情告诉了母亲。母亲很错愕，然而她深知我决定的事情已是离弦之箭势在必行，便默默帮我收拾好行囊。

去支教点之前得在贵州支教点培训几天，来自全国各地的支教老师汇聚于此，刚从陌生变热络，大家就朝各自的支教点出发了。

穿越将近2000公里之后，我终于到达宁夏回族自治区首府——银川，可还来不及仔细看这城市的面貌，我便早早地踏上了去往学校的客车。

人们对大西北的第一印象常常是荒凉、贫瘠、寒冷，然而真的身临其境，却让我彻底改变了固有的印象。这里的天空很蓝很纯净，蓝天下是黄土高原，视野开阔，一眼就能望到天际线。黄土山岭连绵不绝，山坡上矗立着很多三叶的大风车，那洁白的身姿在蓝天黄土上亭亭玉立，随着风缓缓转动，瞭望着这片辽阔的黄土地。

车行驶在高速公路上，道路两旁时常会出现村庄，虽是低矮的土砖或者窑砖的房子，但也排列有序、错落有致。我想我已经喜欢上了这里。

到达西吉县，转乘小巴士，经过一整天的路程，我终于到达了支教的目的地——宁夏回族自治区固原市西吉县马建乡奕龙希望小学。这所学校坐落在大山脚下，后面是山坡，前面是山岭，山上只有一些零星顽强的小草，枯枯黄黄地扎在山坡上，中间有条道直通校门口。

校长亲自出门迎接我，一边不停地说"辛苦了辛苦了"，一边热情地接过我手上的行李，带我参观学校。几个孩子站在教室门口怯生生地看着我，我冲他们微笑，他们急忙躲进了屋里。

我住的地方也在学校里面，一间房，一床一桌一柜一煤炉子，虽简陋，但是对我而言足够用了。校长带着两个男孩子，把我的行李搬进了屋，说："我们这儿条件不好，李老师你将就将就……"校长这样客气，让我觉得不好意思起来。这里的环境跟城市比起来虽然艰苦，可我愿享受这份艰苦，因为在这里，我能看见最干净最清澈的眼神。

校长与我在宿舍里深谈了许久才离开。这所希望小学一共只有34名学生,包括校长在内,一共只有4名老师,我要教三、四、五年级的语文、英语、科学、思想品德和体育,课表满满当当,一周要上30节课,我不知自己能否胜任,但我会尽最大努力去做好。

夜幕降临,皎洁的月光洒在院子里,那样温柔。这就是我要工作生活半年的地方,我喜欢,这也将成为我人生中宝石级的记忆。

那是2月的最后一天,我用一碗泡面解决了晚餐,明天一早,便要开始上第一堂课了。

2

初春时分,山里的清晨十分寒冷,我早早便醒了过来,天还未亮。发现自己的鼻尖冰凉,被窝里的热气也一点点消失,急忙套上毛衣,可还是不自觉地打了好几个寒战。再过两个多小时,便要正式开始上课了,我开始忐忑不安起来,便拿出教科书翻了翻。

八点,上课铃响起,我踏入了四年级的教室,这是堂英语课,整个班级只有六名同学,他们早就坐好在那里等着我了。

师生简单的自我介绍之后,我拿出了一幅中国地图让他们指出我们现在的位置,同学们面面相觑,默不作声。我忙笑着说“没关系”,然后在地图上指出了宁夏的位置,又用笔圈出了马建乡张湾村的大致位置,说:“我们现在就在这个地方,宁夏回族自治区固原市西吉县马建乡张湾村……”孩子们似懂非懂地点点头,跟着我念了一遍这长长的地名。

“老师您是从哪里来的呀?”

“我来自毛主席的故乡湖南。”

于是,六个同学围在讲桌前,在地图上找了好一会儿,终于找到了湖南的位置。下课后,一个小同学往我手里塞了个核桃,我还没来得及说谢谢,她便一溜烟不见影儿了。这一堂英语课,俨然变成了地理课,虽然有些“不务正业”,可我和孩子们的心迅速拉近了。

山里的孩子,吃饭从不叫人操心。每天临近中午下课铃一响,孩子们便从抽屉里拿出早就准备好的碗筷冲出了教室。学校里是有一顿学生午餐,有专门的阿姨做饭,我也可以去食堂蹭饭吃。

打饭前,由高年级的同学打水,其他同学在水井边上排好队洗手,每个人都要把小手洗干净才能吃饭。由于他们平时习惯了东摸西摸、随地就坐,手上脸上总是黑乎乎土蒙蒙的,洗了不一会儿,一盆子清水已经成了“墨水”。

来到食堂也需要排队,由高年级的同学帮忙盛饭,同学们个个乖巧,遵守秩序。主食通常是面,一大锅面加上洋葱、土豆、胡萝卜、白菜一起煮,熟了以后用大盆子端上来,孩子们得到食物后,心满意足地大口吃起来,看着他们的吃相,瞬间感觉饭菜香极了。

老师们也跟着学生一起吃饭,校长递给我一根大葱,我学着他们的样子,张大嘴咬了一口。眼泪立刻就飚了出来,把大葱吐掉实在是不好,只能硬生生和着面汤吞了下去,那酸爽的滋味,真是让人终生难忘。同学们看着我狼狈的样子,笑得前仰后合。

3

植树节那天正逢周末,周五一大早,我带着五年级开展植树活动。然而走到山坡上,放眼望去,竟看不到些许绿色,只有几只羊慢慢悠悠踱着步。

来到这大山里近半个月,我已真真正正地体会到了干旱的滋味。植树节活动本来是说要种点什么植物的,可显然,在这个时候的大山里,是不适合种植的。老乡们说,山里的庄稼、树木靠天活。

眼看着植树活动没法完成,同学们个个垂头丧气,我突然灵机一动,干脆让孩子们去领养现成的树木吧!班上每个同学去学校操场领养一棵树,以后那棵树就由他们各自负责照看,冬天要刷石灰保暖,春天要除虫,夏天可倚树乘凉,秋天亦要扫落叶……孩子们听到我的提议,兴高采烈地点头答应,然后一窝蜂地跑出去认领自己的树,每个同学都在自己认领的树旁边合了张影。

下午,我带着同学们又去征服另外一座山头。山坡陡峭不已,待我爬到半山腰的时候,已累得气喘吁吁。可那些“兔崽子”们却如履平地,爬得飞快,把我远远甩在身后。看着孩子们快乐的模样,我突然觉得十分幸福。

城市里的孩子,一部手机就能把他们拴在一个方寸之地画地为牢,而这里的孩子却绞尽脑汁、变着花样地开发能让自己和小伙伴们开心的玩具和事情,爬树、玩泥巴、堆沙子,一根橡皮筋、一块黑板甚至一张废报纸都能让他们玩出欢声笑语。

放学时,校长见了我,笑着说:“李老师,你给孩子们带来了好多快乐啊!”我听了这话,心里却十分惭愧,事实上,是孩子们教会了我快乐,让我看到了童年最原本的样子、最纯真的笑颜,让我感受到了这片土地最朴实的民风。

4

山里的日子,娴静又安逸,四个多月的时间转瞬即逝,不知不觉间一个学期很快临近结束了。那些和孩子们上山下坡时的欢声笑语,那些让人头痛的学习成绩,都将成为我珍贵的回忆。

期末考试是县里统考,孩子们乘车去县里参加考试。考完试回来,五年级班里最淘气的男生笑嘻嘻地对我说:“李老师,今天的考试好简单啊!”

学校没有六年级,这是他在这所小学里最后的一次考试了。看他那样开心,我的一颗心也落了地。

学期结束了,校长拿来几本《小学生成长记录册》,要我为班上五名学生写评语,看着班上五个孩子的名字,这短短一学期和他们相处的情景全都浮现在我眼前。

他们成绩不算好,可在我眼里每个孩子都是闪光的,他们在我的生命里留下涟漪,和我一起度过了一段美丽的时光。就算离开,我也会永远记得他们的笑容和我给他们起的“别名”——“小泥孩”刘亚鹏、“小菠萝”李春波、“小苹果”王喜亮、“小黑吖”吴晓婵、“小蛾子”李晓娥。

要离开了,在这广袤的大山之中,在这破旧的小学校里,我度过了一生中最难忘的几个月。

离开的前几天,我特意赶去县里给五年级孩子置办了一套班服,开了最后一次班会。

我留给孩子们五个字——“走出大西北”。

我跟孩子们解释说:“老师我是走进大西北,先来体验和感受,然后再走出大西北,去传播和分享;而你们是要先努力走出大西北,去见识和充实,然后再走进大西北,来建设和创造。”

苍穹下的西海固,不仅只有茫茫黄土、连绵山丘,还有湛蓝的天空。千百年来这一方纯朴、善良的人,伴着山丘、黄土、风尘,辛勤劳作,努力生活。

我爱这片土地,如果说刚踏上这片土地时,是因为美景如画,那么如今要离开,最眷恋的是那段美好的时光,那些纯真的笑脸,那些淳朴的乡亲,还有这片土地上生生不息的希望……

关瑞瑞|整理

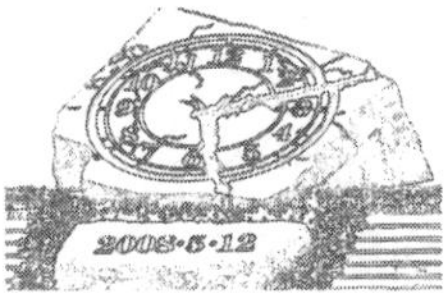


# 他们从汶川回来，活在惊醒的记忆中

今天是2017年5月12日，汶川地震九周年，曾经那些豪言依然在耳畔回响："我并没有离去，你这因想我而哭的人，我只是改换了住处，我将在你心里长住。""对于写作者，我们握着的就是遇难教师的笔；对于耕耘者，我们挥动着的就是遇难农夫的锄；对于旅行者，我们穿着的就是遇难行人的鞋。""我们是失去父母者的父母，是失去孩子者的孩子""只要他们的家园一日不能重建，我们的愁思就会与那片废墟同在。"

九年了，年年坟上生秋草，日日映秀到夕阳，从汶川回来的人们，他们活在惊醒的记忆中。

**王卫东：那十几天，他用镜头坚守记者的使命**

2008年5月12日，那是一个深深印刻在人们记忆中的日子。当天发生的8级大地震使数万人失去了生命，上百万人无家可归。

地震发生后，举国上下都投入到了救援行动中，距离汶川千里之遥的宁夏也不例外，我作为第一批报道组的成员，在震后第二天就踏上了赶赴汶川的征程。在四川灾区的那十几个日日夜夜，我目睹了灾难带来的触目惊心的毁灭，拍摄到了发生在震区的生命奇迹，采访报道了大量感人的新闻故事；那十几天，能感觉到饿，但却一口饭都吃不下，我生平第一次感觉胸闷说不出话；那十几个日日夜夜，我的心灵受到了深深的震撼。

记得在四川省什邡市八角镇一个偏僻的村子里采访时，我遇到了这样一家人：5月12日那天是姐姐的生日，中午爸爸妈妈就为女儿准备好了生日蛋糕，馋嘴的弟弟看见后就想偷吃，结果被妈妈打了一顿，因为妈妈说必须等到下午放学回来后才可以和姐姐一起过生日、吃蛋糕。可是，下午放学后弟弟却再也没有回来……妈妈抱着儿子小小的骨灰盒，边哭边重复着一句话，为什么中午没有让他吃一口姐姐的生日蛋糕呢……

灾难会毫不留情地把人推向绝境，但经历了灾难的人也会变得坚强。从汶川回来以后，我感觉像做了一场梦，经历了一次洗礼，历练了，也成熟了。

### 徐飞：即便救的是一具尸体，心里也是踏实的

"到地震灾区，看到的除了残垣断壁，就是尸体，一具挨着一具。当我双脚踏过一片片废墟把它们从倒塌的房梁下拉出来时，心里没有别的，就想着能救多少是多少，即便救的是一具尸体，心里也是踏实的。"徐飞回忆起九年前那场惨绝人寰的地震时，仍久久不能平静。

徐飞在宁夏消防总队18年，见到过别离，也经历过生死，死

神不知在他手中拉走过多少人,他从未恐惧过,可是到青川县陈家坝时,他慌了……

2008年5月15日,一个衣衫褴褛的年轻人来到徐飞所在的救援队。此时的年轻人,身上无一处好地方,衣服被血水和沙土“吞噬”,已看不清原来的模样,

“求求你们,救救我爹,他腿被砸断了,已经三四天没有吃东西了,我这个做儿子的没用,没有能力救他,求求你们……”

当时宁夏消防总队155名救援人员,被分派到不同的救援地,所以这个任务便落到了徐飞所带领的15名消防队员的头上。

山还是那座山,可是山下却充斥着牛羊尸体腐烂的味道。从远处看,山上郁郁葱葱,看不清虚实,又给人一种错觉,仿佛爬过了这座山便有了生的希望。

救援队必须翻越两座山,走十几公里的山路,才能到达目的地,这对于救援队来说是个挑战。因为不仅要面临山体滑坡的危险,还有余震带来的威胁。

身为一名指挥员,不仅要救受害者,还要考虑战士们的安危,所以在搜救时,徐飞一边和指导员保持联络,一边观察地形。一路上,他们眼看着石头从身旁落下,15个人硬着头皮轮流把一个70岁的老人安全抬到救援地。

“人的生命真是一刹那的事,谁都无法预知。从汶川回来后,我家便多了一样东西——《地震防护应急预案》。如今他们的家乡已重建,这也是对逝者以及他们的后代的一种安慰吧。”徐飞低下头不再说话,也许只有沉默才能表达他的心情。

**刘静:即使遭遇山体滑坡,也一定要把物资送到灾区**

2008年5月12日14时28分,四川汶川发生了8级强烈地震,宁夏回族自治区红十字会得知消息后,迅速组织募捐活动,

于5月16日跟随宁夏20多辆武警军车，携带200万物资前往汶川县受灾地区。

刘静和四位同事一同前往，透过窗子，看到眼前的公路顺坡而建，地势相当复杂，公路上到处散落着大大小小的石头，犹如破碎的煤渣。“轰隆隆，轰隆隆”的巨响像是在耳边炸开一般，路上遇到山体滑坡，一块块大石头从山上急速落下，阻挡了前往汶川灾区的路。

“完了，过不去了，这些东西怎么送到灾区人民手上？”刘静心里咯噔一下，慌了神。余震不断袭来，容不得半点时间上的耽搁，随行的武警战士下车查看情况，是余震造成山体滑坡，要想过去，就必须挪开这些“拦路虎”。

“余震又来了，小心！”不知是谁喊了一声。刚清理出来的路，瞬间又堆满了石头。“不行，今天就是抬，也得把物资送进去。”

下车，搬石头，清路……终于，车开到了青川县的回民村。车子驶进村庄时，到处都是一片废墟，大地深处积聚的能量，将地表撕开，使房屋倒塌、人员伤亡，整个村落显得那么沉默、那么无助。

进入村子，来到临时搭成的救济帐篷里，从车上搬物资的时候，一位老人家走过来握住刘静的手：“谢谢你们还记得我们，我们村是回民村，谢谢宁夏人民还记得我们，给我们带来食物，谢谢……”

在青川县回民村待了10天左右，刘静率队从汶川返回宁夏，一路上望着车窗外的满目疮痍，她心里有太多说不出来的痛。

**郭昊东：我们是宁夏来的农民工志愿者，让我们干啥都行！**

“5·12”汶川大地震，犹如炸雷一般，在全国瞬间炸开。当新闻里面播放北川一所学校坍塌，学生无一生还时，郭昊东的眼泪一下子就涌出来了，当时脑子里只有一个念头——以最快的速度到灾区去。

5 月 16 日，郭昊东组织了一支由 26 人组成的宁夏农民工志愿服务队，怀揣 10 万元现金赶赴汶川抗震救灾。

当天一下飞机，郭昊东就带领宁夏农民工志愿服务队来到四川省红十字会，等待工作人员统一安排救灾任务。当时，申请去灾区一线的志愿者太多，直到晚上 6 时，他们还没领到任务。郭昊东急了，大声喊道："我们是宁夏来的农民工志愿者！让我们干啥都行！"红十字会负责人被他迫切的心情感动，决定专门协调车辆，送他们去受灾较重的什邡市湔氐镇白虎头村。

第二天，郭昊东买了两万元的食物、饮用水和救灾帐篷，乘车向什邡市进发。

白虎头村 79 岁的杨秀萍老人，在地震中失去了所有亲人。当时老人住在窝棚里，从郭昊东手中接过救灾物资和现金时，感动得老泪纵横。墙倒屋坏的惨状和失去亲人的痛哭声令郭昊东难以忘怀，十分心疼，他掏出口袋里所有的钱，将带来的物资和现金留给老人。

什邡、元坝、安县……地震灾区处处留下了郭昊东和宁夏农民工志愿服务队的脚印。

在灾区的 28 天里，郭昊东每天只睡两三个小时，体重下降了 20 多斤。每天只有低着头埋头苦干才觉得来值了，尽管如此，可他还是觉得自己为灾区人民做得太少。

"从汶川回来九年了，还是觉得心一直在那里，现在灾区重建工作做得很不错，那段经历真是一辈子都忘不了……"

**王晓东：哪怕在废墟上开救护车，也要把药品和关爱送到千万家**

5 月 13 日，在自治区卫生厅的召集下，我和两位同事，以及来自宁夏医科大学总医院、自治区人民医院的 30 余名医疗工作者组成了宁夏第一批医疗队，进入地震重灾区——青川县。

我想象了太多灾区的样子,可是怎么也没想到,映入眼帘的竟是这样的惨相。满目疮痍,群山轰鸣,余震不断。我们开着车驶进青川, 迎面是逃离县城伤痛满面的灾民,3000 米落差的堰塞湖,迫使我们在青川驻扎了两天后不得不撤离到安全的地方。

只要有重伤员,我们便开着车将伤员运送到 500 公里之外的成都去,其余的时间,是药品的不间断运送。每天凌晨 4 点,我和同事们将沉重的药品、装备装到车上,奔走于各乡镇之间,挨家挨户送药品,遇到山体滑坡,道路不通,常常一边开路,一边行车。

在旺苍县休整的一个清晨,我正忙着清理车里的物资,发现一个孩子站在身后, 衣服破烂不堪, 目不转睛地看着我手里的火腿肠,我心里不忍,把火腿肠递给孩子,又拿出一件衣裳给孩子披上,谁知一转身的功夫,车后灾民竟排了一列长长的队,他们大多衣衫褴褛、憔悴不堪,我心里难受极了,把车里方便面、火腿肠、饼干还有自己换洗的裤子、外套全都发给了这些灾民,心里只想着,只要让他们能好过一点点也算。从那天开始,我们运送药品的同时,把节约下的物资捐给灾民们。

从汶川回来,我几个月缓不过神,晚上躺在床上,翻个身都会把自己惊醒,以为地震来了。2016 年秋天,时隔八年之久,我再一次踏上了那曾经满目疮痍的土地,曾经的废墟被建成博物馆,县城迁地重建。

我站在博物馆门口,双手合十,祈祷上天永远赐福这片土地,这种伤痛是该永远铭记的,活着的人更应好好活下去。

**王进忠:背起孩子的那一刻,肩上的重量很轻,但责任很重**

汶川地震后第二周, 银川市特警支队接受上级指示前往什邡市蓥华镇维持治安。

特警支队到达蓥华镇,战士们被眼前的景象惊得目瞪口呆。蓥华中学只留下残垣断壁，操场上血迹斑斑，那是一个个鲜活的生命，被地震这恶魔吞噬时留下的血泪。

特警战士们就在这片干黑的“沼泽”上驻营，冲洗已发黑的血迹。气氛压抑极了，仿佛能听到心跳，许久，没有一个人说出话来。草草扎完帐篷，等特警战士们安排好巡逻任务，已经进入了深夜。

巡警车在灾区被称为“招手停”，一天 24 小时，警车在整个什邡一圈又一圈地巡逻，有人招手，都会停下来帮助灾民解决困难。

一个深夜，正在巡逻的银川特警发现了一个背着小孩赶路的老人，她低着头向前走，步履蹒跚，当值的特警战士立马下车查看。原来老人背着的是她的孙子，孩子发高烧，已经哭闹了一天，老人找不到医院，只能摸黑去 10 里外的镇上寻找医生。

“您快上车，我们拉您去驻地大队，我们那里有医生。”特警战士接过孩子，搀扶老人坐上巡逻车。10 分钟后，巡逻车穿过重重废墟到达救援队，车一停，战士立马背上孩子往医疗救援帐篷跑去。

“阿姨您别急，孩子没啥大事，就是上火了，口腔溃疡。给您拿点药，过几天就好了。”救援医生一边说一边不断安抚着难受的孩子。

老太太看着特警战士跑来跑去给孩子拿药忙活的身影，哭了起来：“老婆子谢谢你们啊，我都不晓得说啥子，谢谢好人。”

这些被称为铁血汉子的特警战士听了老人的话，竟都默默湿了眼眶。“我们能做的，只能是让活着的人好好地活下去。”

汶川地震已经过去九个年头，银川市特警支队依旧保持着与当地的联系，了解他们的近况，逢年过节带去一声问候，让他们用乐观的心态面对生活。

最真情的援助，莫过于一直陪伴着你走出阴霾。

**开有珍：特殊的教育，我用温暖点亮你们的生命曙光**

2008 年 6 月 14 日，四川绵竹中学的 204 名师生来到银川育才中学。在育才中学任教的开有珍担任班级组长,也就是从这天开始,他和灾区204名学生紧密地联系在了一起。

“孩子们经历了生死,又来到人生地不熟的宁夏,心理还处在震后的恐慌和迷惘中。”

为了让孩子们尽快走出地震的心理阴影，开有珍和其他老师每天加班到深夜,和孩子们谈心,疏导孩子们的心理。

孩子们刚来的时候，开有珍就对所有学生进行了家庭摸底调查,其中有一个学生的母亲当时在地震中遇难了,开有珍对他格外关照。

有一天晚自习的时候,开有珍把他叫到办公室进行心理疏导。

“老师,地震虽然破坏了我的家,但是我有信心一定会读好书。”

这位同学在开有珍刚要开口说话的时候,说了这样一句话。开有珍听到这句话的时候非常感动,他原以为把这位同学叫过来,他会哭,但是他没有,他很坚强,坚强的让开有珍老师没有了下文。

42天的相处，这群异地复学的孩子感受到了大西北的关怀，感受到了育才学校对他们伸出的温暖之手。开有珍老师一路陪伴，将这些孩子送到了灾后重建的绵竹中学,挥手分别的时候,孩子们眼里噙满泪水,开有珍老师平生第一次体会到了心疼的感觉。

孩子们离开九年了,开有珍老师还时刻关注着这些孩子,当听说一位孩子考到了清华大学,又上了清华的研究生时,他的心里特别欣慰。

在那场不宣而战的毁灭性灾害里,每一个镜头、每一个场景、每一个瞬间,都化作了一曲长情的生命赞歌,在每一个从汶川回来的人心里,都定格成了永恒的回忆。九年过去了,此时此刻,我们给汶川地震中近万的遇难者最高的礼遇:我们愿以自己不朽的爱,赋予他们不朽的名。

网易宁夏内容中心|整理

# 90岁的铁路人：漂泊一生，我这辆火车最终停在银川

见到李老的时候，他正围着围裙给自己煮面条。一米八的大高个，身材挺拔，精神矍铄，没有一丝的龙钟之态，真的没想到他已91岁高龄。

李老的家一室花草，茶几上整齐地码着一摞报纸和几本字典，报纸上压着一个精致的放大镜。我正看着墙上的字画入迷，李老已煮完了面坐在我身边。

1

1926年7月，李老出生在河北唐山一个贫苦农民家庭，家里孩子多，他却是唯一的男娃。日子实在艰苦，靠天吃饭，终日在地里刨食。1937年夏天，北平城枪声一响，整个华北大地陷入了恐慌之中。村里全都乱了，国民党到处抓壮丁充兵。

“看着结实能端得住枪的，管你多大，直接抓了就走。”

李老的四叔就是那时候被抓了壮丁的，连跟家里人道别的时间都没有。李老的爹思虑再三，最终带着一家老小离开了老家，跟着难民大队伍朝着南边开始了逃亡生涯。用颠沛流离四个字已无法形容当时的窘境，一路沿着平汉铁路，两条腿像上了发条一般只顾往前走，饿了啃一口干烧饼，渴了舀一瓢河水。

一日挨一日，挨到了安徽蚌埠，这些从北边过来的难民全都拥在巷子口，七嘴八舌，推推搡搡，就这样，11 岁的李老和爹妈失散了。在那个自顾不暇的年代，显然哭喊没有什么用。几个月都没能找到爹妈，李老一路向西，开始了流浪生活。

“河南、湖南、湖北、江西、贵州、四川，那几年全走遍了，要饭、做长工、摆小摊、当工人，吃过几次饱饭都数得过来。挨打挨骂、躲枪炮、避追兵，能吃的苦、不能吃的苦全吃了。”说起那段不堪回首的苦日子，李老眉头紧锁，不住地叹气。

15 岁那年，李老在重庆街头看见了铁路招工启事，想都没想就去报了名。体查完了就是笔试，李老也记不清考了什么，只是仗着小时候趴私塾墙根学的几个字，便壮着胆子去了。36 个人报考，结果个个都是 100 分。李老 8 分钟便交了卷子，因此拔得头筹，从此进了铁路这一行，一干就是一辈子。

1945 年，抗日战争胜利了，李老也终于结束了四年的学徒生活，真真正正地当上了一名火车司机。蒸汽机车的司机一组三人，司机、副司机和司炉。李老最年轻，时常被安排在司炉的位置，挥锹添炉，一趟下来，真是“火烤胸前热，风吹背后寒”。一年后，李老和一位美丽的咸阳姑娘结了婚。

1948 年秋天，李老开火车从徐州运送一批物资到南京，车到南京，却接到通知说徐州回不去了。淮海战役打响了。在南京的朋友劝他不要回去了，一起去台湾重新娶个媳妇，可是李老想都没想，简单装了些干粮，就出了南京城，他要走回徐州去。

“徐州虽不是我的家，但我的媳妇怀着孩子在那儿等着我，我就是爬也得爬回去。”

沿着铁路线，李老一步一步往徐州走，累了不知累，渴了不知渴，耳边炮火声不断，脚下是看不到头的铁轨。十几年前，他也是这么沿着铁路跟着爹娘一步步走出河北老家的。这么多年了，依旧是兵荒马乱，何时能迎来太平年？

300 多公里路，走了九天九夜。到了徐州，双脚已布满血泡，鞋磨得半个底没了。看见妻子大着肚子站在巷子口张望，李老一下子就没劲儿了。

2

没过多久，李老的愿望就达成了。新中国成立，结束了国内长年的战乱。李老作为铁路行业技术人才被党和政府送到北京学习深造，之后分到了郑州铁路局车务段。

1954 年，包兰铁路全面开工，东北、华北等全国各地的工人、农民、部队都奔赴到西北这条沙漠铁路的建设中来。李老也响应政府号召，带着妻儿到了兰州铁路局。那时的兰州火车站就是一个大棚子，外面尘土飞扬。西北地区物资匮乏，粮食短缺，有时连着几个月只有稀粥。筑路工人靠着人力，与恶劣的环境做斗争，李老从小吃苦，这样的环境对李老来说根本就不算什么。

1958 年 7 月，包兰铁路通车了。李老被分配到银川，在这里安了家。通车典礼那天，老银川新城火车站人头攒动，锣鼓喧天，彩旗飘扬。在新城老火车站已经铺设好的对开铁轨上，停放着南北两辆对开的火车，一辆是开往兰州方向的，一辆是开往包头方向的。两辆火车头前悬挂着毛主席头像和五星红旗，车身披挂着红绸，远远望去，两辆火车在一望无边的银川平原上就像两条巨龙。

领导们讲完话，两辆南北对开的火车在一片欢呼和汽笛声中驶向各自的方向。李老谈起那天的情景依然激动不已，当了干部，没机会再开火车，这小小的遗憾在那一天被瞬间放大。

李老再开一次火车的心愿在70年代初实现了。在那个特殊的历史时期，铁路局上下处处闹革命、搞运动，火车停运，客运几乎瘫痪。乘客坐在车上干等车不发，李老看着心急，干脆自己上了火车将车开到中卫去了。干部亲自驾火车，在当时还引起了一阵轰动。

之后李老的工作被不断调动，头一年还在石嘴山，第二年便到了中卫。除了调动，出差也是家常便饭，一个月能回银川陪陪妻儿的时间少得可怜。1979年夏天，李老的小儿子婚期已定，家里提前一个月便忙活着操办婚事，李老却在婚礼当天放了儿子的鸽子。

客运段上出了事，一个妇女在闷热拥挤的车厢里发了昏，抱着孩子开了车窗直接跳下了火车，那时的火车时速不足50千米，那妇女只是受了些轻伤，可是孩子却离开了。李老心里不是滋味，从现场赶回来时，已经是第三天晚上，他拎着包站在家门口，屋里亮着温暖的灯光，望着映在窗子上的老伴的影子，心里酸楚不已。在银川安家20年，自己却像是个住店的旅客。老伴开门泼水时，看着愣在门口的丈夫，笑呵呵说："风筝回来啦，进屋吃饭。"无论飞多远多高，风筝的线轴始终都拴在家，在银川。

3

1980年，李老主动申请退休。

退休后的李老依然坚持规律的作息时间。养花养草，读书看报。一辈子东奔西跑，都没时间能好好陪陪老伴儿，现在的每一天都格外珍贵。1990年，银川客运段成立了，相继开通了银川到北京、上海等地的双向线路。火车也经历了由内燃机车到电力机车的转变，完成了一次又一次大提速。李老不仅关注着铁路的发展，还时刻关注着国家大事,处处发挥一个老党员的余热。

社区居委会组织党支部会议,李老总是第一个到。年纪大了,但仗义执言、敢说敢做的性格还是没有变。年底社区工作总结会议,年轻的社区书记在台上详细地做工作总结和来年工作计划报告,李老听了,皱了皱眉。

会议结束后,老李坐到书记办公室,语重心长地说道:"小郭书记,你这个总结报告,说了那么多,一半都是空话套话,有啥用呢?无非就是两件事,今年社区都干了啥,明年社区准备干些啥,简简单单,多好!"小郭书记脸上一阵红一阵白,细细琢磨李老的话,却是醍醐灌顶。居委会换了四届班子,历任书记都对李老赞不绝口,模范老党员大抵就是如此。

李老每天只在小区里转,最远就是去铁路分局看看,或是去做报告,或是仅单纯的追忆。前半生在铁路艰苦奋斗,后半生在社区发挥余热。李老的一生像一列火车,行驶在他的人生轨道上,简简单单,两点一线,只是始发站和终点站不一样了。如今宁夏铁路线四通八达,高铁也要铺进银川了,儿女们总想着带老父亲去旅旅游,看看现如今祖国的大好河山,可是李老却说:"我从小颠沛流离,四处流浪,到了铁路后又四处跑车出差,我这辆老火车跑了一辈子,现在停在了银川,哪儿都不愿再去了,就想好好待在家里,保养保养,安稳过日子。"

李老的围裙还没有摘,煮好的面也没吃。我又望了望墙上那幅题着"伉俪双双钻石婚,人生无比此温存"字画,便起身告辞。出了小区门,遇到社区郭书记,她告诉我,李老和老伴携手走过了70载,四个儿女也都相继退休,重孙重孙女也都快要成人了,一大家20口人,实实在在的四世同堂。李老给自己制订了一个"百年计划",并非是活到100岁,而是说,1941年进了铁路这行,干了整40年退休,退休40年,便是建党100周年,到那时,带着老伴再坐一次火车,便算是圆满了。

关瑞瑞|整理

# 蓝与黄的宁夏　新与旧的银川

1

1965年的北京，城中工厂几乎不招工，社会上也无岗可就。刚满18岁的我在参加完高中毕业典礼后，便回家帮着母亲糊纸盒维持一家九口人的生计。看着满面愁容的父母和年幼的弟妹，我毅然决定离开家乡，响应国家号召，去建设西北边疆。

说走就走，与北京数千多知青一起，我们穿绿衣，戴军帽，举着红旗，胸戴大红花，踏上了驶向宁夏的列车。

“你说宁夏是什么样的？”

“我听我们家前院的刘大爷说，那可是塞上江南，大米白面吃不完，鸡蛋多得满地滚，漫山遍野枸杞子，黄河鲤鱼往岸上蹦！”

这话一出，整个车厢爆发出一阵又一阵欢呼

声。我望着车窗外渐行渐远的乡景,百感交集。不知道王老师回去了没,站台上那落寞的身影,让我的心里下起了一场阴雨。从此天各一方,两岸烟火,唯余相思。

火车途经草原、戈壁、荒漠,一天一夜之后,终于驶入了银川火车站。出了火车站,我们全都傻了眼,塞上江南的图景竟然一丝一毫都不见,有的只是满目的荒凉。街上几乎没有车,几条坎坷不平的土路横在眼前,空气里弥漫着呛人的灰尘。仲夏日,城里可见的绿色植物却屈指可数。还没来得及表露失望之情,我们便坐上了开往连队的卡车。一路颠簸,途中可见的只是几乎与天地融为一体的黄色沙尘,以及低矮的砖房。

“这地方怎么这样啊?不是说塞上江南吗?”这略带哭腔的声音表达着虚弱的不满。

司机大叔听了,笑着说:“娃娃,银川比不得你们首都,可城虽小,干劲足啊！你们这些城里的娃娃,应该来吃吃苦！”

我们的目的地是中宁县的古城村,车停在村委会门口,当地的老乡扭着秧歌敲锣打鼓赶来迎接。我们这些踌躇满志、激情昂扬的小年轻们刚把铺盖卸下车,就被眼前的情景惊呆了:银川城尚有街市公园,可这里,竟然是满目的黄沙地、盐碱地,除了几棵沙枣树,几乎看不到一处树荫。老乡们一律住在低矮的土坯房里,一起风便黄沙漫天,一下雨便泥泞不堪。

老乡们端来一碗碗还带着黄泥沙的热腾腾的大碗茶,大家看着老乡朴实又热情的脸,想都没想将茶一饮而尽。我后来才知道,村里只有一口井,我们这些知青来了,老乡们为了给我们泡茶,水井都见底了,井水浑了,实在来不及澄清。

我们将要入驻的宁夏林业建设兵团驻扎在山坳,一排排的土坯房成了我们的宿舍。我们每天早上七点准时起床,八点扛着铁锹、抬着竹筐上山植树造林,埋草平土地。夏天天气炎热,没个阴凉处能够避避日头，虽是雨季，却久久不见下雨，地上腾起一阵阵黄沙；冬天寒风刺骨，我们这些北京过来的知青们竟没有一个会生炉子的，只能缩在土炕上，瑟瑟发抖。

日复一日，年复一年。每当我累得撑不下去的时候，都会抬头看看天空，宁夏的天真蓝，蓝的天、黄的沙连成一片，这奇异的景色让我心旷神怡。每个月最开心的几天就是收到家书。父亲说小妹插队去了云南，小弟去了北京郊区，虽然近却吃不饱饭。

月光染亮十里夜色，八年辛勤劳作，山上的树林已成形，地里的草木也渐繁盛，村口的沙枣树枝繁叶茂，岁岁年年，守望着这一日胜一日郁郁葱葱的村落。

2

再见到王老师时我已经26岁了。王老师长我八岁。在北京上高中时，他教我们班语文，同时还兼着我们音乐课。也许是因为他博学与谦和，而我热情与活泼，师生恋这样老套的情节就发生在了我们身上。八年间的书信已装了好几箱，却不曾想他竟然放弃了北京，不远万里，寻我而来。

王老师说，没有你，北京于我而言，只是空城。

结婚之后，我告别了古城村那一山的树林，和王老师一同被分配在中宁县城镇中学教书。他做校长，我做语文教员。中宁县城的生活依旧艰苦。每天往返于学校与家之间，路过蹲在路边贩卖鸡蛋、卖小吃的小贩，因为手头拮据，都不敢稍作停留。白米饭也许久不曾吃上一顿，甚至怀孕的时候，也只能终日吃着粗粮青菜。

冬日里，我将备好的煤饼子放在房前晒着，准备晚上回去烧炉子，可下班回到家，却发现少了一大半。我向王老师抱怨道："我们怎么净招些贼来，什么都丢！"王老师长叹一口气："日子艰难，老乡们活得不易，我们有工作有工资，怎么也比他们强些，就别计较这些了。”

可我心里还是气不过，索性请了一天假准备捉贼。我猫在屋子里，透着玻璃窗向院子里偷瞄。过了许久，果然看见一个妇女拎着个小小的布袋子溜进院子来。她悄悄把那小布袋子放在门口，便俯身去拾煤饼子，我当机立断，猛然推开门，吓呆了那个妇女，也撞撒了布袋子里的东西——一粒粒鲜红的干枸杞子。还没等我开口，那妇女便结结巴巴地说道：“李老师，俺们家娃娃才七个月，受不得冻，我……我没钱，实在没办法……你看这是我昨天上山干活挣来的，就几两，您怀着孩子呢，把这枸杞子泡水喝……”她惭愧地低垂着头，揉搓着衣角。我那时并不知道中宁的枸杞有多珍贵，只是看着她那因营养不良而蜡黄的脸，便怎么也生不起气来。如今想想，当时真应该让她把枸杞拿回去，红润一下她那脸色才对。

宁夏人朴实又纯真，这品性源自这片黄土地的孕育，源自黄河水的滋养。

每年春节，我和王老师都要带着两个孩子回北京探亲。年复一年，开往银川的汽车更新了，道路也日渐平稳了，沿途成片的荒漠不见了，树林子虽然还稚嫩，但却生机勃勃。银川的街景也是一年胜一年繁华，不变的唯有那湛蓝的天空，和我们一家生生不息的生活热情。

3

1988年，青铜峡大坝电厂筹办电力系统学校，王老师去应聘做校长，应聘成功之后，把我也带到了学校做教员。

20世纪90年代初，电厂给职工在银川市分房子，我们一家四口终于在银川有了家。家属院位于三林巷，这一条巷子南北延伸，东西两侧尽是银川市外围各厂区家属楼。与20多年前初到银川时的景象不同，现如今呈现在我眼前的银川城已发生了翻天覆地的变化。我将过去每年一次到银川乘车回京时的所见所闻串联起来,不由得发出由衷的感叹!

每周一到周五,我们一家四口住在电厂宿舍,周末才乘班车回到银川的家。三林巷往北走上一阵,便是最繁华的解放街。休息时,王老师总会带着我们沿着巷子向北步行,路遇厂区的同事们,唠两句家常。到了解放街,朝东去看看恢弘的鼓楼,朝西去百货大楼置办新衣。像“无风三尺土,有雨一街泥”这样的调侃,“一条大街两座楼,一个警察看两头,一个公园两个猴”这样的俏皮话,仿佛一夜之间就在大家的闲谈中成了回忆中的玩笑话。

随着电力系统不断扩大规模,电厂的设备逐年更新,人才也从全国各地不断涌入,我所教班级的学生从一个慢慢增加到 20 个、30 个。此时,厂区幼儿园孩子的数量也逐年增多,仅凭两三个职工家属完全不能照顾好孩子们。我看到这个状况,向厂长毛遂自荐,到幼儿园任园长。孩子们年纪小,大小便还不能完全自理,幼儿园连卫生纸这样基本的生活用品都跟不上,保育员们竟然用小木棍、土坷垃去擦孩子的屁股。我实在心疼不已,跑到厂长办公室,竭力争取了办园经费,保障了孩子们的日常生活。经过短短四年的努力,将缺东少西、保育员稀少又不专业的破旧幼儿园,成功建设成了一级一类幼儿园。

日子一天天过去,不知不觉间,岁月在我脸上留下了深深的印记。王老师依旧内敛温和,两个儿子也相继考上了大学。我以为我的生活会一直这样平淡而幸福,却不曾想,老天给我开了一个这么大的玩笑。

大儿子品学兼优,大学毕业后顺利到大坝电厂参加了工作,同事领导没有说他不好的。可在一次维修厂区澡堂供电设备的过程中,因为水管漏水遭到电击,仅仅 23 岁便离开了我们。

王老师受到了打击,突发心脏病住院,我坐在他的病床前守着他,两个人相顾无言,整整一个星期没能说出一句话。那时,我第一次明白了什么叫"一夜白头",我们仿佛都一下子老了20岁。

我一向自认坚强,八年的插队生活没能累垮我,中宁县城缺衣少食的日子没能难倒我,在电厂创业没能打败我。现如今,小儿子和王老师还需要我,幼儿园里还有那么多孩子需要我,我怎么能垮?一个星期后,我整理好妆容,走进了厂区大会堂,面对台下数千领导和职工,做了先进工作者报告。

生活有时残酷如沙尘暴,我唯有胸怀碧水蓝天,才能熬过一次又一次的打击,继续向前。

4

1998年,已到了知天命的年纪,我终于告别了工作岗位,陪着王老师在银川的家颐养天年了。刚退休的日子里,我每天闲坐在家中无所事事,王老师便拉着我出去转一转。街上车水马龙,新式的小区一座接一座拔地而起,高楼林立,鳞次栉比。

老同事知道我唱歌好听,便把我带进了老干部局文化队。每个周一和周四,我都会和王老师坐着公交车,到合唱队去排练节目。关牧村、德德玛的歌我没有不会的,合唱队的姐妹们都叫我"德德玛第二",也因此,我成了老干部局合唱团女中音声部的部长。

2006年,孙子到了上小学的年纪,为了方便上学,儿子在金凤区买了房子,让我们搬过去住。我在老城待习惯了,并不想挪窝,儿子劝我说:"现在金凤区发展得可好了,高楼大厦,都是电梯楼,周围超市商场啥都有,您也该住住大房子享享福了。"儿子的话真是不假,新房是电梯楼,我再也不用害怕腿疼不能爬楼梯了。

小孙子初中时磨着他爸爸给我和王老师一人买了一部智能手机,手把手地教我们玩微信、上网。我和王老师觉得新奇不已,经常他在卧室躺着,我在厨房发微信问他吃啥。回中宁看看的时候,也不忘带着手机，把旅游业日渐兴旺的古城村和已经翻修了三遍的中宁城镇中学拍到手机里，发到朋友圈。

2016年，王老师终究还是没能成功奔八，离开了尘世。我一个人坐在屋子里，一遍又一遍回忆着和他的点点滴滴，想着想着，突然发觉我与他所有的回忆，全都在宁夏这片土地。城市和人一样，也有记忆。一代代人建设城市，在城市中演绎人生故事，之后一个个纷纷离去，却把记忆留在了城市之中。终有一天，我也将离去。

儿子从前常埋怨我，当初为什么不回到北京去，那样的话，现在我们一家都是北京人了。

我告诉他，我的爱情，我的事业，我的家庭，全在这片土地上生根发芽。年轻时意气风发，中年时艰苦卓绝，老年时怡然自得，我眼看着这里旧貌变新颜，对宁夏的爱恋，早已融入血液、深入骨髓……

关瑞瑞|整理

# 来自东北的银川媳妇：
# 在银川人眼里，雪天是一场狂欢

一场雪悄然而至，冬天万般柔情。

东北的雪总是下得那么认真，认真得让人觉得无情；银川的雪却下得敷衍，入地化水。

可尽管如此，我还是爱上了银川的雪，那股柔情飘洒到心尖上，有了情，也有了爱……

1

我出生在吉林省一个边陲小城，在地理位置上是靠着海的，因此冬季没有东北大部分地区的严寒，但雪，却是只多不少。

东北的雪，来的热烈，夹着狂风，不讲一丝情面。躺在被窝里，仿佛能听到雪落的声音，有时“哗”的一声，那是房檐上的积雪太厚，滑下来了。

第二天一早，我和姐姐早早就起了床，想不起戴帽子、手套，撒了欢地在院子里跑。我团起一个雪球，扔向姐姐，雪球在她身上开了花。姐姐更不甘示弱，拿着一把雪就塞进了我脖子后。

“哈哈，让你偷袭我，凉快不？”

“你咋这么烦人呢，雪弄不出来了！”我撅着嘴嘟囔着。虽然后脊梁冰冰凉凉的，但却无比开心。

母亲叫我们吃早饭，自己却一个人提着雪铲，哼哧哼哧地在院子里铲雪。

那是七八岁时候的事，记忆里有关于雪的欢笑，还有母亲的叹气声。

家里在乡下开着一家五金店。那是一座砖房，在一条窄窄的马路旁边。父亲身体不好，不能干体力活，每每下雪，母亲总是一个人提着雪铲去清房前的积雪，就算早上雪没停，一样如此。

“没清雪的房子，没人情味。”这是母亲常说的话。

母亲清了雪，又到煤房去搬煤、到房后去捡柴。柴上的雪化成了水，扔进灶坑里，滚出一股黑烟。

2007 年元宵节，已经是 3 月了，却遇上了 50 年不遇的暴雪。我当时正在另一座城市复读高三。中午时雪还不大，我和同学欢天喜地坐车去市内看花灯，刚到人民广场，一阵大风便卷过来，带着雪花在空中打转。雪大了。我从没见过那么大的雪。

“这是下纸片啊！”

“还是 A4 纸！”

路上的车渐渐停了下来，不久马路变成了停车场。花灯看不成了，想回去却没有车，只能走回去。雪已没膝，我们排成一纵队，踩着前一个人踩出的雪坑，顶着风雪艰难前行。五点出发，十一点到学校时，雪已没腰了。

这场雪，让全市交通瘫痪了五天，学校食堂只能提供储存的白菜、萝卜和土豆,小超市几乎被买空了。我呛了风,在那五天生了场病,见雪就迷糊。

也是这场大雪,母亲过马路接货,被一辆刹不住的出租车撞倒了,右腿骨折,打了三颗钢钉,半个月下不得地,三个月拄着拐。

母亲不喜欢雪,雪带给她的是劳累,是担忧,是愁苦。

长大的我也不喜欢雪,因为雪让母亲劳累、愁苦。



2

2014 年春天,我离开生长了 26 年的东北,嫁到了银川。

从前我无数次问过老公,宁夏是不是一整年不下雨雪,是不是全是沙漠。

老公便哼哼假笑两声,说:“我们天天骑骆驼上学,没见过下雨下雪什么样。”

比起东北,银川的雨雪真是少太多了。从温带海洋性气候到温带大陆性气候的平行迁移, 让我这个不太喜欢下雪的东北人有了一段时间的如鱼得水。不用担心出门找不到伞,不用担心小脑不发达的自己在街上滑倒,不用担心走路湿了鞋袜,不用担心街上没有车坐。

天气预报一向不太准,每次预报说有雪,等了几天也不见一丝雪星飘下来。按理说这是习以为常的事情,可是银川人似乎对这一点十分不平,甚至愤恨。对一场雪的期待,仿佛已经成了冬天每个人的日常情绪。一场雪,带来的也是一场狂欢。

2015 年 12 月 12 日,银川下了场不大不小的雪。那时我刚刚生完孩子半个月,因剖宫产,要到医院拆线。早上一起床,便见外边下起了雪。雪花不紧不慢地飘下来,像古稀之年的老爷爷,慢慢悠悠踱着步。老公像个孩子似的欢声叫起来:“媳妇儿,下雪了!你看外边地都白了!”我只顾往身上套羽绒服,对于他的这种大惊小怪表示嗤之以鼻。

“你看呀！下雪啦！”

“哦。”

“这一冬天总算下场雪了。”

“在东北上那么多年学，怎么还像没见过下雪似的。”

我把自己裹成个粽子，一路老公都没能停下对这场来之不易的雪的赞叹与赞美。街上时不时看见抬着头望着天欢笑着的姑娘，蹲下来试着抓起地上的落雪的孩子，还有开得越来越慢的车。一场雪，让一座城慢下来了。

下午雪就停了，只在地上留下了薄薄一层积雪。看上去是积雪，可是一踩下去，便是一脚水。我心里厌烦，银川就算下雪，也不及东北的雪。

我晚上躺在床上刷朋友圈，一张张在积雪上写着各种字的照片不禁让我哑然失笑……

年前，母亲把乡下的五金店关了，住在姐姐家帮忙带孩子，不用再辛苦地铲雪、搬柴了。可是伤过的右腿，一着凉便疼。东北又是一场一场鹅毛雪，每次打电话，我都要嘱咐母亲，下雪天不要出门。而我却渐渐忘记了天地一片白茫茫，狂风卷着飞雪的情景。银川的雪，稀少而温柔。

3

2017 年的大年初一，我和老公带着刚满两岁的儿子回娘家。飞机飞到长春市上空，虽然是夜里，仍然清楚地看见外面飘起了大雪。机舱里这些从西北飞过来的乘客低声议论，孩子们兴高采烈，可我却犯了愁。

在东北，下大雪意味着交通拥堵，甚至瘫痪。如果雪再这样下下去，高速封闭，我们一家就要住在机场了。就算有车，按照下雪后东北出租车司机一贯的做法,不要个三四倍的车费是不会罢休的。我烦躁到了极点,想不通为什么偏偏让我碰上这个鬼天气。

龙嘉机场的停机坪已积了近十公分的雪，走向摆渡车的一小段路上站了许多下了飞机拍照的人,有的竟然开始打起了雪仗。老公抱着儿子站在雪地里,掏出手机自拍了许多张照片,又把手机递给我叫我拍。我急着走,敷衍着给这对欢天喜地的父子拍了照,便催促着上了摆渡车。

好在机场巴士还在,带着我们到了市内。可是想要打上车到火车站旁的宾馆,却是难上加难。没有车,这比被要高价还要令人绝望。雪还是下个不停,我不停地给儿子拍打身上的雪,心里烦躁不安。

儿子非要挣脱我的怀抱。他小小的脚丫踩到雪地上,“咯吱”一声,儿子愣了一下,竟“咯咯咯”地笑出了声。欢快地跺着两只小脚,在雪地里跑来跑去,大声喊着:“妈妈,下雪啦！妈妈,下雪啦！”

这安静的雪夜里,仿佛只剩下天地一色的白,还有这小小的身影。

对于孩子来说,雪只意味着新奇、美丽、幸福与快乐。我仿佛看见了小时候的自己，和姐姐在院子里扬着雪花，倒在雪地里卧雪人,捧一把雪塞到嘴里,甜丝丝的……

雪地上满是儿子小小的脚印。从下雪开始,我第一次发自内心地笑了。孩子,真好。

老公终于打上了车,到了宾馆,才发现儿子的鞋湿透了。已经凌晨一点,可是这小宝贝还是抑制不住兴奋之情,在床上一边蹦蹦跳跳,一边没完没了地喊着“下雪啦下雪啦”。

“点儿真好啊,回来就赶上下雪,看把儿子高兴的！”老公笑着说。

我把儿子小鞋子放到暖气上,笑了笑,没说话。

好久不见,鹅毛大雪。

4

2017 年 2 月 20 日，已经入春了，银川却下了一场罕见的大雪。

一整天都阴沉沉的，同事们都说要下雪了啊！可是一次又一次的期盼后又是失望，已经让我完全不在意下不下雪的事了。

可没想到，傍晚时分，雪真的来了，来得悄无声息。

到了下班的时间，一出楼门，四周便发出一片赞叹声："哇，下这么大雪！"

我抬起头看着天，手伸出来接住一片片雪花，转瞬便化了。已是银装素裹了，白茫茫的大地真干净，真美！

不远处，两个姑娘已经开始打起了雪仗，平日里严肃又老成的年近 40 的领导，像个孩子似的在雪地里跑着、笑着。

在银川，雪就是这么有魔力，返老还童的魔力。

跟朋友约好了吃火锅。屋子里雾气缭绕，肉味飘香，窗外雪花纷纷扬扬，静谧安详。人生最大的乐事，不过如此了。

饭罢走出门，雪更大了。路上一辆空的出租车都没有，我只能慢慢走到公交站去。气温偏高，因此雪花虽大，却仿佛是半融化的，落在身上总有些许雨的感觉，可是我并不愿承认这是场雨夹雪。

我满头满身的雪，像个雪人似的上了公交车，暖风一吹，便开始从头上不停地滴水，淌了一脸。我一边用袖子擦着脸上的水，一边忍不住地笑。就算这样狼狈，我还是觉得真有意思！真快乐。

尽管总是星星小雪，尽管常常下得温柔，尽管落地变为水，尽管时时姗姗来迟，可是雪后的这座城，竟是如此诗情画意，缱绻梦幻。不知不觉间，在银川这少雪的城市，我竟找回了童年对雪的爱恋。

那天我也拍了一张雪景发到了朋友圈上，配上文字"入春了，银川竟然下了这么大雪"。

母亲在下边留言道："真美！"

关瑞瑞 | 整理

# 我玩的宁夏摇滚：大众的颠覆，小众的新潮

摇滚不仅仅是一种音乐形态，它更是一种人生的态度和哲学。1986 年，当崔健带着他的《一无所有》点燃摇滚这把大火的同时，无数青年的精神得以解放，他们热情和张扬的心有了寄托，他们的叛逆和激情找到了宣泄口。那以后，摇滚乐从方兴未艾到蓬勃发展，再到如火如荼，处于发展期的宁夏摇滚在整个摇滚圈里都显得那么卓尔不群，宁夏摇滚人对整个西北社会慢慢形成的看法往往体现在他们在摇滚现场的念白里。

20 世纪 80 年代末 90 年代初，旋风小子林志颖红遍大江南北，同学们紧随潮流，随身听里多半播放着一首《十七岁的雨季》，大量的港台流行音乐混杂着杂七杂八的摇滚涌入了宁夏，我们的注意力、旺盛的精力被深深地吸引住了，开始频频光顾磁带商店。就是那个时候，我听到了人生中第一盘摇滚磁带——《新长征路上的摇滚》，与之前流行情歌的软绵绵不同，强烈的节奏感和震撼的旋律彻底征服了我。我们开始拿着被家长们看作不正经的乐器——木吉他——在街头弹唱。

也许那个时候，我们的骨子里就存在着“不是我不明白，是这世界变化快”的叛逆和不羁。

当木吉他弹唱不能满足我们表达的欲望时，寻找可以学习的一切视听资料成为当时我们生活的热点。小林克己的电吉他教材、蓝谣琴行乱糟糟的吉他、贝司教学、打口CD……当资讯一点点丰富，技巧和能力便开始一同生长，也是从那时候起，买琴、购置音箱成了我们生活中的头等大事。为了买到一个多功能音箱，我们可以一次次上门，满脸赔笑，软磨硬泡。扒带—排练—演出，这样的机制几乎就是当时我们摇滚的全部秘密！

摇滚乐的自我、放纵、张力与我的叛逆不谋而合，我觉得痛快。

我从小就不是个乖孩子，青春期多余的精力被我和哥们儿用来四处“挥霍”，一些无伤大雅的玩笑，一些新奇的怪招，都是我们乐此不疲的追求。我们甚至不奢望被别人宠爱，老师的循循善诱嫌烦，家长的叮嘱也已经麻木，只想由着自己的性子活着。

1999年，我22岁，玩摇滚正式成了我的主业，家人的反对是预料之中的事，他们希望我找一份正经的工作，安安分分娶妻生子。我和父母发生了很大的分歧，中间免不了斗争。最后，我的坚持让父母妥协了。

那几年，宁夏摇滚圈本土乐队逐渐生根发芽，这种音乐虽然小众，但还是吸引了一批听众。经过不断的努力，我认识了一批志同道合的朋友，组建了自己的乐队——弧线乐队。摇滚像一块磁石，把我们这些躁动不安的年轻人吸引到一起，我们四处看演出，那时候的演出很朴素，摆个底鼓，拿个话筒，再有两个音响，就是演出所需的全部设备。我们的场地是流动的,大家四处联系酒吧,从酒吧老板那里争取到演出时间,有时还要给老板付钱,尽管如此,我们依然搞得很热闹,大家做这件事也很有激情。

2

在经历了一个发展的高潮之后,一个时期音乐开始裂变,分崩离析发生在每个乐队身上,因为支撑乐队活下来的是传统的情感沟通方式(喝酒、谈心、聚会、讲义气等等),而并非人们想象中的音乐理想。一部分人开始频频赶场子,成了转战各大歌厅的“穴油子”;一部分人则陷入了物质收藏欲的兴奋中;还有一部分人开始追求发烧音响,成了High fidelity;剩余的人则仍坚持排练、创作。

我的乐队也不可幸免。一位离开的乐手跟我说,无论在生活中,还是在音乐中,他都感觉不到自己,在他创造性地发现自我而又无法继续维持个人间的私人感情和传统关系时,他只能选择离开。

20世纪初,宁夏的布衣乐队在本地已经很有名气了,我家有一间用煤房改造的练习室,他们在这里排练,我一有空就会跑下去看他们演奏,听他们唱歌,你来我往中大家也越来越熟。乐队人员变动后,我就加入了布衣乐队,做了一名贝司手,2003年“非典”之后,我随乐队去了北京。

刚到北京的那段日子是我摇滚生涯里的最艰苦的时期,那时候我们演出不多,大多数时候都在为生活奔波。磕磕碰碰的成长过程中,我意识到自己的贝斯技巧还不成熟,几番斟酌后,我离开了布衣。

离开乐队不代表我的摇滚梦想破碎,我没有时间迷茫,只是一门心思想要练好我的贝斯。当时没有钱,我就四处打点零工维持生活,填饱肚子就抓紧时间练琴,那时我住在北皋村,那里是宁夏摇滚人的一个小聚集地，很多像我一样怀揣着摇滚梦想的人在这里摸爬滚打。

幸运的是我从未放弃过我的梦想，生活中的种种困难虽然曾让我踌躇不前，也曾让我彷徨，但却从没有打败过我，我依然在路上。

我认识杰米和吉田是一个很机缘的巧合。喝酒看 live 的时候人最容易兴奋，扯着嗓子一起喊过几声后，坐下来时大家就已经算是朋友了。杰米是美国人，吉田是日本人，我和他们聊得来，他们也欣赏我，提出教我调音，我对调音没什么概念，那时候我刚从北皋村搬到酒仙桥，没再弹琴，打算停下脚步好好沉淀自己，对于他们的提议没多考虑就答应了，只觉得学习一门技艺也不错。直到后来才知道，杰米和吉田都是国际上顶尖的调音师。

学习了两年后，这份技能开始给我带来收入。一开始我只替布衣乐队调音，2009 年，我逐渐接一些外面的活，在小圈子里混出一点名堂。

来北京之前我胸怀壮志，打算在摇滚的世界里施展拳脚，组乐队、开 live、出专辑、办演唱会……我从未想过，我会以另一种方式实现我的抱负。

3

2010 年，对我来说是一帆风顺的一年，除了调音给我带来不少收入之外，我还和银川的朋友合伙做音响生意（从北京进货，在银川卖）。我在银川租了仓库，仓库在我发小家。生意发展得不错，我手头攒了钱，和我的缪斯小姐结婚了，她贤惠善良，曾陪我走过最艰苦的日子。

我的发小和我一样，都是摇滚发烧友，那年我去北京后，他留在银川开起了琴行，他家的仓库面积很大，他的琴行用了一半，我租了一半。我们在共同的地方做着各自的生意，那时我甚至认为，我和他会以不同的方式在各自喜欢的道路上相伴扶持。

2010 年大年三十，我在银川和家人过年，突然接到他的电话,要求我把放在他琴行的音响全部搬走,吃惊之余我询问原因。

“我家琴行要装修,你赶紧搬走吧。”

“大年三十要装修？晚点儿不行吗？”

“就是今天,必须搬走。”

强硬的态度让我有些心寒,从那一刻起我明白,奢望中的相伴和扶持都已不复存在。没有更多的言语,我打电话叫我的合伙人开车搬走了所有的音响,不知该好笑还是无奈,这次兄弟间的矛盾反倒成就了我现在的事业。过完年,我回到了北京,我的合伙人留在银川物色新的仓库。

我做好了未来三年在北京发展的规划，却因为朋友的一个电话回到银川。

“新的仓库我找到了,你回来看看,说不定你想用它做点儿别的。”

就这样,我又坐上飞机回到银川,来到西夏区。合伙人选定的仓库在北方民族大学附近,我看到这里的场地和环境,一个新奇的想法在脑海中诞生，我决定放弃我的音响生意，在这里开一间“live house”。

宁夏没有别的 live  house,我做了第一家,取名铜管,本地各式各样的乐队从那个时候开始,终于有了一个固定的表演场地,不用再四处去叩酒吧的大门,不用自己联系场地。到现在我也不知道这个决定是对还是错,只是既然已经决心去做,我就没有想过回头,我想一直做下去。

4

“啤酒是这里最贵的,live 的票价也不降,你生意要不要做了？”

“做生意也要品质,我要保证我的观众可以享受到最好的服务。”

“那合作乐队起码要提个门槛吧?没名气的新乐队怎么创收?”

“有原创作品就可以,这是我一早定下的规矩。”

“你看着办吧。”

这样的对话在我的生活中出现过很多次,资金压力下,不少人劝我改变经营策略,可原则之所以是原则,是因为它不能被轻易改变。我周围的人时常问我,为什么不回到北京,凭借着我一手调音的本领,足以让我和我的家人生活得很好。

我不知道要怎么回答,现在的我重新组建了一支乐队,每天在铜管和录音棚之间往复,音乐早已成为我生活中的一部分,成为我的执念。在银川,看到很多原本游荡在酒吧找不到固定表演场地的乐队因为铜管可以安定下来,可以更专注地把心思放在音乐上,也看到原创乐队越来越多,宁夏本地摇滚音乐人也因为铜管得到了更多经验,取得了更大进步,我的心里确实有着不小的满足感。

即将进入不惑之年,距离第一次听到崔健的那盘磁带已有20多年了。这些年,无论我身处何地、身居何位,我总是在做和我的梦想有关的事情。

现在,我亲眼看到本地的原创摇滚音乐越来越多,本地的摇滚原创音乐人越做越好,我在其中多多少少尽了一份自己的力量,想到这里,心里实实在在感觉到了快乐。

为什么不回到北京,我想这份快乐也许算一个答案吧。

人们都说,玩摇滚的人或多或少都有那么点不羁和叛逆,我也曾被人问过是不是愤怒、是不是不屑、是不是总坚持着一种摇滚精神?我觉得不是,我玩的宁夏摇滚,可能在大众的眼里,有些许颠覆,可在懂得人眼里,在这个小众的圈子里,那就是一种新潮、一种追求。

高星芸|整理

# 北塔奶粉带来的浓郁醇香，成了怎么也回不去的旧时光

在银川长大的“70”后和“80”后，大多是喝北塔奶粉长大的。那时，乳制品市场产品单一，市场上少有进口奶粉和其他高档乳制品，占据市场的一直是北塔奶粉。就是这包装落后的北塔奶粉，凝聚了整整一代人的美好回忆。

1

母亲自打年轻时就体弱多病，怀着我的时候，更是虚弱得必须要躺在床上安静养胎。奶奶说母亲是营养不良，要是每天都能喝上奶子就无大碍了。可是在20世纪70年代，银川的牛奶比油都要金贵，鲜奶是商业部门的专控商品，别说是普通老百姓，就连有级别的老干部要想喝牛奶都得凭借有关部门批准的特供证。

为了让母亲喝上牛奶,父亲找到了在奶站上班的远房姑妈,然后又带着母亲去市医院开了保胎证明,几番周折,总算是得到了购买牛奶的机会。每三天喝一碗鲜牛奶,母亲的身体明显好了起来。那位姑妈是个热心肠,常常拎着些罐头挂面到家里看望母亲,待母亲生产后,更是帮着忙前忙后,嘱咐父亲去医院开出生证明,为刚出生的我也争取喝上牛奶的机会。

母亲说,那位姑妈是早年间跟着父母从河北移民过来的,一家人在农场垦荒,后来农场引进了100多头奶牛,开办了合作社,建起了银川第一家奶站。在那个年代,银川家家户户生活条件都不好,全城几十万人口,却没有几家能喝得起鲜牛奶。

姑妈十几岁开始就跟着大人一起上街卖牛奶,一大早天还没亮,就要把装满鲜牛奶的铁桶固定在自行车后座上,量奶的提子挂在车把上,不论刮风下雨,每天走大街、串小巷,遇上路面颠簸,要赶紧下车,推着自行车走,否则要是把牛奶颠出来,是需要负赔偿责任的。

每到一户人家门口,送奶员都大声吆喝好几声:"卖牛奶了!卖牛奶了!"可是即便吆喝声再大,来买牛奶的人也寥寥无几,走街串巷一整天,只能将将就就卖出去十斤奶。

"难道那时候的人都不爱喝牛奶吗?"我问母亲。

母亲笑着回答:"都寻思鸡蛋和肉是好东西,谁也没觉着牛奶有多好。"

后来,随着社会经济的发展,人们的生活条件得到了极大的改善,喝鲜奶的家庭越来越多,一时间鲜牛奶在银川市场成了抢手货,送奶员仅仅一个上午就能把鲜牛奶卖个精光,原本无人问津的奶站开始越来越忙碌,奶站那几百头奶牛实在供应不上市民的需求,银川市民再一次陷入了喝奶难的境地。

"那时候要不是因为你,我哪能喝得上牛奶啊!"母亲笑着对我说。

80 年代,银川牛奶市场取消了特批供应,牛奶供应逐步扩大市场,只要是银川市民,有工作单位的职工只需开一张介绍信,每到月底在牛奶站排队便可办理奶卡,一年四季,夏天早晨、冬天中午送奶员会准时把鲜牛奶送到订奶人居住的小区。

2

上小学那年,母亲第一次买了袋奶粉回家,透明的袋子,红黄两色的条纹,还印着银川北塔的图案,上边写着"北塔奶粉"四个字。母亲给我冲了一小勺奶粉,乳白色的粉末迅速化开,我拿起杯子一饮而尽。

"妈,真好喝,比牛奶好喝!"我端起杯子把剩下的几滴倒进嘴里。

从那天开始,我的早餐由鲜牛奶变成了奶粉。我轻轻松松就能喝上一大杯,母亲也再不用天天忙着给我热牛奶。可是对于奶粉的营养价值,母亲始终保持怀疑态度。

最终,还是姑妈解开了母亲的疑惑。

姑妈已经从奶站调到了乳品公司,平时工作十分忙碌,只逢年过节时才来走动走动。那年中秋,她特意带了几袋北塔奶粉过来,把我高兴坏了。母亲苦笑道:"这孩子现在也不好好喝鲜奶了,天天吵着喝这个奶粉。"

"这个奶粉可不比牛奶营养差。"姑妈回道。

原来,早在银川牛奶站还处在作坊式加工厂模式的时候,因受生产条件限制,工艺设备技术落后,牛奶站没有冷藏设施,为了防止卖不完的牛奶变质,工人们就用民间土办法,把没有卖完的鲜牛奶装在一个铁桶里,用绳子吊好放进牛奶站的一口自备大水井里冷藏。谁知,第二天送奶员从水井里把铁桶提上来一看,鲜牛奶上面竟漂浮着一层油油厚厚的奶皮。

"那时候老百姓都不知道奶皮最有营养,都以为是变质,根本就卖不掉。”姑妈说。

看着牛奶和油结成的奶皮，工人们不知所措，把奶皮当作不合格产品处理又实在可惜，于是，工人们集思广益，最终决定把奶皮捞出来晒干。奶皮经过晾干晒透就像一片片薄薄的饼子，成为了工人们的早点。

剩余的奶皮被工人们放在热锅里烘干，再放到案板上用擀面杖擀成粉末，再用细箩筛，经过细筛筛出来的干奶皮一下变成了细白细白的奶粉，工人们把奶粉装在一个铁盘子里，送奶员每天送奶时装上几公斤沿街叫卖，每公斤奶粉几毛钱，营养丰富且价格又便宜，那便是北塔奶粉最原始的模样了。

姑妈讲述的故事生动又有趣，北塔奶粉竟然是这样被发明出来的，我美滋滋地喝着奶粉，心想再也不用担心被母亲责备了。

3

北塔奶粉的另一个绝妙的打开方式就是干吃，这是我和我的小伙伴们经过亲身实践总结出来的经验，也是我们自认为大人们永远都不会知道的秘密。

每天晚上，我趁着家人都睡着了，偷偷把奶粉从橱柜里拿出来，为了防止塑料袋发出的声音吵醒家人，便躲进厨房关上门，用勺子狠狠挖上两勺填进嘴里，浓郁的奶香充满整个口腔，奶粉黏在牙齿上，我拿起杯子喝上一口热水，仔仔细细漱了漱口，再悄悄把奶粉放回去。

家里巨大的奶粉消耗量让母亲产生了怀疑。早饭时母亲质问我：“你天天喝多少奶粉？一袋子三两天就见底，咋回事儿？”

我闷头吃饭，装作毫不知情的模样：“我不知道啊！可能我爸喝了吧……”

奶粉干吃带来的美妙感受实在让我无法抵挡，可是这样下去始终不是办法。同桌给我出了个好主意："你把奶粉倒出来，再装上面粉替代一下，以假乱真，不就没人发现了？"

当天晚上，我就把理论付诸实践。可是还没等我把奶粉倒出来，就被母亲抓了个现行。

"你个怂娃娃！就知道是你干的！我说你怎么不好好吃饭，你当这奶粉不要钱啊！这么吃你那肠胃就坏了！"母亲火冒三丈，一把夺过我手里的奶粉，把袋口一折，用夹子一夹，塞进了柜子。

从那天开始，我再也没能肆无忌惮地干吃北塔奶粉，那种美味和乐趣渐渐成了一种只能用来回忆的童年趣事。

1995 年，我面临高考，母亲为了给我增加营养，从奶站订了一个季度的鲜奶。我问母亲为什么不买北塔奶粉，母亲回答说："老早以前就买不到了。"我不相信母亲说的话，周末时自己跑到街上，一家店一家店地找，果真再也没见到北塔奶粉的影子，我心里失落万分，感觉一段美好的童年记忆突然消失不见了。

如今，已经 20 余年过去了，市面上的乳制品多种多样，可我却再也没找到当年北塔奶粉的味道，那是凝在舌尖、香在心里，属于童年的绝美味道。

关瑞瑞 | 整理